PATRIMÔNIO
—— x ——
LIBERDADE

L913p Lowenhaupt, Charles. A.
          Patrimônio x liberdade : estratégias de preservação patrimonial e realização pessoal para famílias bem-sucedidas / Charles A. Lowenhaupt, Donald B. Trone, Leonardo C. Wengrover ; tradução: Ronald Saraiva de Menezes. – Porto Alegre : Bookman, 2019.
          xvii, 246 p. : il. ; 23cm.

      ISBN 978-85-8260-493-9

      1. Administração. 2. Patrimônio. I. Trone, Donald B. II. Wengrover, Leonardo C. III. Título.

                                                  CDU 35.073.515.4

Catalogação na publicação: Karin Lorien Menoncin – CRB 10/2147

CHARLES A. LOWENHAUPT
DONALD B. TRONE
LEONARDO C. WENGROVER

PATRIMÔNIO
— X —
LIBERDADE

ESTRATÉGIAS DE PRESERVAÇÃO PATRIMONIAL E
REALIZAÇÃO PESSOAL PARA FAMÍLIAS BEM-SUCEDIDAS

Tradução:
Ronald Saraiva de Menezes

2019

Obra originalmente publicada sob o título
Freedom from Wealth
ISBN 007-177763-6 / 9780071777636

Original edition copyright ©2012, The McGraw-Hill Global Education Holdings, LLC, New York, New York, U.S.A. All rights reserved.
Portuguese-language translation copyright ©2019, Bookman Companhia Editora Ltda., a division of Grupo A Educação S.A. All rights reserved.

Gerente editorial: *Arysinha Jacques Affonso*

Colaboraram nesta edição:

Editora: *Denise Weber Nowaczyk*

Capa: *Márcio Monticelli (arte sob capa original)*

Imagem da capa: ©shutterstock.com / Guliveris, Isolated Decorated Steel Open Gates Vector Illustration. Black and White

Preparação de original: *Amanda Jansson Breitsameter*

Projeto gráfico e editoração: *Techbooks*

Reservados todos os direitos de publicação, em língua portuguesa, à
BOOKMAN EDITORA LTDA., uma empresa do GRUPO A EDUCAÇÃO S.A.
Av. Jerônimo de Ornelas, 670 – Santana
90040-340 Porto Alegre RS
Fone: (51) 3027-7000   Fax: (51) 3027-7070

Unidade São Paulo
Rua Doutor Cesário Mota Jr., 63 – Vila Buarque
01221-020 São Paulo SP
Fone: (11) 3221-9033

SAC 0800 703-3444 – www.grupoa.com.br

É proibida a duplicação ou reprodução deste volume, no todo ou em parte, sob quaisquer formas ou por quaisquer meios (eletrônico, mecânico, gravação, fotocópia, distribuição na Web e outros), sem permissão expressa da Editora.

IMPRESSO NO BRASIL
PRINTED IN BRAZIL

Sobre os autores

Charles A. Lowenhaupt é um dos especialistas mais respeitados do mundo em matéria de gestão de riqueza para famílias ultra-abastadas. Lowenhaupt é o fundador e CEO da Lowenhaupt Global Advisors, LLC, que atende a famílias globais de fortuna considerável. Ele também é membro gestor do escritório de advocacia associado Lowenhaupt and Chasnoff, LLC, que foi fundado por seu avô em 1908 como o primeiro escritório de advocacia nos Estados Unidos especializado em legislação sobre imposto de renda.

Lowenhaupt é fundador e membro consultivo docente do Institute for Private Investors, ao qual presta consultoria na condição de membro emérito do corpo consultivo docente e de colaborador aos seus programas. Até recentemente, ele atuou ao lado de Don Trone como diretor da Foundation for Fiduciary Studies, em Pittsburgh. Com Trone, ele fundou o Institute of Wealth Management Standards e é o atual presidente do instituto. Lowenhaupt é B.A. pela Universidade de Harvard e Doutor em direito pela Faculdade de Direito da Universidade do Michigan; é membro da Order of the Coif e membro aprovado da ordem dos advogados nos estados de Nova York e Missouri.

Lowenhaupt traz a este texto a experiência de ter trabalhado junto a proprietários de patrimônio e suas famílias por mais de 100 anos. Seis gerações de famílias já contrataram os serviços de três gerações da família Lowenhaupt, remontando a 1908. Além disso, Lowenhaupt recorre a seus envolvimentos e conversas com proprietários de patrimônio e consultores renomados ao redor do globo. Ideias provenientes de tais conversas embasam suas opiniões sobre gestão de riqueza e servem como um catalisador para boa parte do que ele escreve e desempenha profissionalmente.

Donald B. Trone é o CEO (Chief Ethos Officer) da 3ethos, ex-diretor do Institute for Leadership da Academia da Guarda Costeira dos Estados Unidos e o fundador da Foundation for Fiduciary Studies.

Trone é considerado por diversas organizações como "uma das pessoas mais influentes" nos setores de consultoria em aposentadoria, planejamento financeiro e investimentos. Em 2003, ele foi indicado pelo Secretário do

Trabalho dos Estados Unidos para representar o setor de consultoria em investimentos no ERISA Advisory Council e, em 2007, testemunhou perante o Comitê de Finanças do Senado a respeito de questões fiduciárias associadas a investimentos em fundos de *hedge* para planos de aposentadoria.

Trone foi o presidente de sua turma na Academia da Guarda Costeira dos Estados Unidos, formou-se e esteve a serviço durante dez anos, incluindo seis anos como piloto de helicóptero para busca e resgate em longas distâncias. É Mestre em serviços financeiros pelo American College e pós-graduado pelo Pittsburgh Theological Seminary e pelo Trinity Episcopal Seminary.

Trone empresta a este livro o marco decisório Ethos – a disciplina, o rigor e o processo que reúnem princípios para formar padrões. Sua abordagem é inspirada nos 25 anos de experiência desenvolvendo padrões e programas de treinamento para fiduciários de investimento.

Leonardo Wengrover é sócio-fundador da W Advisors Family Office, consultoria financeira especializada na gestão de patrimônios familiares fundada em 2015 e responsável pelo planejamento e monitoramento do patrimônio familiar de aproximadamente 15 famílias no Brasil, englobando questões como Gestão do Capital Financeiro, Capital Social, Capital Humano/Intelectual e Governança Familiar. Wengrover participa de conferências nacionais e internacionais de planejamento do patrimônio familiar como palestrante e *chairman*. Ele é coordenador geral do Instituto Brasileiro de Governança Corporativa – Capítulo Sul, membro do Conselho do Colégio Israelita Brasileiro e presidente do Karen Hayesod no Sul do Brasil. Tem graduação em engenharia civil, pós-graduação em economia e administração, com ênfase em finanças. Também realizou diversos cursos de formação executiva na área de governança familiar e *Private Wealth Management*, inclusive na Wharton Business School.

Antes disso, Wengrover foi executivo de bancos internacionais na gestão de fortunas encarregado de estabelecer e gerenciar os escritórios para três bancos na região Sul do Brasil.

Agradecimentos

A melhor maneira de desenvolver um processo sólido é aproveitando oportunidades de estudar modelos e consultar especialistas. A sabedoria exige mentes sábias pensando em conjunto e oferecendo inspiração e orientação. Sem a orientação e sabedoria de certas pessoas, este livro não teria sido escrito. Dentre elas estão:

- Clientes e colegas do mundo inteiro cujas experiências e inspirações permeiam todas as nossas considerações.
- Organizações das quais tivemos a sorte de participar e onde colegas nos proporcionaram a liberdade para ampliarmos e perseguirmos nossas ideias, incluindo a Foundation for Fiduciary Studies, a Lowenhaupt Global Advisors, a Lowenhaupt and Chasnoff, o Institute for Wealth Management Standards, o Institute for Private Investors, a W Advisors e o Instituto Brasileiro de Governança Corporativa.
- Aqueles que contribuíram direta ou indiretamente para o conteúdo deste livro, incluindo membros do Lowenhaupt Global Advisors Global Council; Greg Berardi, da Blue Marlin Partners; Daniel Crewe, da Profile Books; Alexander Haverstick, da Boxwood Strategic Advisors; HR Chally; Eric L. Herzog, Ph.D, e Ariel Sandes, CFP.
- Aqueles cujo apoio vem sendo fundamental para o Institute for Wealth Management e para a iniciativa de processo padronizados: John Pettifor, da Campden Conferences; Stephen Fern, da G9; Dr. Tis Prager, da Prager Dreifuss; e o Family Office Exchange.
- Nossas respectivas esposas e famílias, cujo apoio e paciência tornaram nosso trabalho possível.
- Henry Lowenhaupt, cuja orientação, sabedoria e humanidade embasam grande parte das reflexões neste livro.

Apresentação à edição brasileira

Era uma plateia de aproximadamente 500 pessoas, no congresso sobre *Preservação do Patrimônio Familiar* (*Private Wealth Management*), em Miami, outubro de 2016. Diversos assuntos seriam tratados: renda fixa, renda variável, busca por alpha, *hedge funds*, investimentos imobiliários. As melhores práticas para alocações de ativos de famílias com grande patrimônio. Especialistas de muitos países falando sobre capital financeiro. No meio de tantas apresentações, uma me chamou a atenção: *Freedom From Wealth*, de Charles Lowenhaupt. Entre discussões sobre preservação de patrimônios tangíveis, alguém advogava pela família em si, pela saúde e harmonia de seus membros, pela busca da satisfação pessoal, pela realização do indivíduo. Uma abordagem completamente diferente do tema. Finalmente, alguém com um discurso convergente com as minhas ideias. Alguém com ideias similares às minhas. Foi admiração à primeira vista.

Há alguns anos trabalhando com famílias e seus patrimônios, já defendia a importância de se olhar para a realização pessoal de cada membro, trabalhando não só o capital financeiro das famílias, mas também e principalmente o capital humano e intelectual. Mais de 90% das empresas familiares não sobrevivem à terceira geração. Sabemos que o maior dilema dessas famílias é o do pai rico, filho nobre, neto pobre. Isso é uma questão de probabilidades, de estatística. Famílias crescem regidas por uma função exponencial. O patrimônio também. Entretanto, o expoente que rege o crescimento das famílias é superior ao do crescimento do patrimônio familiar, levando à diluição inevitável das gerações futuras. Como resolvemos isso? Criando gerações de empreendedores. Dessa forma, eles não somente irão preservar o patrimônio herdado, mas serão capazes de gerar mais patrimônio também, se assim desejarem.

- Qual é o verdadeiro propósito de seu patrimônio familiar?
- Qual é o real desejo para você e sua família, filhos e netos?
- Como estará a sua família e seu patrimônio em 10, 20, 30, 50 anos?
- Como perpetuar o patrimônio de forma multigeracional?

- Herança deve ser uma prioridade?

Essas perguntas não são fáceis de responder. E é por aí que começa uma das premissas mais importantes que as famílias empresárias deveriam entender: seu principal ativo é a própria família. Simples assim. A família é o negócio. Nada é mais importante do que a realização pessoal de cada membro familiar, com suas causas e efeitos, com seus direitos e deveres. Esta realização traz harmonia e, consequentemente, a preservação do patrimônio e da empresa familiar, caso exista. E a melhor herança para as gerações futuras é o capital humano e intelectual. Diferentemente do capital financeiro, da riqueza mundial, do dinheiro que troca de mãos, o capital humano e intelectual é um ativo estratégico. Uma vez adquirido, nunca mais se perde. E inclusive, é ele o responsável pela geração de capital financeiro. Desta forma, capital humano e capital intelectual, sem dúvida, devem ter posições prioritárias entre os ativos do patrimônio familiar.

Foi um prazer receber o convite do Charles para trabalharmos nesse projeto e ajudarmos às famílias detentoras de riqueza a entender seu patrimônio sob esta ótica. Espero que possamos fazer a diferença dentro de cada pequeno núcleo familiar e, consequentemente as suas famílias de forma ampla. Aos que se aventurarem a enfrentar este desafio, posso garantir, não um final feliz, mas uma jornada de desafios feliz.

Leonardo C. Wengrover

Introdução

O que você faz para administrar seu patrimônio com sabedoria? Qual é o entendimento e quais são as ferramentas de que você precisa para fazer o patrimônio familiar cumprir com seus propósitos? Essas são as perguntas que tentamos trabalhar neste livro. As respostas permitirão que proprietários de patrimônio trabalhem de maneira efetiva com seus *family offices*, seus consultores de confiança e seus profissionais de serviços financeiros. Também oferecemos aos *family offices*, consultores e gestores de fortunas as ferramentas e os processos necessários para atender a seus clientes.

A sabedoria para a gestão de patrimônio provém:

- da experiência, que gera compreensão;
- do pensamento estratégico, para analisar como cada decisão contribui para a realização de uma meta;
- do cuidado com as pessoas que você deseja beneficiar e as pessoas que acabarão lhe ajudando, tudo isso embasado em entendimento humanístico, com acolhimento;
- do respeito por disciplina e processo.

A criatividade pode nos ajudar a aplicar a sabedoria, mas ela não é sabedoria por si. Astúcia, esperteza ou "brilhantismo" não necessariamente levam à sabedoria, exceto quando levam à adesão a um processo impregnado de sabedoria.

A compreensão da sabedoria se torna importante em se tratando de gestão patrimonial. Como costuma ser dito, a gestão de capital institucional – gestão de fundos filantrópicos, fundos de pensão, fundos de aposentadoria, fundos governamentais e corporativos – é diferente da gestão do patrimônio familiar. Boa parte da gestão do capital institucional é gerida por mandatos, por regras e regulamentações, sejam elas regras fiduciárias, estatutos, diretrizes ou padrões estabelecidos por comitê ou órgão colegiado, e a maioria dos redatores de tais regras se considera sábia. Já o patrimônio familiar, quer seja administrado por um indivíduo, por uma empresa de serviços financeiros ou por um *family office*, não costuma obedecer a regras norteadoras, a um mandato claro e objetivo. Os prestadores de serviços até podem ter regras a serem seguidas, mas os proprietários do patrimônio em si não as têm.

Em sua maioria, as pessoas são amadoras quando se trata da gestão do próprio patrimônio. Em épocas de vacas gordas, amadores se saem bem escolhendo ações, consultores de investimento, estratégias e programas usando instintos básicos como confiabilidade, aparência e astúcia. Já nas vacas magras, essas percepções instintivas tendem mais a prejudicar do que ajudar. Vimos isso em 2007 e 2008, quando gigantes do setor de serviços financeiros, como Bear Stearns, Lehman, AIG e outros, revelaram-se inconfiáveis e insustentáveis.

Em 2008, portanto, a questão se tornou premente: de que modo proprietários de patrimônio familiar devem infundir sabedoria na gestão de seu patrimônio? Para responder a essa pergunta, é preciso examinar amplamente a gestão patrimonial, incluindo todos os elementos de como cada pessoa se relaciona com a própria fortuna. Só é possível determinar como o patrimônio deve ser gerido quando se sabe para que serve o patrimônio familiar. Qual propósito seu proprietário deseja que o patrimônio cumpra?

Para infundir sabedoria na gestão do patrimônio familiar é preciso análise. Toda a conversa envolvendo confiança e integridade em torno de Bernie Madoff, Stanford Financial, Lehman, AIG e outros horrores do ano sugeria que a sabedoria estava em encontrar verdadeira integridade e motivos para confiança; o que se comentava à época era que bastava encontrar consultores confiáveis para se obter uma boa gestão patrimonial. Havia um foco renovado em astúcia e esperteza – sem distinção entre seu lado bom e seu lado ruim.

Embasados nas opiniões de sábios proprietários de grandes fortunas e experientes consultores de patrimônios privados do mundo inteiro, concluímos que seria preciso estabelecer certos princípios fundamentais para incutir sabedoria na gestão do patrimônio familiar. Tais princípios não seriam aspiracionais, não seriam "melhores práticas" e não seriam complexos. Seriam reconhecidos por todos como princípios que fazem sentido e que podem ser adaptados às situações específicas de cada proprietário. Portanto, seriam universais, mas flexíveis. Seriam baseados na experiência. Seriam como diretrizes fiduciárias, aptos a interpretações, mas também aptos a avaliações.

Em geral, os princípios buscariam abranger todas as áreas da relação entre o indivíduo abastado e seu próprio patrimônio, para permitir o desenvolvimento e a harmonização de estratégias para alcançar propósitos específicos e bem definidos.

Estes se tornaram os Princípios da Gestão do Patrimônio Familiar e Partes Relacionadas. Originalmente promulgados pelo Conselho Global da Lowenhaupt Global Advisors, tais princípios atualmente estão sendo usados pelo Institute for Wealth Management Standards, uma empresa sem fins lucrativos, para desenvolver Padrões para Gestão do Patrimônio Familiar. Esses padrões, baseados em princípios e, portanto, adaptáveis a cada indivíduo, estabelecem a estrutura para operação de acordo com os princípios. Eles preveem um Diretor Executivo para cada proprietário do patrimônio ou família e pressupõem que o Diretor Executivo será uma espécie de diretor geral de operações voltado a fazer os padrões e processos funcionarem.

Este livro representa uma tentativa de apresentar as experiências, o pensamento estratégico, a compreensão humanística e o respeito pelo processo que embasam os Princípios da Gestão do Patrimônio Familiar e Partes Relacionadas. Começamos compartilhando os elementos que levaram à sabedoria na gestão patrimonial e, em seguida, aplicamos esse conhecimento teórico, analisando como selecionar um Diretor Executivo e como ele pode implementar os princípios usando os padrões e processos que foram projetados pelo instituto.

Charles Lowenhaupt trabalhou junto a clientes privados na empresa fundada por seu avô mais de 100 anos atrás. Ele já conviveu com incontáveis proprietários de riqueza, especialistas em *family office* e prestadores de serviços financeiros ao longo de seus 40 anos de atuação no ramo. Seu aprendizado junto a clientes e outros proprietários de riqueza representa a base para a sabedoria subjacente aos princípios. Ele e Donald Trone e o Conselho Global da Lowenhaupt Global Advisors desenvolveram os princípios, bem como o conceito de que os princípios devem formar a base para os padrões. Trabalhando sob os auspícios do Institute for Wealth Management Standards, Donald Trone redigiu a primeira geração dos Padrões. Leonardo Wengrover atua no mercado de Gestão Patrimonial há 20 anos, tendo fundado a W Advisors Family Office em 2005. Sua experiencia com clientes brasileiros ajudou na adaptação dos Princípios, Padrões e Processos desenvolvidos por Charles Lowenhaupt e Donald Trone aos padrões do mercado brasileiro.

Este livro se divide em duas seções. A Parte 1, "Reflexões sobre a gestão do patrimônio familiar", foi escrita em sua maior parte por Charles Lowenhaupt, com a colaboração de Leonardo Wengrover, e estabelece as fundações da sabedoria e do processo inseridos nos Princípios. A Parte 2, "Princípios da gestão patrimonial para proprietários e partes relacionadas", é em grande parte de autoria de Donald Trone e é uma explicação de como o Diretor Executivo pode usar os padrões e processos para levar sabedoria e processos ao proprietário do patrimônio familiar. Juntos, esperamos proporcionar a proprietários de patrimônio familiar e seus Diretores Executivos a compreensão e as ferramentas de que precisam para cumprir com seus propósitos.

Os princípios da gestão patrimonial

Sabedoria e processo são as bases da gestão patrimonial sensata. Estratégias devem ser desenvolvidas para permitir a harmonização de todos os seus elementos – desde os investimentos até a filantropia, a educação e muito mais.

As pedras fundamentais da sabedoria são princípios:

- São princípios, conceitos – não regras.
- São fundamentais – não melhores práticas.
- São ideais – não absolutos.
- São simples – sem intenção de serem complexos ou polêmicos.

Os Princípios da Gestão do Patrimônio Familiar e Partes Relacionadas se dispõem a serem inclusivos e a fornecerem diretrizes para todos os elementos do relacionamento de uma pessoa com o próprio patrimônio. Permitem a harmonização de serviços e estratégias. Eles podem ser selecionados, modificados e ajustados de um indivíduo para o outro e de uma família para a outra. Acima de tudo, porém, eles são os princípios norteadores que embasam a gestão patrimonial baseada em processo.

Os Princípios da Gestão do Patrimônio foram desenvolvidos pela Lowenhaupt Global Advisors e adotados por seu Global Council em janeiro de 2009.

Princípios da Gestão do Patrimônio Familiar

1. O proprietário do patrimônio, os agentes fiduciários de uma sociedade fiduciária ou os diretores de uma fundação devem articular propósitos, metas, objetivos, expectativas e tolerância a risco com relação ao capital financeiro e devem ser ulteriormente responsáveis por manter a validade dessa articulação.
2. Com relação a um *family office*, um agente fiduciário ou uma fundação, a estrutura de governança, juntamente a vários papéis e responsabilidades de governança, deve ser claramente estabelecida e deve incluir um dispositivo para comunicar papéis e responsabilidades e assegurar que estes sejam compreendidos e aceitos.

3. Qualquer sociedade fiduciária ou fundação e qualquer agente fiduciário ou diretor deve obedecer às melhores práticas fiduciárias, e deve ser estabelecido um processo para monitorar o desempenho de deveres fiduciários pela sociedade fiduciária, pela fundação, por agente fiduciário ou por um diretor.
4. A sucessão deve ser estipulada quando for possível e deve ser levada em consideração. Para o proprietário do patrimônio, é preciso haver dispositivos vigentes para a disposição de ativos e gestão de interesses após sua morte ou em caso de incapacitação. Para o *family office*, a sociedade fiduciária ou fundação, é preciso haver dispositivos vigentes para sucessão de governança e gestão.
5. Cada carteira de investimento deve ser diversificada até onde for possível na prática. Deve haver diversificação de classes de ativos, gestores de investimento, estilos de investimento, moedas, exposição bancária e de corretagem e riscos geopolíticos.
6. Cada carteira de investimento deve contar com uma declaração de políticas de investimento, um mandato claro e objetivo, e cada gestor deve ter uma ingerência objetivamente articulada; a declaração de políticas de investimento e a ingerência devem ser monitoradas.
7. Qualquer carteira de investimento deve ser desenhada levando-se em consideração ativos, objetivos, necessidades e características do proprietário e/ou beneficiário e deve ser monitorada com esses aspectos em mente. Uma fundação deve contar com um processo para determinar se o programa de investimento reflete os valores de sua missão e de seu programa de dotações filantrópicas.
8. Deve haver processos claros, disciplinados e objetivos para selecionar, monitorar, remover e substituir gestores de investimento, agentes de custódia, bancos e operadores, contabilidade, entre outros.
9. Qualquer gestor de investimentos ou fundo específico a ser usado deve ter uma estratégia e um estilo que possam ser facilmente entendidos e explicados aos outros pelo proprietário do patrimônio ou por um dos agentes fiduciários, diretores ou profissionais da sociedade fiduciária, fundação ou *family office*. Se ninguém além do gestor de investimento ou representante do fundo for capaz de explicar a estratégia e o estilo, o gestor ou fundo não deverá ser usado.
10. Escrutínio e limitações especiais devem ser aplicados a qualquer gestor de investimento que não forneça transparência completa ou cuja carteira não tenha liquidez; tais investimentos não são proibidos, mas devem ser limitados em proporção ao total de investimentos da carteira.
11. A custódia de ativos, a responsabilização por ativos e os serviços de gestão de investimento devem ser conduzidos cada qual de modo independente e separado.

12. Deve haver um processo estabelecido para gerir e monitorar recursos internos e externos.
13. Deve haver transparência total quanto a taxas e despesas.
14. Compensações e taxas pagas a pessoal, diretores e comandantes de *family offices*, fundações ou conselhos não devem ser calculadas com base no retorno de investimentos com duração inferior a cinco anos. Salários, bônus ou taxas devem ser divulgados integralmente no que se refere ao seu montante e ao seu modo de cálculo. Qualquer pagamento direto ou indireto para funcionários ou diretores que não seja na forma de salário, bônus ou taxa designados (ou designação similar) fica proibido.
15. Atividades em benefício próprio por parte de funcionários, agentes fiduciários ou diretores de qualquer *family office*, sociedade fiduciária ou fundação são estritamente proibidas. Carteiras de investimento pertencentes a tais indivíduos ficarão sujeitas a regras estritas de divulgação que assegurem a obediência à proibição contra atividades em benefício próprio. Qualquer dotação ou pagamento a qualquer agência ou empresa em que tal indivíduo tenha interesse de qualquer natureza deve refletir claramente esse interesse na deliberação relacionada a tal dotação ou pagamento.

Sumário

PARTE 1 Reflexões sobre a gestão do patrimônio familiar — 1

1 Para que serve o patrimônio familiar? — 3
2 Libertando-se do patrimônio familiar — 11
3 Individualidade e patrimônio — 17
4 A importância do conforto — 27
5 A importância da estratégia: uma visão geral — 35
6 A importância da estratégia: filantropia — 39
7 A importância da estratégia: políticas de investimento — 47
8 A importância da estratégia: capitalização — 75
9 A importância da estratégia: governança — 81
10 A importância da estratégia: legado e valores familiares — 103
11 A importância da estratégia: a educação da próxima geração — 107
12 O papel dos padrões de gestão patrimonial — 111
13 A transição das reflexões para a implementação — 119

PARTE 2 Princípios da gestão patrimonial para proprietários e partes relacionadas — 123

14 O Diretor Executivo — 125
15 O marco decisório Ethos — 129
16 1ª Etapa: Analisar — 141
17 2ª Etapa: Montar estratégia — 153
18 3ª Etapa: Formalizar — 171
19 4ª Etapa: Implementar — 185
20 5ª Etapa: Monitorar — 203
21 Procedimentos de avaliação — 221

APÊNDICE Amostra de Declaração de Políticas do Patrimônio Familiar (DPPF) — 229
Índice — 243

PARTE 1

Reflexões sobre a gestão do patrimônio familiar

1

Para que serve o patrimônio familiar?

O patrimônio é escravo dos sábios e mestre dos tolos.
–SÊNECA (5 a. C. – 65 d. C.)

Quando se trata de um patrimônio familiar considerável, a questão inicial sempre é: para que serve este patrimônio? Essa é uma pergunta fácil de fazer e muito difícil de responder.

É muito mais fácil dizer para o que não serve este patrimônio:

- Não quero que seja usado para impostos.
- Não quero vê-lo desperdiçado.
- Não quero que meu cônjuge fique com ele em um divórcio.
- Não acredito em caridade, por isso ele não será doado.
- Não quero que meus filhos o recebam jovens demais.
- Não quero gastá-lo em honorários com advogados.

Todas essas declarações são plausíveis, mas nenhuma delas responde para que serve o patrimônio familiar.

O patrimônio sempre serve para sustentar o seu dono com as necessidades básicas da vida – alimento, vestuário, moradia e alguns luxos. E para a maioria das pessoas, a riqueza serve para a educação dos filhos e talvez dos netos. Mas há fortunas que dão e sobram para essas necessidades básicas de subsistência. Se a riqueza serve para algo além do consumo extravagante, a pergunta continua valendo: para que serve o patrimônio familiar? Surpreendentemente, trata-se de uma questão que raras vezes é levantada e que tampouco é revisada nos raros casos em que chega a ser respondida.

Já palestrei por todo o mundo em conferências sobre gestão do patrimônio familiar. Seja em Mumbai, Londres ou Nova York, membros da plateia me procuram posteriormente e contam que tal pergunta nunca lhes foi feita antes. Questiono-os: para começo de conversa, é uma pergunta válida? Sim, eles respondem. Por outro lado, para um prestador de serviços financeiros, trata-se de uma pergunta perigosa. Se os propósitos da riqueza puderem ser alcançados sem a venda de produtos, o prestador de serviços financeiros nada terá a vender nem como lucrar com seu potencial cliente.

A história de um homem de 95 anos que veio me procurar muitos anos atrás ilustra bem essa questão. Este senhor era um sobrevivente do Holocausto, solteiro e sem filhos. Estava planejando seu espólio, e perguntei-lhe sobre seus bens. Ele possuía toda a sua fortuna, mais de 1 milhão de dólares (uma grande quantia na época), em letras do Tesouro Americano em custódia do Federal Reserve. Perguntei-lhe se não devia considerar a construção de um portfólio, como inflação, renda fixa, renda variável, fronteiras eficientes e assim por diante. Ele respondeu: "Esse dinheiro serve para cuidar de mim enquanto eu estiver vivo. Para atender a este propósito, o melhor é que seja investido com liquidez e baixo risco*, e na minha idade não tenho preocupações quanto à inflação". Ele havia definido a funcionalidade de sua riqueza e não tinha absolutamente qualquer necessidade de consultores de serviços financeiros, muito menos de quaisquer de seus produtos.

Um dono de uma fortuna acidental que foi até meu escritório muitos anos atrás havia investido no negócio de um amigo 30 anos antes e acabou chegando a 800 milhões de dólares em ações. Ele explicou que estava me procurando porque queria gastar menos em impostos. "Certo", falei. "Podemos fazer isso e temos feito por 95 anos, mas você está me dizendo no que não quer usar a sua fortuna – em impostos. No que você *quer* usá-la?". Ele pediu para eu explicar melhor a pergunta, então falei: "Quais propósitos você quer alcançar com o seu patrimônio financeiro". A resposta que ele me deu eu jamais tinha ouvido antes: "Bom, quais são minhas opções?". Soltei uma risada e então comentei que, a bem da verdade, sua pergunta era excelente. Quais são as opções?

---

*No original, *cash equivalents*.

Capítulo 1 Para que serve o patrimônio familiar? • 5

Na verdade, não há tantas opções assim quando estamos falando de fortunas substanciais voltadas para durar por várias gerações. De modo geral, há apenas duas opções, embora possa haver gradações entre elas.

Primeiro, riqueza pode servir para liberdade com funcionalidade*. Explico: a ideia é que a pessoa funcional com liberdade pode ser tudo que ela quiser, ser livre sem esquecer de ter propósitos. Em segundo, a riqueza pode servir para controle, de tal maneira que os filhos e netos de uma pessoa possam viver sem se preocuparem ou se envolverem com sua própria fortuna.

Quando coloquei na mesa essas duas opções – ou liberdade com funcionalidade ou controle –, o dono da fortuna acidental disse que era capaz de adivinhar qual delas eu endossava. Os benefícios da liberdade com funcionalidade ficavam claros nas próprias palavras que eu usara, mas o dono da fortuna acidental acreditava que controle era um conceito negativo. Respondi que eu não endossava nenhuma das duas e que, na verdade, era neutro. Se em vez de "controle" eu tivesse dito "proteção", minha perspectiva poderia parecer menos tendenciosa. Uma analogia ajuda a esclarecer essa questão. Um monge beneditino que vive em um monastério bastante controlado, sem acesso a dinheiro e sem controle sobre como os assuntos são resolvidos, têm plena liberdade intelectual. Ele está livre de qualquer preocupação quanto a pagamento de financiamentos, investimento dos fundos monásticos ou mesmo onde e o que ele terá para o jantar.

Assim, ambas as opções podem proporcionar autorrealização se tratadas corretamente. Contudo, ambas trazem algum risco implícito. Para que a riqueza proporcione liberdade com funcionalidade sem proteção, é preciso que filhos ou netos tenham a permissão de perderem dinheiro. Em essência, eles precisam ser livres para fracassarem. Quando os pais ensinam um filho a andar de bicicleta, precisam estar preparados para o risco da criança fracassar. Disse ao dono da fortuna acidental que ele precisaria estar preparado para que seus filhos ou netos perdessem dinheiro, voltassem à estaca zero, caso fosse optar pelo rumo da liberdade com funcionalidade.

O risco de se optar por controle ou proteção é que os filhos podem acreditar que a riqueza serve para liberdade com funcionalidade e acabar se magoando ao descobrirem o contrário, com regras claras. O propósito

---

*Liberdade com funcionalidade no sentido de estar livre, porém com propósitos, e não simplesmente vagando à toa.

da riqueza – proteção – deve ser comunicado desde cedo a toda a família. Contei ao dono da fortuna acidental sobre uma família com a qual meu pai e eu havíamos trabalhado muitos anos antes. O patriarca decidira que iria proteger seus herdeiros para sempre; o propósito que ele estabelecera para sua riqueza era o controle. Ele reuniu toda a família, três filhos de vinte e poucos anos, e disse exatamente isso a eles. Cada um tocou sua própria vida – um se tornou médico, um se tornou advogado e um se tornou o "guardião da fortuna familiar", ou seja, o responsável por cuidar das finanças da família e das atividades filantrópicas. Hoje, todos têm mais de 40 anos e levam vidas felizes, sem se importarem com o fato de que todos os seus bens estão em um *trust** e fiduciariamente controlados. Nesse caso, informar aos filhos que o patriarca estipulara "proteção" por meio de controle permitiu que cada um deles seguisse sua própria vida.

Na verdade, quer a riqueza sirva para liberdade com funcionalidade ou simplesmente para controle, ela pode proporcionar a futuras gerações a capacidade de viver a vida ao máximo. Sem nunca esquecer da transparência máxima nessa comunicação. De fato, para o que quer que a riqueza sirva, cada membro familiar deve ser livre para levar uma vida de autorrealização – ser tudo aquilo que pode e sonha ser. Quanto a isso não há questionamentos. Como o dono da fortuna acidental percebeu com o meu exemplo, o patriarca que explicou que a riqueza seria controlada acabou libertando seus filhos de sentimentos de ressentimento e expectativa, preparando-os para seguirem com suas vidas.

É crucial, então, começar pela decisão e articulação da serventia, do propósito do próprio patrimônio. A resposta pode variar, mas até que ela esteja clara, qualquer programa de gestão de fortunas será um conjunto de árvores, mas jamais uma floresta. Assim que a resposta estiver óbvia, um planejamento de gestão do patrimônio pode ser projetado para cumprir com os propósitos. É preciso desenvolver um mandato claro para os gestores deste patrimônio. Proprietários de fortunas e seus consultores podem estabelecer metas e utilizar táticas, estratégias e oportunidades. Crises, impostos, maus investimentos e outros eventos danosos não passam de impedimentos para o cumprimento dos propósitos da riqueza e, em si mesmos, não chegam a ser prejudiciais.

---

*A palavra *trust* (fideicomisso) significa uma sociedade fiduciária que prove custódia e administração de bens, interesses ou valores de terceiros.

Como alguém deve proceder para responder à pergunta "para o que serve o meu patrimônio"? É preciso começar confiando na sabedoria e implementando um processo sensato. A sabedoria vem das experiências de vida, das leituras e dos estudos das ciências humanas (Shakespeare vem bem a calhar – lembre-se de *Rei Lear* e *O Mercador de Veneza*). A sabedoria também pode vir de um consultor que lhe dê confiança, que faça perguntas objetivas e que esmiúce as consequências de qualquer resposta. E a maneira mais fácil de organizar e aplicar toda essa sabedoria é por meio de um processo. Encontre algum método decisório que dê estrutura à sua deliberação.

Seria muito mais fácil se houvesse mais opções além de liberdade com funcionalidade ou controle. Porém, uma ponderação razoável remove muitas das opções que parecem fáceis para as pessoas. Todas aquelas respostas à pergunta "para o que o patrimônio não serve" não são opções. Criação e preservação não são opções. O patrimônio é criado ou preservado para que possa cumprir com seus propósitos; no entanto, criação e preservação, em si mesmas, não são propósitos.

Vejamos alguns exemplos de donos de fortunas sofisticados que responderam à pergunta com clareza.

Comecemos por uma mulher que conheci quando já bem idosa. Ela vinha de uma família texana com grande riqueza petrolífera e era casada com um americano de família tradicional, um sujeito batalhador formado em Yale. Antes de se casarem, ela falou a seu noivo: "Meu pai cuida do meu dinheiro e não esquento minha linda cabecinha com isso". Ela deixou seu dinheiro em um *trust* gerido no Texas, enquanto ela e o marido construíram juntos uma vida e uma família e ele construiu uma carreira. "Usávamos o dinheiro para extras: férias de vez em quando, faculdade para os filhos, algumas reformas em nossa casa." Sua fortuna era para "cerejas no bolo", mas não se tornaria parte de seu relacionamento ou de seu casamento. Como ela me disse certa vez: "A vida é cheia de altos e baixos, felicidade e tristeza, sucessos e fracassos, boa e má saúde. Por que complicar relacionamentos e a vida com gestão financeira?". Sua riqueza estava bem posicionada; sua atenção ficava voltada ao seu marido e à família. A riqueza servia para nada além de permitir-lhes viver uma vida plena, com liberdade.

Outro exemplo é de um herdeiro abastado, filho de um sobrevivente do Holocausto. Seu pai havia perdido a primeira esposa e os filhos em um campo de concentração e se casara com a mãe do herdeiro abastado quando eles se conheceram neste mesmo campo, pouco antes da libertação. Seus pais se mudaram para a Alemanha depois de se casarem, pois seu pai ficou sabendo que poderia recuperar seu negócio se permanecesse no país por certo período. Durante dez anos, o herdeiro cresceu como um judeu na Alemanha pós-guerra, enquanto seu pai lutava pelo retorno de seu empreendimento. Quando o negócio finalmente foi devolvido, o pai transferiu a família para a Suíça. Para que servia a riqueza? Para assegurar que o herdeiro e seus descendentes sempre tivessem recursos suficientes para se transferirem para onde fosse necessário a fim de se manterem livres e vivos. Residências na Suíça e em diversas outras jurisdições, contas bancárias ao redor do mundo e parceiros comerciais e investimentos na Europa, nos Estados Unidos, na Ásia e na América do Sul foram preparados para que ele e seus filhos pudessem fugir e morar em qualquer lugar. A riqueza servia para liberdade e movimento.

Outros concluem que a riqueza serve apenas indiretamente para a família e a usam para melhorar o seu mundo por meio da filantropia. Um herdeiro certa vez me disse: "Minha riqueza serve para eu gastar e distribuir em programas beneficentes. Se sobrar alguma coisa para os meus filhos, que assim seja". Herança não era uma prioridade.

Um criador de riqueza na Ásia me disse: "Minha riqueza é para construir uma dinastia". Isso raramente funciona, pois, embora o criador possa saber bem o que quer, seus filhos podem ter dificuldade em compartilhar esse desejo. *Dinastia* aqui simplesmente quer dizer ter muito dinheiro por muitas gerações; o dinheiro está ali para ser usado para um propósito, mas possuí-lo não é um fim em si mesmo.

"Para que serve o patrimônio?" parece ser uma pergunta simples, mas respondê-la não é tão simples assim. Porém, uma vez que a resposta esteja clara, o desenvolvimento dos detalhes para a sua gestão é facilitado pela aplicação de sabedoria, processo e planejamento.

Fazer essa pergunta é algo central no desenvolvimento de programas de gestão de fortunas e patrimônios familiares. Talvez seja fundamental até mesmo quando a intenção é harmonizar o dinheiro e a vida. Seja como for, há pessoas para as quais a resposta é instintiva, e a pergunta é respondida sem sequer ser elaborada.

Eu era um jovem advogado e meu sócio sênior, meu pai, pediu para que eu o acompanhasse em um encontro com um cliente de longa data, muitas vezes chamado de "o indomável homem não", para tratar do planejamento de seu espólio. Naquela época, esse homem parecia terrivelmente velho – 70 anos – e incrivelmente rico – $10 milhões pelo menos. Ele ficara viúvo e se casara com o que hoje chamaríamos de uma "esposa-troféu". Tinha dois filhos e diversos netos.

Nosso encontro matinal começou pela minha revisão das leis então vigentes sobre tributação de heranças, uma análise de suas sociedades fiduciárias e seu testamento e uma conversa sobre a preservação de seu espólio. Ele não parecia lá muito interessado; a bem da verdade, parecia um tanto cansado. Quando passei a entrar em detalhes, percebi que ele começou a "pescar" e cochilar, embora eu fosse capaz de acordá-lo com uma referência ocasional à sua morte e à partilha de seus bens.

Passada uma hora e pouco de reunião, eu estava recém começando a cobrir os aspectos e as oportunidades mais importantes que ficariam à disposição dele com planejamento cuidadoso e intrincado quando ele conferiu o relógio e se levantou. "Muito obrigado a vocês, mas minha esposa está me esperando. Vamos jogar golfe ainda esta manhã", falou. Perguntei sobre quando poderíamos nos reunir outra vez e ele pareceu confuso. Achava que tínhamos encerrado nossa conversa.

Convencido de que eu poderia finalmente ganhar sua atenção, falei: "E quanto a prover para seus netos e os filhos deles, e quanto às oportunidades de sua fortuna durar por gerações, e quanto às doações *em vida** que você pode fazer sem impostos substanciais sobre transferências? Pense em tudo que pode fazer agora".

Ele me encarou fixamente. Pela primeira vez naquela manhã, ele mostrava alguma paixão. "Meu jovem, tenho uma vida para levar e uma esposa com a qual quero desfrutar do meu tempo. Por que eu deveria me preocupar com coisas como sociedades fiduciárias, impostos sobre herança e gerações futuras? Não vejo motivo algum para me preocupar com meus netos e tataranetos. O que a posteridade já fez por mim?"

Até então, eu supunha que "o propósito da riqueza" tinha algo a ver com futuras gerações, com autorrealização e libertação, mas estava equivocado. Ele não estava nem um pouco interessado em seus filhos, seus netos e todas as gerações futuras; estava simplesmente vivendo sua vida e desfrutando do bom e do melhor. Para ele, era para isso que a riqueza servia e isso era o bastante.

---

*Atualmente, na legislação brasileira, as doações em vida são, via de regra, tributáveis. Como este imposto é de competência estadual, varia conforme o domicílio dos envolvidos. Pode ocorrer de uma doação ser mais custosa em vida que por herança ou o inverso.

2

Libertando-se do patrimônio familiar*

Em suas teorias sobre a motivação humana, o psicólogo Abraham H. Maslow analisou o conceito da autorrealização:

> Mesmo que todas essas necessidades [fundamentais] sejam satisfeitas, ainda podemos esperar que às vezes (senão sempre) um novo descontentamento ou inquietude logo acabe se desenvolvendo, a menos que o indivíduo esteja fazendo aquilo que lhe cabe. Um músico precisa produzir música, um artista precisa pintar, um poeta precisa escrever para que seja feliz. O que um homem *pode* ser, ele *deve* ser. A essa necessidade podemos chamar de autorrealização.
>
> –A. H. Maslow, "A Theory of Human Motivation"

Cada pessoa deve se esforçar para viver a vida da forma mais plena possível, para se tornar tudo aquilo que tem capacidade de ser, para se autorrealizar. Se existe uma meta para o dono de uma fortuna, deve ser a de libertar-se da riqueza. Contudo, vivemos em um mundo onde se construiu toda uma indústria baseada na proposição de que o patrimônio herdado deve ser preservado e que para preservá-lo é preciso um compromisso e uma atenção substancial por parte do seu herdeiro. Poucos falam sobre criar uma libertação de seus fardos.

Lembremos a história do patriarca que reconheceu que a riqueza servia como controle e que compartilhou isso com seus filhos. Dois deles acabaram levando vidas plenas como advogado e médico, enquanto o terceiro se tornou

---
*No original, *Freedom from Wealth*.

o "guardião da fortuna". Segundo a intenção do patriarca, o dinheiro deveria proporcionar controle, e não diretamente encorajar liberdade com funcionalidade. Porém, ao compartilhar este propósito, o pai efetivamente libertou dois de seus filhos do fardo de gerir a fortuna e do controle que ela poderia exercer sobre suas vidas. Esses dois filhos foram libertados deste patrimônio. O terceiro tornou-se seu guardião e passou a vida cuidando do dinheiro da família.

A indústria da gestão de fortunas reforça desnecessariamente a noção de que uma pesada responsabilidade recai sobre quem gere um patrimônio considerável. Eu estava conduzindo uma seção com um cliente idoso que começara do nada e construíra sua fortuna ao longo da vida. Estava apresentando a ele o conceito de *family office*, e estávamos cogitando seu neto como o guardião da fortuna familiar. O neto ficaria responsável por sociedades fiduciárias perpétuas a serem criadas para futuras gerações. Eu estava considerando o *family office* uma boa prática de governança. Falei sobre funções de guardião do patrimônio, preservação do patrimônio e do capital financeiro, definição de valores familiares, desenvolvimento de *trusts*, parcerias e outros veículos a serem governados de acordo com os padrões fiduciários por seus filhos, netos e além.

Parei para perguntar àquele velho senhor como teria reagido a essa conversa quando era 50 anos mais novo e apenas sonhava em criar um amplo patrimônio. O que teria dito na época ao meu avô (a quem ele chamava de "Tio Abe") se meu avô tivesse dito que ele viria a ter centenas de milhões de dólares e estaria usando palavras como *responsabilidade*, *supervisionamento*, *estruturas de governança* e *de fidúcia*, assim como *de governança*?

O velho soltou uma risada: "Eu teria dito 'Tio Abe, você está maluco. Essas não são as palavras que eu estaria usando a respeito da minha fortuna. Estaria usando as palavras *liberdade, independência* e *vivendo a vida ao máximo*'".

Outra história ilustra a mesma questão sobre os fardos da riqueza, mas através dos olhos de seus herdeiros. Eu estava agendado para dar uma palestra sobre *freedom from wealth* em uma conferência de preservação do patrimônio familiar. Durante o almoço logo antes da minha seção, sentei perto de uma mulher que se apresentou como artista e tinha importantes realizações; ganhara prêmios e lecionava em uma prestigiada universidade. Fiquei impressionado com suas credenciais. Ela também vinha de uma família muito abastada. Perguntei por que estava na conferência, e ela respondeu que era para aprender sobre *hedge funds**.

"Sério, você está interessada em *hedge funds*?", perguntei.

"Não, mas o *family office* disse que precisamos decidir se vamos investir ou não em *hedge funds*, e faço parte do comitê de investimentos. Estou aqui para aprender sobre *hedge funds*."

Ela perguntou o que eu fazia por lá. Quando lhe respondi que daria uma palestra sobre liberdade, como libertar-se do patrimônio familiar e expliquei o que isso queria dizer, ela se mostrou interessada. Convidei-a à minha apresentação, mas ela respondeu que não poderia ir, pois seria no mesmo horário da sessão sobre *hedge funds*. Mal eu havia começado minha palestra quando, cinco minutos depois, ela adentrou pela porta dos fundos e sentou-se para assistir. Acabada minha apresentação, perguntei-lhe o que havia acontecido.

Ela respondeu: "Assisti aos primeiros minutos daquela seção sobre *hedge funds* e fiquei terrivelmente entediada. O mantra '*freedom from wealth*' ficou retumbando na minha cabeça, até que decidi mandar às favas os *hedge funds*. Sou uma artista. Posso contratar pessoas para decidirem se e como devemos investir em *hedge funds*". Liberdade.

Encontrei a tal artista meses depois. Contou-me que sua decisão de abandonar a sessão sobre *hedge funds* alterou a maneira como se dispunha a encarar seu patrimônio e sua vida. Ela passaria a buscar liberdade para ser uma artista. Liberdade com funcionalidade.

Vemos por toda parte esse anseio pela capacidade de viver a vida plena e livremente. O sobrevivente do Holocausto mencionado no Capítulo 1 construiu sua riqueza em torno de liberdade e movimento – residências em diferentes lugares do mundo. Um jovem australiano herdeiro de uma fortuna contou-me: "não gosto de sentar-me à mesa lendo relatórios de investimento e contemplando o umbigo do meu patrimônio. Quero viver a vida – tenho paixões que estou perseguindo em empreendimentos reais". Um norte-americano de 30 anos, empreendedor e criador de uma grande riqueza que estava partindo para um novo empreendimento, disse sobre seus consultores de gestão de patrimônio: "Eles são incríveis. Sei que estão

---

*No Brasil, chamado de Fundo Multimercado, é uma forma de investimento alternativa aos investimentos tradicionais (como bolsa de valores, renda fixa e fundos de investimento em ações), com diferentes graus de risco.

se preocupando com minha carteira e se certificando de que dê tudo certo para mim. Isso me deixa livre para construir meus negócios, para fazer o que eu bem entender". Ou vejamos o caso de um jovem malásio criador de uma grande riqueza, que afirmou: "Estou criando um empreendimento atrás do outro; mas quando vendo um deles, estou acumulando lucros e ninguém está lá para preservá-los e geri-los. Não me importo, porque estou me divertindo demais criando novas empresas para me preocupar com os lucros de velhos negócios".

Quantos herdeiros por aí encaram a riqueza como a sua única carreira? Eles gastam cada vez mais tempo "trabalhando" em torno de sua fortuna, administrando gestores, avaliando desempenho e estudando para dominar os prós e contras de novas técnicas de investimento. Muitos se frustram com o tempo. Há volumes de pesquisas e horas de programas educacionais dedicados aos meandros de investimentos, estratégias fiscais e planejamento patrimonial, todos apontando para a necessidade de múltiplos níveis de conhecimento especializado. Até mesmo o processo de nascer e crescer sendo rico se tornou tão intrincado que temos consultores especializados em aconselhar os pais na criação dos filhos dentro de uma família abastada.

Muitas vezes posso dizer: coitado do pobre membro da família encarregado de ser o "guardião da fortuna familiar". Ele não é o criador da riqueza, mas é o membro da família sobre o qual coube o manto da "responsabilidade fiduciária" de manter e preservar a fortuna. Ele é o alto sacerdote da santidade do patrimônio familiar, o mordomo silencioso que atende à família por gerações. Seu mantra é a responsabilidade fiduciária, e sua meta é rejeitar o mito de que famílias que enriquecem sempre acabam perdendo tudo após três gerações. Ele é um ator central no elenco escalado pela indústria da gestão de fortunas, coadjuvante de bancos, sociedades fiduciárias, advogados, gestores de capital, consultores de patrimônio familiar, executivos de *family office* e assim por diante. Ele é o membro para o qual o capital da família se tornou uma ocupação em tempo integral.

O membro encarregado de ser o guardião do capital familiar quase nunca é feliz em seu papel. Quando as carteiras apresentam bom desempenho, é porque o mercado vai bem. Quando elas têm mau desempenho, ele é o culpado. Vejamos o caso de uma família norte-americana com quatro filhos. Um filho é médico, outro é diplomata, uma filha é professora de arqueologia e um filho é o guardião da fortuna familiar. O guardião estava curtindo a vida nos anos de mercados aquecidos e de inabalável sucesso. Contudo, quando o mercado ia mal ou quando uma meta de 5% de retorno se tornava impossível de ser batida, sua diversão não se comparava à do diplomata negociando tratados, do médico trabalhando no sequenciamento do genoma ou da arqueóloga escavando ruínas na Itália.

Atualmente, os pais criam seus filhos fazendo-os acreditarem que podem ser o que quiserem. Famílias na China e na Índia estão criando sua primeira geração de consumidores abastados. Crianças em Xangai e Mombai estão sendo educadas com crianças de Los Angeles e Paris. Uma criança nascida em Jacarta vai para a faculdade em Melbourne. O filho de um refugiado sul-africano pode se casar com a neta de um burocrata bolchevique. O valor humano que todos eles compartilham é a visão de liberdade e autonomia. Norte-americanos, chineses, indianos, australianos, africanos e europeus, todos enxergam oportunidades ilimitadas nessa visão. Se essas oportunidades ilimitadas brilham nos olhos do garoto retratado em *Quem Quer Ser um Milionário*, por que os filhos de famílias abastadas deveriam usar tapa-olhos? Não, a liberdade é para todos!

Para que serve o patrimônio familiar? Encontramos concordância universal e global de que ele não deve servir para causar infelicidade. Não serve para criar fardos fiduciários. Não serve para escravizar pessoas por meio de estruturas de governança. Não serve para esmagar alguém com responsabilidades. Libertar-se do patrimônio familiar, seguir tocando a vida, alcançar autorrealização – tudo isso precisa ser possível em qualquer que seja o projeto criado para fazer o patrimônio cumprir o seu propósito. Para libertar-se dos fardos impostos pelo patrimônio é preciso ter sabedoria e adotar um processo – sabedoria para ganhar perspectiva e um processo para permitir a delegação das minúcias, do dia a dia das execuções operacionais. Juntos, eles podem proporcionar conforto para que se leve a vida livre dos fardos da riqueza.

A sabedoria impõe que, quando o dono de uma fortuna está delegando os detalhes da sua gestão, ele deve assegurar que os processos sejam articulados e mensuráveis. Sem um processo sensato, alguém pode delegar tarefas para Bernie Madoff ou Lehman Brothers ou outros *advisors* capazes de trair sua confiança. Princípios e padrões proporcionam o processo gerencial sensato. Processo aprimorados e mais sabedoria podem oferecer conforto para se levar uma vida livre dos fardos da riqueza.

3

Individualidade e patrimônio

> Basta sabermos duas coisas sobre um homem – como ele ganha seu dinheiro e como o gasta – para termos uma pista do seu caráter, pois dispomos de um holofote que expõe as características mais íntimas de sua alma. Conhecemos tudo que necessitamos saber sobre seus padrões, suas motivações, seus desejos norteadores e sua verdadeira religião.
>
> **–ROBERT J. MCCRACKEN**

A indústria de gestão financeira costuma falar na chamada "gestão do patrimônio familiar". Quer isso signifique serviços de *family office* ou *wealth management* oferecidos por um banco, um *multi family office*, conferências sobre preservação do patrimônio familiar ou especialistas em famílias milionárias, o foco parece recair na *família*. De fato, "*family office*" combina a palavra reconfortante *família* e a palavra empresarial *office* para passar a impressão implícita de que *família* é uma unidade, uma entidade quase monolítica. Assim, serviços e produtos podem ser agrupados no escritório ou no provedor de serviços, o que gera eficiências de escala para a família e para o provedor de serviços.

É hora de dar um passo atrás e reconhecer que uma família não é monolítica, e sim composta por indivíduos com diferentes vidas, diferentes cônjuges, diferentes filhos, diferentes desafios e aspirações, interesses, talvez diferentes jurisdições e até mesmo diferentes culturas. E cada um desses indivíduos pode ter sua própria resposta à pergunta "para que serve o patrimônio familiar?".

Quando membros de uma família são tratados como meras frações de uma entidade monolítica, a individualidade é suprimida, e a noção de família acaba eclipsando qualquer visão pessoal do eu. Um patriarca ou uma matriarca enxerga o conceito de família imediata como seus filhos e todos os seus respectivos descendentes; um dos filhos pode enxergar a família imediata como ele mesmo e seus descendentes. Em outras palavras, cada qual pode definir *família* ao seu próprio modo. Um criador de riqueza muitas vezes pensa de modo a manter sua família unida, e não de oferecer a seus descendentes e gerações futuras amplitude para usarem a riqueza na plenitude de suas próprias vidas, buscando liberdade com funcionalidade. O patrimônio, então, não é o motivador dinâmico de progresso individual, e sim o oposto: uma força restritiva e definidora (controladora) que muitas vezes leva à infelicidade. O tal fardo mencionado anteriormente.

Famílias por todo o mundo costumam enfrentar o desafio de tratar a si mesmas como algo diferente de uma entidade monolítica. Às vezes, o monólito familiar é visto como cultural; outras vezes, é visto como inerente na riqueza; e, em certos casos, é visto como eficiente. Como quer que seja encarado, o conceito de "família" como a entidade definitiva a ser atendida e considerada quase sempre resulta em infelicidade, pois escraviza o indivíduo.

Muitos anos atrás, quando a China começou a vislumbrar a preservação de patrimônio em seu horizonte, um estudioso de Xangai me alertou que uma das diferenças que eu encontraria ao trabalhar com famílias chinesas ("Isso é bastante singular", ressaltou) era que a riqueza não é encarada como sendo propriedade de indivíduos. Na verdade, é vista como uma propriedade familiar. "Isso seria estranho", falei. Primeiro precisamos analisar o que é *propriedade*. Ela consiste em dois elementos: o controle dos bens e o interesse econômico nos bens. Em jurisdições que praticam o sistema jurídico anglo-saxão, ou *common law* , às vezes dizemos que um *trustee** tem direito *legal*. É dele o controle aparente da estrutura jurídica. Porém o beneficiário tem o interesse *patrimonial*, em outras palavras, o benefício econômico ou direito ao usufruto.

Repartida nesses elementos de propriedade, como uma família – um grupo de pessoas – pode ser dona de algo? Seus membros não podem ter, cada um, benefício econômico integral do montante inteiro – alguma divisão precisa ocorrer em algum nível. E cada um deles não pode ter controle

---

*Agente fiduciário.

integral sobre a posse inteira. No mínimo dos mínimos, eles devem de alguma forma partilhar controle e benefício.

Para ilustrar essa questão, é pertinente analisar a propriedade de uma empresa de capital aberto – a Microsoft, digamos. Podemos dizer que a Microsoft é proprietária de diversos bens, mas a empresa existe apenas formal e estruturalmente. O benefício econômico desses ativos cabe em última análise aos seus acionistas, que ao fim e ao cabo são indivíduos, quer sejam meros acionistas, *trusts*, planos de pensão ou outros. O controle dos bens é exercido pela Microsoft. A empresa, finalmente, é controlada por estruturas legais e regulatórias e, acima de tudo, por acionistas que exercem esse controle geralmente por meio de voto participativo.

Na verdade, já ouvi muitas pessoas descreverem sua fortuna como "uma riqueza familiar", exatamente como meu amigo estudioso chinês me descreveu. No entanto, jamais encontrei uma família que pudesse tratar a si mesma como a proprietária absoluta. Em meu trabalho com famílias chinesas e muitas outras, descobri que, na maioria das vezes, um criador de riqueza deseja controlar sua fortuna. Sei de uma família cujo patriarca falou a seus cinco filhos que estava pronto para que eles assumissem todos os atributos da propriedade, e estava falando sério. Ainda assim, foram cinco anos de esforços com as noções de responsabilidade e respeito para que seus filhos se dispusessem a assumir a propriedade integralmente.

Outro chinês que herdou uma fortuna, um homem com filhos pequenos e uma irmã, contou-me, logo após a morte do pai, a história da origem da fortuna de sua família. Seu tataravô e o irmão de seu tataravô disputaram os negócios da família ao final do século XIX. Após uma batalha rancorosa, seu tataravô ficou com os negócios, o que deixou os irmãos brigados entre si. Depois, seu avô teve uma briga similar com seu próprio irmão e acabou em posse dos negócios. Seu pai disputou os negócios com sua tia e venceu a batalha. "Quando você e sua irmã começarão a brigar?", perguntei. Ele pareceu confuso e perguntou o que me levava a pensar que acabariam brigando. Com tantas divisões, como se poderia dizer que uma família "possuía" o patrimônio familiar?

Em Nova Déli, um amigo meu – um consultor da confiança de diversas famílias abastadas – explicou-me que na Índia tais famílias têm a tradição de dividirem os negócios a cada geração, dividindo também rancores muitas vezes. Na sua opinião, isso fazia os negócios prosperarem, citando a família Ambani como exemplo. Depois que os dois irmãos se separaram, cada um saiu mais rico do que se continuassem juntos, ele achava. A primogenitura acabou concentrando a riqueza na Inglaterra por muitos anos e incidentalmente permitiu a fixação de colônias pelos irmãos mais novos, que jamais herdavam o patrimônio imobiliário. Neste caso, "patrimônio familiar" queria dizer propriedades ao filho mais velho.

Na Europa, um criador de riqueza havia transferido parte das ações da empresa para seus filhos. Um subsequente evento de liquidez gerou uma grande fortuna para ele e seus filhos. O fundador reuniu os filhos e lhes disse: "Essa fortuna não é minha nem é de vocês; é um patrimônio da família a ser compartilhado". De acordo com seus filhos, o discurso que ele deu foi inspirador, encerrando-se por ele dizendo que toda a fortuna deveria ser recombinada para ser mantida e gerida junto à sua própria fortuna para o benefício dos filhos e de si mesmo. Os filhos, ambos na universidade então, concordaram prontamente. Conheci essa família dez anos mais tarde. O patriarca ainda insistia que a fortuna era "um patrimônio familiar", mas estava gastando e fazendo investimentos e movimentações sem qualquer restrição. Quando seus filhos tentavam estabelecer algum processo para disciplinar os investimentos ou a gestão do dinheiro e do orçamento, ele endossava calorosamente, entretanto depois considerava tudo isso aplicável somente aos filhos e nunca para si mesmo. Regras apenas para os filhos. O patriarca estava esbanjando toda a fortuna, tanto a dele quanto a dos filhos. Ele me confidenciou que por "familiar" queria dizer que, após sua morte, tudo seria deles, a menos que decidisse indicar como herdeira sua nova namorada, que em breve talvez se tornasse sua esposa.

A atitude desse fundador europeu não é algo isolado. Na verdade, a fortuna devia pertencer a ele, o responsável por criá-la. Ele não tem por que pensar em termos de "supervisão", exceto se já tivesse relegado sua fortuna. Na verdade, algumas das estruturações mais complexas e intrincadas do mundo do planejamento patrimonial são voltadas a manter o controle e o acesso nas mãos do "doador", manter o poder. A pessoa que faz doações para filhos, netos, familiares e caridade o faz utilizando complexas sociedades fiduciárias e parcerias a fim de preservar o seu controle, mas sem cruzar os limites da regulação tributária ou de padrões exigidos para proteção contra eventuais credores. Os criadores do patrimônio, de fato os proprietários da fortuna, não querem, em muitos casos, ceder o controle ou o acesso à sua fortuna. Para um indivíduo como esse, a família monolítica geralmente é tudo o que buscam, já que as regras valem para todos, menos para ele. "Patrimônio familiar" muitas vezes é sinônimo de controle por parte do fundador.

O conceito de fortuna familiar nutrido por esse fundador acaba assumindo vida própria. Ele tem uma família, talvez alguns filhos e uma esposa. Quando os filhos são pequenos, ele pode pensar no núcleo familiar, vivendo juntos, crescendo juntos e completamente unidos pelo menos até a adolescência. No entanto, o modo de pensar do criador do patrimônio não desaparece facilmente, de tal modo que quando se senta à "mesa de reunião", é como se estivesse sentando-se à mesa de jantar quando seu filho mais novo tinha dois anos. Maturidade e processo não se encaixam intuitivamente. Os sistemas e os modos de pensar se fossilizam nas demais estruturas, *family offices* e dinâmicas familiares, mesmo depois da morte do fundador – uma dura fachada de governança, mineralizada em torno de um centro oco, vazio.

A maior parte dos programas de gestão de fortunas e *family offices* fracassa por não reconhecer o indivíduo. O fóssil, a estrutura mineralizada da gestão multigeracional de patrimônios familiares, carece da personalidade central, do tecido mole, da essência, e não leva em consideração a necessidade do indivíduo de se autorrealizar. Aquelas partilhas à indiana, as famílias chinesas brigando a cada geração, o sistema inglês de primogenitura*, todos asseguram que os indivíduos a cada geração possam ter seus próprios sonhos. Na moderna gestão multigeracional de fortunas, a individualização costuma ocorrer traumaticamente, mas isso não precisa ser assim. Muitas vezes, costuma ocorrer por meio de separações completas, o que tampouco é necessário.

Na verdade, de anos em anos e certamente a cada geração, o fóssil deve ser aberto para se ver o que tem dentro. Deve-se discutir abertamente essência, valores e princípios da família. A estrutura do patrimônio familiar deve ser reexaminada. Descarte por completo a noção de família nesse reexame e procure, em vez disso, por indivíduos e suas necessidades individuais. Se isso for feito de forma resoluta e adequada, as eficiências de escala advindas da manutenção de toda a riqueza reunida podem coexistir em harmonia, e a família multigeracional irá aflorar naturalmente.

Duas situações bastante diferentes podem exemplificar essa questão. Uma família asiática, abastada há cinco ou seis gerações, tinha um dos seus ramos, cinco irmãos, em um *family office*. Esse ramo se separara do restante da família em uma disputa pelos negócios familiares e acabara de posse des-

---

*Neste sistema, o filho primogênito herdava toda a terra dos pais.

ses negócios depois de amargas disputas judiciais. O ramo em si, os cinco irmãos, passou por seus próprios desacordos subsequentes na disputa por propriedades quando um dos irmãos adquiriu o principal negócio da família. O *family office* representava um conjunto completo de serviços e propriedades, muito embora apenas um dos irmãos, junto a seu filho, tivesse interesse nos negócios da família.

A liderança iluminada daquele *family office* asiático solucionara o que teria sido uma disputa amarga envolvendo os negócios da família. Ao construir e administrar um diálogo e processos, a liderança guiou a família na divisão harmoniosa dos bens para que o irmão interessado nos negócios ficasse com eles e os demais ficassem com carteiras de investimentos sem relação com esses negócios. A filantropia familiar permaneceu centralizada para todos, mas o processo e o diálogo sobre os "desmembramentos" também resultaram em diversas fundações independentes para alguns dos irmãos. Gestão de investimentos, contabilidade, serviços legais, serviços de gestão financeira e serviços de "concierge" permaneceram todos centralizados e compartilhados. O *family office* continuou gerindo os interesses de cada irmão, porém cada um dispunha de considerável independência, respeitando suas individualidades.

Uma família de linhagem similar mas sem um negócio familiar em si tivera seus interesses geridos por um membro mais velho da família, um gestor (*steward*) do patrimônio familiar. Entre seus dependentes ele tinha cinco filhos e sobrinhos, com a assistência de um executivo sênior devidamente capacitado de um *family office* e mais quatro ou cinco funcionários. Quando este gestor do patrimônio familiar faleceu, o executivo do *family office* (então com 90 anos de idade) assumiu o controle. Ele convocava regularmente "reuniões do conselho do *family office*", nas quais sentava-se à cabeceira da mesa e chamava os filhos de "meninos e meninas", muito embora, à época, já estivessem na casa dos seus cinquenta anos. Quando algum deles necessitava de dinheiro, precisava procurá-lo para apresentar uma justificativa para o pedido. O homem de 90 anos solicitava que todos os filhos assinassem declarações de imposto de renda em branco antes que os documentos fossem preenchidos – "confidencialidade, entende". Nessas assim chamadas reuniões do conselho do *family office*, a tensão era palpável. Alguns dos filhos adultos chegavam a passar mal antes ou durante as reuniões, e as relações entre eles começaram a se deteriorar. O executivo do *family office* exercia a autoridade do falecido gestor familiar, e o nível de respeito exigido dos filhos os forçava a brigarem entre si em vez de brigarem com ele.

Por fim, este *family office* entrou efetivamente em colapso. Os filhos decidiram que, não obstante impostos e custos, a fortuna deveria ser desmembrada. Em vez de uma harmoniosa convivência, deu-se uma ruptura forçada na família. O longo e custoso processo resultou em cada membro da família seguindo seu próprio rumo. Dentro de um ano, suas relações familiares melhoraram e cada um se sentia independente. Eficiências de escala claramente foram perdidas; por outro lado, encontrou-se liberdade. A mais velha dos membros descreveu a experiência: "Sinto-me como um pássaro libertado da gaiola!". Ela encontrara liberdade por meio de sua própria individualidade – verdadeiramente libertara-se do patrimônio familiar.

Para respeitar a importância do indivíduo, todo programa de gestão do patrimônio familiar precisa começar e praticar regularmente um diálogo com cada membro adulto da família a fim de determinar cabalmente os pontos em que ele deseja independência e aqueles nos quais isso lhe é irrelevante. Respeito às individualidades. Deve ficar claro que um grupo não pode ser o proprietário legal ou patrimonial da riqueza, a não ser por meio de sistemas de controle e compartilhamento de benefícios. Sistemas e compartilhamento funcionam melhor quando todo mundo tem aquilo de que precisa.

Para a maioria das pessoas, pouco importa quem prepara as declarações de imposto de renda e outras tarefas jurídicas, contábeis e financeiras, contanto que sejam cumpridas com competência e sejam supervisionadas. A maioria não se importa com qual advogado está cuidando da estruturação e de outras questões legais. A maioria não se importa com quem está gerindo seus bens, mas se importa sim em saber se sua carteira é agressiva ou conservadora. Muitos se importa com quais doações são feitas e para quem. Muitos se importam com quais instituições de caridade recebem tais contribuições. E a maioria se importa com onde passará suas férias e como está sua relação com seus irmãos.

Quando decisões familiares são centralizadas e vão contra o interesse de algum membro, este acaba se ressentindo pela centralização, ainda que não se importe com as consequências. Assim, quando a alocação de ativos está centralizada na família, membros familiares podem se ressentir de quais gestores são escolhidos, ao passo que, se metas e objetivos forem individualizados, estes mesmos membros consideram irrelevante quais gestores são selecionados. E se decisões sobre doações, filantropia e férias forem centralizadas, membros da família acabarão brigando contra a centralização desses aspectos e de qualquer outro.

O exercício necessário para evitar o conflito passa por uma ampla e clara comunicação individualizada. É reunir-se individualmente com cada um dos membros da família como se não tivessem parentesco nem nada em comum. Isso é ficção, é claro, pois eles podem compartilhar sociedades fiduciárias, genética e de criação. O que estão dispostos a combinar para criar "eficiência nos negócios"? É preciso enfatizar "negócios" neste caso, já que a harmonia familiar sentimental pode ser um manjar para alguns, mas um veneno para outros. A família muitas vezes é capaz de alcançar eficiência nos negócios por meio da consolidação estratégica sem sacrificar a independência se, mas apenas se, centralizar somente aqueles serviços e produtos para os quais os membros não exigem independência. Uma família pode alcançar harmonia com muito mais eficiência mediante este tipo de abordagem analítica. E, se alguns membros da família quiserem concentrar sua atenção em questões familiares para criar harmonia, podem cogitar reuniões familiares voluntárias, histórias e encontros sociais, ou seja, trabalhar aspectos intangíveis do patrimônio familiar, ainda que sejam organizados pelo *family office*.

A individualização não é fácil. Há considerações negociais e eficiências econômicas na consolidação do patrimônio por parte de prestadores de serviços financeiros e *family offices*. É a centralização que permite que a indústria dos serviços financeiros crie eficiências de escala, mas, acima de tudo, é o que torna a troca de prestadores de serviços financeiros bem mais difícil, pois isso exige algum tipo de processo funcional de seleção para a inclusão efetiva de todos os membros da família. Manter todo mundo junto conserva os bens sob gestão e acaba reduzindo o número de serviços exigidos por uma família, mas a maioria dos seus membros fica cativa da centralização.

Para um *family office*, a consolidação pode ser crucial, já que, ao fixar custos, uma redução dos ativos sob gestão aumenta o custo percentual daqueles restantes. Contanto que a primogenitura não seja a norma, o número de membros da família costuma aumentar a cada geração, reduzindo os bens de posse de cada um, diluindo o patrimônio financeiro per capita. Isso às vezes é chamado de distribuição da riqueza "*per stirpes*". Se um membro for "libertado da gaiola", seus bens deixam de fazer parte do todo, e os custos aos outros acabam aumentando.

Seja como for, não pode haver uma gestão funcional de fortunas familiares se um ou mais de seus membros se sentir aprisionado. Sem um senso de independência e liberdade, os membros da família acabam tratando as questões mais insignificantes como cavalos de batalha na disputa final pela liberdade. A tal da gota d'água. Já vi uma família se desintegrar devido à seleção do decorador de interiores para o *family office*. Já vi raiva e fúria para decidir se uma reunião familiar se daria pela manhã ou pela noite. Vi também uma família em prolongadas batalhas que acabaram nos tribunais pelo jogo de chá da tia Lizzie, enquanto centenas de milhões de dólares eram divididos pela família sem discussão. O problema não é o decorador ou o horário da reunião ou o jogo de chá. Os problemas são descritos como uma questão de "princípio"; no fundo, são problemas de independência e autorrealização.

O diretor executivo de um grande *family office* na Inglaterra estava explicando que a política do *family office* era gerir todas as carteiras de forma idêntica. Na verdade, todas eram agrupadas entre si, e os membros da família simplesmente exerciam seus respectivos interesses. Os membros (na casa das centenas deles) não eram bem-vindos no *office* e eram instados a não conversarem com o pessoal do *family office*. Qualquer interação precisava passar pelo presidente, um membro mais idoso da família, e os horários de atendimento eram limitados. As únicas opções para um membro da família era ou permanecer no conjunto de carteiras ou se separar por completo. Perguntei ao diretor executivo por que esse arranjo era melhor para um membro da família do que um interesse em uma parceria geralmente disponível ou um fundo mútuo gerido pela Goldman Sachs, de onde seria possível resgatar parte ou mesmo todo o montante, onde haveria investimento profissionalizado e onde o conjunto de carteiras poderia ser maior, facilitando a devida diligência. "Nosso fundo reflete a cultura da família", foi a resposta dele. Sem saber ao certo o que ele queria dizer com isso, perguntei-lhe se havia ali uma crença de que todos os membros da família compartilhavam uma cultura idêntica. "É a isso que se resume uma fortuna familiar", respondeu. Na opinião dele, cultura, sonhos e individualidade se fundem em um único agregado de riqueza.

Apresento-me como Charles Lowenhaupt quando conheço uma pessoa. Não me apresento dizendo "Sou Lowenhaupt; por falar nisso, meu primeiro nome é Charles". Jamais encontrei uma cultura em que todos os membros de uma família têm exatamente o mesmo nome – isso seria confuso demais. E, na maioria das culturas, um nome ou uma combinação de nomes é algo distinto, de indivíduo para indivíduo. Se eu fosse membro daquela família britânica em que todos os bens são agrupados entre si ("ame-a ou deixe-a"), eu talvez me ressentisse de ver minha individualidade sendo marginalizada. Meu ressentimento contaminaria minha percepção sobre desempenho financeiro, meu relacionamento com o presidente e com o diretor executivo e minha perspectiva sobre a fortuna familiar.

Podemos ver a partir desses exemplos que a construção de qualquer programa de gestão de patrimônio familiar deve começar pela compreensão de que cada indivíduo terá sua própria personalidade, cultura, necessidades, aspirações e entendimento de para o que serve o patrimônio. Um grupo só receberá um bom atendimento e serviço quando cada indivíduo for levado em consideração. É preciso libertar cada pássaro da gaiola da família para que o bando possa voar em conjunto, se esse for o desejo de todos.

4

A importância do conforto

Para que o destino de alguém seja libertar-se do patrimônio familiar, a estrada precisa ser a do conforto. Sem liberdade, é difícil alcançar o conforto, e sem conforto, a liberdade é impossível. Na construção de um programa sensato de gestão patrimonial, cada um dos seus proprietários precisa começar construindo uma relação confortável com o próprio patrimônio. Porém, muitos membros de famílias abastadas nos Estados Unidos, na Europa e Ásia vivem dolorosamente desconfortáveis com suas fortunas. A riqueza se torna uma fonte de ansiedade, e não de conforto.

Como incutir conforto em uma relação com o patrimônio? A resposta pode começar pela compreensão do conceito de "biofilia". E. O. Wilson articula que essa teoria nada mais é do que uma "preferência por certos ambientes naturais" como, por exemplo, o lugar da sua casa. Povos modernos em toda parte, escreve Wilson, "querem morar no alto de um morro, perto de um lago, mar ou outra extensão de água, e cercados por um terreno arborizado"(*The Naturalist*, página 360). Queremos enxergar árvores com copas a perder de vista. Em outra publicação, ele observa: "A localização é hoje uma escolha estética e, pela liberdade implicada em se assentar ali, um símbolo de *status*. Em épocas passadas e mais práticas, a topografia proporcionava um local de refúgio e uma ampla perspectiva de onde se podia avistar de longe a aproximação de tempestades e hordas inimigas" (*The Diversity of Life*, página 350).

Wilson prossegue e oferece o seguinte exemplo: "Imagine um multimilionário nova-iorquino que, graças à sua riqueza, é livre para escolher a própria habitação e que opta por uma cobertura de frente para o Central Park, com vista para o lago se possível, e que circunda todo seu terraço com vasos de arbustos. Em um sentido mais profundo que talvez lhe escape à compreensão, ele está retornando às próprias raízes" (*The Naturalist*, página 361). Para este multimilionário nova-iorquino, a opção por uma ampla vista que proporcionou a seus ancestrais conforto continua sendo o estilo de vida que lhe oferece conforto.

A teoria da biofilia nos remete de volta às nossas raízes nas savanas africanas, onde de um platô nossos ancestrais conseguiam enxergar a aproximação de predadores, podiam facilmente encontrar uma fonte de água e de alimento, mas também podiam estar perto do refúgio de árvore e cavernas. Neste mesmo espírito, quer seja em Hong Kong, Nova York ou Sydney, um apartamento com uma ampla janela e vista para a água sempre é o mais confortável.

O que a teoria da biofilia tem a ver com a gestão de fortunas? Para simplificar, os proprietários de riqueza precisam de um lugar alto de onde consigam enxergar e entender todas as ameaças e que lhes permita ver destinos para onde talvez queiram ir. O que eles querem é uma paisagem familiar com boa visibilidade.

Vez por outra, os proprietários de riqueza não desfrutam do conforto de uma residência privilegiada no alto de um relevo porque seus gestores financeiros tornaram suas vidas desnecessariamente difíceis. Compareça a um programa de gestão do patrimônio familiar em qualquer lugar do mundo, seja por meio do Institute for Private Investors, Family Office Exchange, Campden ou outro, e você perceberá uma certa tensão no recinto. Você verá muita gente ali alternando sua atenção entre o palestrante e a tela do celular. Alguns estarão roendo as unhas ou exibindo outro sinal de desconforto. Eles se sentem cercados por gente que entende o que eles mesmos desconhecem ou não compreendem. Temem que a condução ou proteção de seu patrimônio exija que eles saibam coisas que lhes fogem à compreensão, e aqueles que acham que entenderam o que precisam saber estão ansiosos para contar seus feitos para os outros membros da família. Tanto a aprender, tanto para se preocupar e tão pouca capacidade!

Atribui-se à romancista George Eliot a seguinte passagem a respeito do conforto:

> Oh, o conforto, o indescritível conforto de sentir-se a salvo com uma pessoa, sem precisar ponderar pensamentos nem medir palavras, e desabafar todos eles como estão, joio e trigo juntos, com a certeza de que uma mão fiel os passará por uma peneira, guardará o que vale a pena e com uma lufada de bondade soprará para longe o restante.

O conforto não vem facilmente no vale das conferências sobre gestão de fortunas. Ele começa pela segurança, consistência e minimização de surpresas. A ausência de medo (seja de perdas, más notícias ou do desconhecido) traz conforto. Harmonia na família e nos negócios promove conforto. Relacionamentos confiáveis com familiares, parceiros de negócios e consultores são úteis para se ganhar conforto.

Desconfiança e medo são impedimentos ao conforto. Falta de controle ou de entendimento pode criar ansiedade e desconforto. Aquilo que você não sabe ou não compreende lhe deixa desconfortável, pois é difícil relaxar na presença de incertezas e ameaças à espreita.

Ainda estou para comparecer a uma conferência sobre patrimônio familiar em que haja uma plateia confortável. No mais das vezes, as perguntas feitas pelos participantes envolvem a busca pelo modelo "ideal", por quem confiar e por quais ferramentas devem ser procuradas para transformar disfunção em funcionalidade. É comum me perguntarem "Qual é a melhor estrutura de governança para uma família?", como se houvesse uma melhor solução para disfunção familiar assim como pode haver uma melhor solução para um suflê que não cresceu. O questionador parte do princípio de que deve haver um modelo secreto, uma receita, que todo mundo conhece, menos ele. Obviamente, não existe solução secreta. Até que a família "ideal" seja criada e produzida com consistência, não poderá haver uma estrutura de governança "ideal".

Não existe modelo secreto para se obter conforto. Para que uma pessoa se sinta confortável com sua própria riqueza, é preciso que ela analise o que a está deixando desconfortável.

Essa análise é dificultada pela indústria dos serviços financeiros, que cria turbidez, invólucros terminológicos e obscuridade em torno de suas próprias operações. Infelizmente, a complexidade é uma parte integral do "*mix* de produtos" dessa indústria – investimentos, análises tributárias e fundamentos de custódia, de risco correspondente e de análise financeira. Ao corretamente perceberem que a indústria está empregando um método unilateral de vendas, os clientes ficam tentados a desconfiar, e isso, como visto, gera desconforto. Para aplacar a desconfiança, os clientes tentam entender detalhes e espiar através do véu de obscuridade, mas compreender esses detalhes e vislumbrar algo por trás desse véu é praticamente impossível. Sendo assim, os indivíduos ficam com a impressão de que desconhecem aquilo que desconhecem. Donos de fortunas não conseguem enxergar claramente onde os riscos se encontram ou como devem analisá-los e sentem-se ameaçados pelo desconhecido.

Abordemos de outra perspectiva a questão do desconforto resultante das práticas da indústria de serviços financeiros. Por exemplo, um avião é tão obscuro e tão complexo quanto um *hedge fund*. O marco regulatório dos transportes é até mais difícil de entender do que o sistema de produtos financeiros. O voo de um jato está tão sujeito a desastres quanto qualquer programa de gestão de fortunas. Um passageiro não tem o mínimo controle sobre a operação de um avião. Então por que podemos embarcar em um voo em Los Angeles e desembarcar em Sydney sem a sensação de que precisamos compreender por conta própria como se opera um avião? Em nenhum dos casos é possível conhecer todos os detalhes e entender todos os sistemas e elementos. No entanto, quando donos de fortunas encontram um gestor de serviços financeiros, eles frequentemente sentem que precisam confiar nele antes que possam tratar de negócios juntos. Raramente conhecemos os pilotos dos aviões em que embarcamos, e mesmo assim colocamos nossas vidas em suas mãos.

Qual é a diferença entre a gestão de uma carteira e um voo transpacífico? Em termos práticos, sabemos que existem processos comprovados e bem estabelecidos que proporcionam proteção objetiva aos passageiros dentro do voo – desde o treinamento dos pilotos até a manutenção dos sistemas mecânicos, sem falar na linguagem a ser usada em procedimentos de emergência. E sabemos que esses processos evoluem durante anos de experiência e sabedoria.

Conclui-se daí que o conforto deriva necessariamente de um processo e de uma sabedoria. Obtemos conforto a partir de uma visão descortinada capaz de nos mostrar tudo que podemos temer. A sabedoria de conhecer aquilo que desconhecemos, de buscar ajuda daqueles que conhecem e de criar o processo apropriado para assegurar suavidade no pouso e na decolagem é o equivalente a uma casa com vista. A sabedoria é o platô a partir do qual obtemos uma ampla visão para enxergar uma floresta e discernir qualquer ameaça. A sabedoria cria o conforto que um patrimônio considerável deveria proporcionar ao seu proprietário.

Por si só, a confiança cega não deve proporcionar conforto no caso da gestão patrimonial, da mesma forma como não o proporciona no caso das viagens aéreas. No entanto, a indústria da gestão de patrimônio familiar exalta a confiança; ela não exige processo e disciplina de seus clientes, pois processo e disciplina acabariam removendo a sensação de complexidade e falta de poder que leva os clientes a pagarem tanto por tão pouco. As pessoas confiavam em Madoff, Lehman, Weavering, AIG e assim por diante. A confiabilidade é o traje do salafrário que consegue vender sua fraude, contanto que esteja vestindo confiança.

Embora a sabedoria ajude a construir o processo e, portanto, o conforto, ela também é importante para embasar a estratégia e assegurar que toda e cada ação levará a uma meta. Assim como a capacidade de vislumbrar por sobre a floresta até o rio nos proporciona a vista daquilo que precisamos enxergar – nosso suprimento de água – e assim como a passagem de avião diz claramente que queremos ir até Sydney, precisamos saber onde queremos estar para construirmos a sabedoria de chegar até lá. Precisamos saber para que serve o patrimônio para então garantirmos que ele irá cumprir com sua tarefa. Precisamos ter a perspectiva lá do alto para conseguirmos enxergar por cima das árvores até a fonte de água mais adiante.

É neste ponto que o conselheiro sábio, o consultor confiável, torna-se decisivo para ajudar a analisar decisões em termos de metas. Sua sabedoria pode nos ajudar a enxergarmos lugares em que não nos sentiríamos confortáveis pois eles não nos levam aonde estamos indo. Quais riscos devemos assumir para facilitar nossa trajetória, e quais riscos não devemos assumir por não terem relação com o rumo que tomamos? O sábio conselheiro nos ajuda a ganhar perspectiva, e essa ajuda muitas vezes é meramente uma questão de apontar para o óbvio.

Os três exemplos a seguir ilustram como a sabedoria ajudou três proprietários do patrimônio a tomarem melhores decisões para si mesmos e para suas famílias. Em cada caso, o proprietário estava preparado para se sentir confortável sem o auxílio de uma vista imponente derivada da sabedoria. Você perceberá como, em cada caso, um toque de sabedoria descortinou uma perspectiva similar àquela nas alturas da biofilia.

- Um norte-americano de 90 anos de idade, prevendo o perecimento da sociedade moderna e o Armagedom que se seguiria, confidenciou que vinha guardando dezenas de milhões de dólares em ouro em mais de 30 cofres suíços com alto padrão de sigilo. Esse plano lhe permitiu dormir bem à noite e lhe proporcionou grande conforto. "Sinto-me seguro, e minha família está protegida para o que quer que aconteça", afirmou. Perguntei se além dele mais alguém tinha conhecimento desses cofres e se tinha contado ao seu filho. "Não mesmo, não ouso confiar em ninguém. Os comunistas podem raptar meu filho e fazê-lo confessar os segredos." Em seguida, lhe fiz uma pergunta bem simples: "O que acontecerá se você morrer (e ele era do tipo 'se eu morrer', em vez de 'quando eu morrer') ou se ficar incapacitado?". A princípio ele logo pareceu confuso, depois preocupado. De uma hora para outra percebeu que, se morresse, ninguém no mundo saberia de suas posses em ouro e onde encontrá-las. No dia seguinte, ele entregou ao seu filho o inventário dos cofres.

- Muitos anos atrás, um grupo de médicos veio até meu escritório. Eles iriam investir em um esquema, em uma estrutura com benefício fiscal, no ramo de criação de suínos. As deduções tributárias seriam bastante generosas e, segundo projeções, os médicos dobrariam seus investimentos por meio de prejuízos e créditos. Eles carregavam duas pesadas apresentações ("folders") e colocaram-nas no meio da mesa, pedindo conselhos ao meu pai. Este, um dos principais advogados tributários do país naquela época, disse que poderia ler aquelas brochuras e cobrar milhares de dólares para fazer isso. Antes de fazê-lo, queria perguntar aos médicos o que eles achariam de um criador de suínos investindo na área médica como um refúgio fiscal. Os médicos recolheram as brochuras e, agradecendo, deixaram o escritório.
- Um cliente telefonou ao meu pai para apresentar um plano que considerava fundamentado e que lhe dava bastante conforto. Naquela noite ele planejava arrumar uma mala com milhões de dólares em dinheiro vivo e, no dia seguinte, ele se encontraria com um banqueiro suíço em Nassau. O banco tinha um plano que permitia que o banqueiro recebesse o dinheiro, depositasse-o em uma conta e mantivesse-o sob tamanho sigilo que a Receita Federal dos Estados Unidos jamais iria descobri-lo. O cliente planejava poupar milhões de dólares em impostos. Meu pai sugeriu que o cliente fosse até o nosso escritório imediatamente para se encontrar com nós dois. Ele assim o fez e repetiu o plano. Meu pai lhe disse: "Parece bastante engenhoso. Mas se esse banco suíço está disposto a enganar a Receita Federal, será que não estaria disposto a enganar você?". O cliente abandonou o plano no ato.

O conforto não pode vir de um plano ou de um esquema ou de uma decisão. Ele vem de uma visão holística, baseada em causa e efeito, assegurando-se de que cada elemento funcione bem com todos os outros, que a teia inteira do patrimônio seja integrada, estratégica e realizadora de metas. O conforto advém de quando sabemos que cada detalhe foi projetado para funcionar em harmonia com todos os outros em um processo cuidadosamente elaborado, ainda que com seus altos e baixos, para nos levar até o verdadeiro propósito do patrimônio familiar. A sabedoria ajuda-nos a projetar os processos, a manter os olhos fixos na meta e a compreender quando um plano específico não nos dará conforto. Eis, então, a vista da qual precisamos, lá do alto, por sobre a floresta até o rio mais adiante.

5

A importância da estratégia: uma visão geral

Uma estratégia deliberada é crucial na gestão de fortunas consideráveis; porém, a estratégia muitas vezes fica ausente ou é apenas parcialmente aplicada por um indivíduo ou por uma família que conduz os próprios interesses. Sem estratégia alguma, o proprietário da fortuna está sempre atrás de transações, negócios ou esquemas e frequentemente sai prejudicado quando sua estratégia dá errado. Pode ser que haja estratégias para alguns elementos e não para outros: para planejamento de espólios, mas não para gestão de investimentos; para governança e não para educação. Na verdade, a melhor gestão de patrimônio é a execução de estratégias projetadas para complementarem umas às outras e para cumprirem com os propósitos em geral.

Nos capítulos a seguir, examinaremos diversos componentes da gestão patrimonial em termos de estratégia. Exploraremos a estratégia para cada tópico, bem como a capacidade de se ter estratégias mutuamente complementares para a realização de propósitos. Analisaremos as áreas da filantropia, políticas de investimento, capitalização, governança, legado e valores familiares e a educação da próxima geração. A cada uma delas, revelaremos os componentes e discutiremos como o projeto cuidadoso da estratégia pode ajudar na construção de um programa coeso.

Para entender por que a estratégia é tão essencial à gestão de fortunas, o exemplo a seguir pode ser instrutivo. Certa vez eu estava tentando planejar uma semana ideal em um spa no norte da Tailândia. Para começar, parti de algumas questões fundamentais: por que estou escolhendo este spa, o que quero com isso, e há outros pontos que desejo ver nessa área? Essas foram perguntas que eu fiz antes de começar a planejar a viagem. Depois que as respondi, entrei em contato com o spa e organizei um cronograma que satisfaria às minhas necessidades. Em seguida, escolhi meus voos e a época com cuidado para evitar neve em Chicago, levar as escalas em consideração e a possibilidade de fazer conexões (pois se eu perdesse uma delas, poderia desperdiçar minha sucessão de voos bem-sucedidos), e encontrar um lugar para descansar por alguns dias, possivelmente Bancoc ou Cingapura, para dar conta do *jet lag* e da exaustão. Eu queria ter aqueles dias de descanso para que cada dia no spa fosse totalmente produtivo. Eu também precisava planejar meus voos de volta, evitando ao máximo o estresse por meio de conexões fáceis e aeroportos que não impusessem dificuldades para transitar. Pensei bem sobre o que eu precisava levar na mala, incluindo os tipos de roupas, quantas mudas, quais remédios por precaução, quantos livros, o clima que eu iria encontrar e o que aconteceria se perdesse uma noite devido a atrasos na ida ou na volta. Confirmei que meu plano de saúde era adequado para cobrir emergências e que eu não perderia a caução se uma doença me impedisse de embarcar. Pesquisei se havia exigência de vacinas ou remédios a serem tomados por profilaxia. Ponderei sobre como conseguiria me comunicar com minha residência – por computador, telefone, correio – e quais instalações estariam disponíveis durante minha viagem. Calculei quanto dinheiro deveria levar, certifiquei-me de que meus cartões de crédito seriam fáceis de usar, investiguei moedas estrangeiras e taxas cambiais e providenciei para que qualquer cobrança inesperada pudesse ser paga enquanto eu estivesse em viagem. Pensei em quais emergências poderiam ocorrer na minha ausência que exigissem minha presença e deixei informações para contato com pessoas apropriadas para que pudessem falar comigo em caso de emergência. Por fim, providenciei transporte da minha casa até o aeroporto.

Concentrei-me em todos esses detalhes, cada qual independente, mas todos inter-relacionados, para assegurar que minha semana no spa proporcionaria descanso e relaxamento. Não via a hora. A meta – uma boa semana no spa – era clara; o projeto estratégico e a execução de cada elemento exigiram trabalho. O resultado do esforço foi que minha semana no spa acabou sendo tudo aquilo que eu esperava. "Tive uma semana maravilhosa no spa", foi tudo que precisei contar quando voltei para casa.

A gestão efetiva de fortunas não difere em nada do planejamento de uma viagem bem-sucedida a um spa em um local longínquo. É preciso começar por uma meta. A meta é a resposta à pergunta "para que serve o patrimônio familiar?". Qualquer que seja a resposta a essa pergunta, a jornada em si precisa ser planejada individualmente, indivíduo por indivíduo, e não como parte de algum mandato dinástico ou sob critérios familiares predeterminados. Assim que a meta for claramente entendida, cada elemento do plano pode ser gerido estrategicamente e guiado pela sabedoria e por um processo disciplinado. Cada elemento do plano de ação deve ser projetado, implementado e monitorado para que a meta seja cumprida.

6

A importância da estratégia: filantropia

Tornar a filantropia uma parte de qualquer programa de gestão do patrimônio familiar é sempre – sempre mesmo – uma questão estratégica. Inclusive, abro esta seção sobre estratégia com uma análise a respeito da filantropia porque jamais encontrei uma situação em que ela não devesse ser usada para fazer a riqueza ter o propósito desejado. Se o propósito do patrimônio tiver alguma relação com viver confortavelmente ou dar reconhecimento à família ou incutir funcionalidade em uma comunidade, a filantropia estrategicamente projetada pode ajudar a alcançar esses objetivos. Da forma como é vista hoje, porém, a filantropia acabou se tornando sinônimo de construção de fundações e concessão de doações para caridade. Na verdade, trata-se de um conceito muito mais amplo que engloba qualquer engajamento na comunidade para o benefício dos outros, e de nós mesmo. Para entender o poderoso efeito que a filantropia pode ter para uma família, é instrutivo examinarmos os exemplos a seguir.

Uma família, digamos que sem grande riqueza, perde um filho por enfermidade em um hospital pediátrico durante o Natal. A partir de então, a cada ano membros da família, incluindo a mãe, o pai e os demais filhos, passam as festas de fim de ano no hospital dando apoio a outras famílias com crianças doentes, levando comida, lavando roupas, cuidando de afazeres e oferecendo apoio emocional. Essa família está usando sua própria experiência e sensibilidade coletiva para ajudar os outros na comunidade. Neste processo, a família está ajudando a si mesma a lidar com o luto e a construir algo significativo a partir de sua perda. Esse programa filantrópico está fomentando estrategicamente a funcionalidade da família. Ao ajudar outras famílias, ela está fazendo do seu próprio luto uma autoajuda.

Na Índia, um empreendimento familiar de grande porte e bem-sucedido tem uma política determinando que qualquer membro da família que participe dos negócios deve passar um certo período como voluntário prestando serviços sociais aos moradores do pequeno e pobre vilarejo onde a família começou a empreender mais de 100 anos atrás. Essa é uma filantropia familiar e ao mesmo tempo corporativa. Ela estrategicamente reforça a identidade e o legado da família. Não há dúvidas de que amor ao próximo é um valor desta família.

Quinze anos atrás, proprietários de uma grande fortuna em Hong Kong me contaram que a filantropia não fazia parte de sua cultura. Mais tarde, fiquei sabendo de diversos fundadores e donos de fortunas em Hong Kong que retornavam para seus vilarejos natais na China para construírem escolas, fundarem hospitais e prestarem outros serviços sociais. Sem fundações, benefícios fiscais nem infraestruturas organizacionais, essas contribuições para as comunidades não eram chamadas de filantropia. Contudo, elas cumpriam com os propósitos estratégicos da família tão bem quanto algumas das fundações familiares mais vigorosas e bem azeitadas do mundo.

Filantropia pode ser um termo técnico demais para esses propósitos. Aquela família que ajudava no hospital não teria descrito o seu programa como filantrópico. Quando descrevi a política do empreendimento familiar indiano no vilarejo como filantrópica, o membro mais velho da família pareceu perplexo. "Isso não é filantropia. Temos uma fundação filantrópica em separado", retrucou. "Isso é simplesmente uma parte da nossa cultura empresarial."

Um consultor chinês que atendia a diversas famílias abastadas em Pequim me precaveu para nunca usar o termo *filantropia* com aquelas famílias. "Eles se ofendem por considerarem o conceito institucional demais e não empresarial. Não o veem como compatível com a cultura chinesa." Em seu lugar, ele me incentivou a falar sobre a melhor maneira de alguém cumprir com seu "dever". "Essa palavra incita compreensão e um coração aberto para a sua conversa a respeito de comunidade", explicou.

Para nossos propósitos, *filantropia* pode ser definida *grosso modo* como o envolvimento construtivo com a própria comunidade, seja como patrono, como doador, como voluntário ou meramente como um cumpridor do seu dever em uma comunidade.

Quando falamos em filantropia estratégica, não queremos dizer com isso o mesmo que os captadores profissionais de recursos e as instituições de caridade querem dizer, ou seja, como fazer o seu dinheiro arrecadar mais dinheiro para a caridade ou como assegurar que a sua doação será mais bem aproveitada pela instituição. Isso frequentemente é um assunto de empreendedorismo social. Esses conceitos e esses pontos de vista agregaram enorme valor aos programas de caridade e muitas vezes proporcionam conforto ao doador ao desembolsar seu próprio dinheiro. No entanto, eles não têm o mesmo significado que sugerimos quando falamos em filantropia estratégica.

Estrategicamente, a filantropia sempre deve fazer parte do patrimônio familiar se os propósitos deste patrimônio incluírem múltiplas gerações ou legado familiar. Se a riqueza multigeracional serve para alguma coisa, parece que ela deve permitir que o seu criador (fundador), seus filhos e seus netos vivam em um mundo pacífico com harmonia e onde eles não precisem temer por sua saúde e sua segurança. Ninguém deseja viver em um mundo onde a pobreza estimula a criminalidade ou onde a ignorância deixa a humanidade sem sensibilidade. Todos desejam viver em um mundo colaborativista, com beleza, tanto natural quanto criada por seres humanos. Todos querem acreditar que as doenças podem ser curadas. Todos esses são motivos, razões estratégicas, para se usar o patrimônio multigeracional em prol de serviços sociais, educação, saúde pública, pesquisas médicas, artes, programas ambientais e toda sorte de outras causas na busca por uma sociedade e um mundo melhores.

Além disso, a filantropia é, por sua própria natureza, estratégica na construção do legado familiar e da noção de laços e valores de família, bastando para isso reconhecermos que a fronteira entre comunidade e família torna-se tênue conforme as famílias se ampliam a cada geração. Existe alguma diferença fundamental entre um primo em sexto grau e um vizinho sem parentesco de sangue? A certa altura, a transição de uma família em uma comunidade mais ampla não seria algo natural? E será que podemos nutrir um espírito comunal com alguém sem ter responsabilidade pela pessoa? Sobre esta base, o patrimônio multigeracional deve estar conectado com a comunidade para ser relevante em termos de família.

É por meio da filantropia estratégica que um programa filantrópico pode ajudar o criador do patrimônio e sua família a alcançarem suas metas. Há inúmeros exemplos desse tipo de filantropia estratégica.

O sobrenome da família

Talvez o emprego mais visível de filantropia estratégica seja aquele pelo qual o filantropo efetivamente altera a percepção pública quanto ao nome da família. À medida que as empresas foram ganhando o âmbito nacional em meados do século XIX, barões ladrões* com nomes como Rockefeller, Carnegie e outros desenvolveram um respeito público em relação aos seus nomes por meio de caridade, e hoje são vistos como líderes comunitários e filantropos. Tomemos o caso de Michael Milken, até pouco tempo um dos grandes vigaristas de Wall Street. Ele atualmente é considerado um cidadão honrado e o queridinho de Los Angeles por causa de seu engajamento filantrópico e comunitário. Em meados dos anos 90, o sobrenome Gates era visto em todo o mundo como sinônimo de violações antitruste; hoje, está associado à promoção de serviços médicos e sociais na África. A transformação de Gates foi conquistada por meio de um programa filantrópico global que se concentrou nas partes mais afligidas do mundo.

Histórias similares estão se desenrolado pelo mundo afora. Há uma família asiática cujo patriarca construiu uma grande fortuna e foi para a cadeia. Seus filhos continuam tocando os negócios, cada um firmemente situado em sua própria comunidade e comportando-se com integridade e responsabilidade. Cada membro da família compartilha o sobrenome com o patriarca; ninguém quer ver aquele sobrenome associado aos crimes do pai. Eles irão planejar um programa filantrópico que atenda a cada uma de suas comunidades, remeta aos pecados do pai, enobreça o sobrenome da família e permita que cada um deles viva com orgulho em sua comunidade.

Dentre as abordagens filantrópicas capazes de alterar o legado familiar, nenhuma se desenvolve casualmente. Cada uma delas envolve projeto e implementação cuidadosos e detalhados de uma estratégia de "renovação de marca" em relação ao sobrenome familiar. Não é coincidência que o esforço dos Gates foi liderado pelo pai de Bill Gates, o esforço dos Ford, pelos descendentes de Henry Ford. Ambos obtiveram grande sucesso.

No Brasil, recentemente, em um trabalho desenvolvido com membros de uma segunda geração, foi justamente a filantropia e a "renovação da marca", do sobrenome da família, com a criação de um brasão, que deu sentido ao trabalho de preservação do patrimônio familiar. Uma das herdeiras não se interessava pela parte tangível do patrimônio, mas ao abordarmos o patrimônio de uma maneira mais ampla, seu engajamento tornou-se uma questão de tempo.

---

*Barão Ladrão ou Barão Gatuno (em inglês: *Robber baron*, em alemão: *Raubritter*) é um termo pejorativo aplicado a ricos e poderosos empresários norte-americanos do século XIX. No final dos anos 1800, o termo era usado tipicamente para se referir aos empresários que usaram o que eram consideradas práticas de exploração para acumular sua fortuna (Wikipédia).

Em um mundo de riqueza global, as oportunidades e os benefícios da filantropia estratégica não encontram limites. Se, como sugerido por alguns, houver mesmo 400 bilionários na China, imagine as conotações de marca que cada sobrenome pode adquirir e as vantagens que podem advir daí. A Índia não deve estar muito atrás. Oligarcas russos já estão começando a trabalhar suas imagens em esforços filantrópicos iniciais. A experiência norte-americana de criação desgovernada de riqueza durante a expansão geográfica no século XIX levou o país a se tornar a jurisdição campeã em filantropia. O que impede que este seja o destino da experiência global no início do século XXI: o tratamento de marca dos sobrenomes em um país após o outro?

Funcionalidade

Outro emprego efetivo da filantropia estratégica pode gerar funcionalidade dentro do seio familiar. Por si só, a transformação de marca de um sobrenome é capaz de permitir mais funcionalidade por parte de cada membro familiar – "mantendo a cabeça erguida em sua comunidade", como um dono de uma grande fortuna declarou. Mas uma família também pode projetar um programa para estrategicamente aprimorar a comunicação e fortalecer os relacionamentos entre seus próprios integrantes.

A operação de um programa filantrópico bem projetado exige processo e sabedoria. O processo nunca é intuitivo nas famílias, já que os relacionamentos se iniciam quando os membros mais jovens estão na infância e os pais são as autoridades na hora da refeição. Para que um processo seja introduzido com sucesso, vale a pena encontrar uma mesa em torno da qual a família possa se reunir sem as antigas memórias emocionais da mesa de jantar. Estrategistas experientes frequentemente se voltam à filantropia para encorajar um processo para os relacionamentos familiares sem preocupações pessoais com a parte econômica e com o foco voltado para fora da própria família. Se for projetada estrategicamente, a filantropia pode funcionar para estimular essa funcionalidade, aproximando seus membros familiares em torno da nova causa.

Um bom exemplo desse princípio é o de uma sábia mulher responsável por gerir a maior parte dos processos de investimento da riqueza criada por seu marido falecido. Ela estava trabalhando diretamente no papel de cogestora conjuntamente com os gerentes do banco onde a fortuna se encontrava, enquanto seus três filhos, todos na casa dos quarenta, levavam vidas ativamente envolvidas em suas carreiras e interesses independentes da fortuna herdada.

Como ela deveria iniciar a transição da governança do patrimônio dela mesma para seus três filhos? Suas relações mútuas não eram especialmente funcionais, mas muitas das sociedades fiduciárias e das parcerias acabariam sendo interesses partilhados entre todos eles.

A decisão dela foi formar uma instituição de caridade – e de grande porte. Ela a dividiria em três porções separadas, e a governança de cada uma dessas porções caberia exclusivamente a cada um dos filhos. Ela própria não cumpriria papel algum e nenhum dos filhos deveria esperar colaborar com o outro. Ela não impôs absolutamente direção alguma e tampouco estipulou expectativas, exceto que cada filho deveria se envolver em atividades beneficentes.

Três anos após a criação da fundação, os filhos concluíram que seria mais fácil se organizassem uma administração comum para cuidar da burocracia, preencher declarações de imposto e coisas do tipo. Contrataram uma diretora executiva bastante competente para lidar apenas com a tal "papelada". Reconhecendo a competência da diretora executiva, cada filho passou a confiar mais e mais na ajuda dela para cuidar de solicitação e avaliação de doações, e cinco anos após a criação, os três filhos acabaram percebendo que suas doações poderiam ser muito mais efetivas se colaborassem no processo decisório. Sob a orientação da diretora executiva, foram desenvolvidos processos de governança e comunicações para permitir a reunião das iniciativas filantrópicas e a colaboração entre os filhos. Dentro de dez anos, todas as funções e decisões passaram a ser agrupadas e comuns. A última medida tomada dentro da fundação foi o desenvolvimento de um processo e uma política de investimento que eram colaborativos e que harmonizaram o histórico de interesses da fundação com processos de investimento.

Assim que os membros da família passaram a trabalhar juntos sob um processo e com funcionalidade dentro da fundação, eles mostraram-se verdadeiramente prontos para se envolverem em conjunto em outras carteiras de investimento e outros elementos do programa de gestão do patrimônio familiar. Hoje, os filhos da matriarca estão estrategicamente projetando programas na fundação para envolverem seus próprios filhos.

Por que tal fundação acabou sendo tão proveitosa para essa família? Ela foi concebida e operada de modo estratégico. A matriarca deliberadamente se isentou de qualquer sentido de controle ou de centralização forçada, sem cumprir papel algum na fundação e atribuindo a cada um de seus filhos independência estrutural. A simplicidade relativa de fazer doações não chegou a interferir na vida pessoal dos filhos em termos práticos ou emocionais.

A fundação foi ideal para essa estratégia porque não retirou coisa alguma dos filhos, e tampouco fez com que se sentissem donos dos bens da instituição. Nenhum deles sentiu que precisava assumir o papel de líder, pois não precisavam trabalhar uns com os outros. Nenhum deles nutriu interesse econômico pela fundação, e nenhum se sentiu pressionado por avaliação de investimentos ou por desempenho filantrópico. As dinâmicas familiares ficaram completamente isentas disso. Elas foram removidas estrategicamente, e a fundação cumpriu o seu propósito: incutir na família relacionamentos e funcionalidade a serem usados em bens conjuntos mantidos fora do seu seio. Foi uma espécie de exercício real de práticas societárias. A instituição ainda fez com que cada filho derivasse a satisfação de se engajar na comunidade. Hoje, os filhos e a instituição estão funcionando bem, e juntos estão ajudando na construção da comunidade.

7

A importância da estratégia: políticas de investimento

A família proprietária deve projetar e planejar suas políticas de investimento, processos e disciplinas estrategicamente para atender aos objetivos e às metas do patrimônio familiar. Novamente, o desafio é alcançar as perspectivas necessárias para chegar lá, analisando cuidadosamente o caminho a ser percorrido. Cada elemento da teoria de investimento, da política de investimento e da análise deve ser entendido em conjunto, em harmonia, para fazer com que o patrimônio familiar e seu proprietário cumpram com o seu propósito.

Poderíamos examinar individual e separadamente cada um dos elementos englobados neste capítulo – mensuração de desempenho, volatilidade, transparência, alocação de ativos, diversificação, estilos de investimento, devida diligência e educação em investimentos; ao fim e ao cabo, porém, eles precisam ser todos harmonizados para que promovam os propósitos em conjunto. Uma família pode examinar cada um por sua vez em termos de preservação ou criação de patrimônio, mas o patrimônio em si nunca serve para ser preservado ou criado. Ele é criado ou preservado para que cumpra com um propósito específico.

O sucesso de um programa de investimento ou planejamento patrimonial é medido por sua *adequação* ao cumprimento de seus propósitos, e, a partir dessa perspectiva, os programas de investimento de fortuna devem ser bem diferentes dos programas de investimento institucional. Comparados às metas da riqueza privada, os propósitos institucionais são mais consistentes e têm objetivos distintos, de um fundo de pensão para outro, de um fundo institucional para outro, de uma instituição para outra, e a mensuração da adequação do programa de investimento de uma instituição é muito mais apta a ferramentas analíticas. O vocabulário, a avaliação e a implementação de programas de gestão de riqueza privada são estrategicamente diferentes daqueles das instituições. Isso ocorre porque é necessariamente diferente determinar a adequação ou não de um programa de investimento "ao cumprimento dos propósitos" no caso de riqueza privada. Embora boa parte do leque de tópicos e ferramentas de um gestor de investimentos seja formada por soluções padronizadas que parecem ser identicamente aplicáveis a todos os investidores, quer se tratem de instituições ou proprietários privados de riqueza, poucos realmente o são. Famílias não são *endowments* e nem tampouco fundos de pensão.

Examinemos várias maneiras comuns pelas quais a riqueza privada e a riqueza institucional exigem considerações distintas de investimento. Uma família pode preparar algumas carteiras para propósitos puramente educacionais ou de qualificação. Muitas vezes, o dono de um patrimônio privado afirma que deseja dispor de um fundo para "diversão", seja para apostas de alto risco (portfólio aspiracional) para consumo ou para aquisição de obras de arte. A tributação pode ser diferente para um proprietário de riqueza privada, de tal forma que o retorno produzido por um investimento pode ser diferente do retorno bruto depois que os impostos são levados em consideração (*considerando-se a tributação americana neste caso*). Os horizontes de tempo acabam afetando a análise de desempenho, e o horizonte de tempo para o retorno financeiro pode ser muito mais longo para fundos institucionais.

Além de aquilo que é adequado a uma instituição não necessariamente ser adequado para o dono de uma fortuna privada, aquilo que é adequado a um proprietário privado não necessariamente é adequado para outro. A serventia de uma fortuna e seus propósitos variam de indivíduo para indivíduo, e dessas variações em propósito devem seguir-se variações em programas de investimento. Realmente são projetos individuais.

Retornando à fundação mencionada no Capítulo 6 – que foi estrategicamente projetada para ser desmembrada e que, depois de um tempo, foi reunida pelos filhos do criador voluntariamente –, chegamos a um ponto em que os membros da família, tendo centralizado suas atividades de doações e relacionadas, queriam se familiarizar com o investimento do fundo filantrópico (*endowment*). Tal fundo vinha sendo gerido por um banco. A fundação convocou uma reunião para uma análise da carteira de investimentos. Em vez de começarmos pelos parâmetros de alocação de ativos e desempenho, começamos por uma revisão do histórico de concessão de doações por parte da fundação; as áreas de concentração envolviam projetos voltados a mulheres, imigrantes e comunidade judaica. Mas o que isso tem a ver com investimento? A resposta veio rapidamente com a revisão da distribuição ponderada de investimentos por indústria – peso duplo em empresas petrolíferas. As ações do setor de petróleo haviam apresentado bom desempenho, mas será que eram consistentes com os propósitos e a cultura da fundação?

A partir desse diálogo, a família avançou para o desenho de um processo voltado a encontrar gestores de investimento que compartilhassem as mesmas visões dos membros da família. Segundo essa proposição, a harmonia entre investimentos e metas é tão importante quanto o retorno dos investimentos, e a fundação deveria refletir os valores dos membros da família. Ao longo de um ano, a fundação contratou seis ou sete gestores de diferentes estilos, mandatos e expectativas, mas todos compartilhando perspectivas de vida e princípios com os membros da família. Dessa forma, a fundação desenvolveu uma harmonia entre seus propósitos e seus investimentos.

Mensuração do desempenho

Quando consideramos a mensuração do desempenho, geralmente pensamos em retorno, ou seja, qual aumento ou diminuição percentual ocorreu ao longo de um período relevante. Quanto maior o crescimento patrimonial, maior o retorno. Isso é fácil de medir matematicamente. Contudo, o retorno é apenas parte de qualquer desempenho a ser considerado; há também a sua *adequação*. No caso de fundos de pensão ou fundos privados de aposentadoria (*annuity funds*) e fundos filantrópicos (*endowment*), a adequação leva em consideração os elementos de risco e as exigências de retorno. Para o proprietário do patrimônio familiar, a adequação determina se os investimentos são apropriados ou não em termos de "para que serve tal patrimônio".

Adequação e retorno financeiro podem ser coisas completamente diferentes. Um cliente criou uma sociedade fiduciária de cunho beneficente (*charitable lead trust*) para seu neto e as futuras gerações enquanto o neto estava ainda na infância. Dez anos depois ele, o avô, e seu filho, o pai da criança, acabaram não tendo mais nenhuma relação com o garoto; a mãe levou o filho para fora do país e ele ficou completamente distanciado do seu pai. Sem qualquer conexão com seu neto, o criador da sociedade fiduciária queria encerrá-la, mas isso era impossível. Ele era um investidor muito inteligente e me perguntou como poderia retirar o valor da sociedade fiduciária de seu neto e dos descendentes de seu neto. Pedi que ele me dissesse qual era o pior investimento que podia imaginar e ele respondeu que eram obrigações financeiras. As obrigações eram um investimento perfeitamente legal para um agente fiduciário, então o agente construiu uma carteira exclusivamente com obrigações de longo prazo, a qual perdeu valor relativo nos 25 anos desde então. O retorno sobre o investimento daquela sociedade fiduciária parece terrível; já o desempenho do investimento parece bem adequado!

A mensuração do desempenho não é fácil quando este é definido englobando adequação. A tecnologia pode medir facilmente o retorno de uma carteira e pode até medir o risco de uma maneira palpável. Para um proprietário de riqueza privada, quando o risco é apenas parte da adequação, muitas considerações substantivas que não podem ser facilmente mesuradas talvez acabem se aplicando.

Essa questão é ilustrada por uma família de Hong Kong que decidiu que seus investimentos deveriam refletir sua cultura e seus valores familiares. De acordo com a família, cada carteira deveria ser avaliada em termos de seu efeito sobre a comunidade e seu reflexo da perspectiva familiar quanto a seu papel no mundo. Este parece ser um padrão de desempenho louvável, e claramente reflete uma visão compartilhada de para que serve o patrimônio. No entanto, a família acaba enfrentando um desafio que terá dificuldade em superar: desenvolver parâmetros e ferramentas de avaliação para mensurar o desempenho levando em consideração os valores familiares. A definição de desempenho para essa família é sábia e sensata; já o desejo de desenvolver ferramentas objetivas para medir os padrões subjetivos pode, na verdade, ser ambicioso demais.

É difícil mensurar o retorno, a menos que haja uma análise estratégica dos propósitos da riqueza. O retorno deve ser medido em termos de dólares americanos como se nenhum dos usos da riqueza pudesse ocorrer em outra moeda? Será que gastos em residências, viagens, investimentos e filantropia fora dos Estados Unidos devem ser descartados na mensuração do desempenho?

Acabei recordando do valor estratégico da gestão de riscos cambiais devido a uma experiência que tive no final dos anos 70. Residente nos Estados Unidos, decidi investir em algumas ações japonesas e um amigo japonês decidiu investir simultaneamente em algumas ações norte-americanas. Muitos anos depois, o índice S&P 500 havia subido significativamente, o Nikkei 225 havia ficado estagnado e o dólar havia caído consideravelmente frente ao iene. Meu amigo japonês informou que seus investimentos nas ações norte-americanas se revelaram medíocres; no entanto, descobri que meus investimentos japoneses haviam disparado. A medição do retorno em ienes produziu um resultado bem diferente de medir o retorno em dólares.

Volatilidade

Praticamente todos os criadores de riqueza enfrentaram volatilidade substancial durante a criação de sua fortuna. E a preservação da riqueza a longo prazo tem encontrado as vicissitudes dos mercados conforme estes passam por depressão e recessão. Ferramentas para implementar e guiar modelos estratégicos padronizados tentam domar a volatilidade, mas nem sempre são perfeitas.

A tecnologia e a análise de dados desenvolveram programas de "Monte Carlo" para mensurar e testar a tolerância a risco. Eles são relativamente fáceis de usar e criam dados suficientes para que a maioria dos usuários sinta o conforto do processo e da tecnologia, mesmo que não entendam muito bem o que os dados querem dizer por serem muito técnicos. Os programas oferecem ao consultor um relatório completo e ferramentas fáceis para comunicação. De modo geral, o computador proporciona uma análise padronizada que estabelece os termos "razoáveis" de tolerância à volatilidade.

Vejamos, contudo, algumas das suposições e conclusões errôneas que podem ocorrer com esses tipos de programa. A redução da volatilidade pela utilização de produtos derivativos e fundos de fundos pode ou não funcionar. A suposição de que podem existir estratégias à prova de falhas com retorno absoluto continuarão se revelando equivocadas. E muitos considerariam a falta de transparência algo arriscado, mas esse risco não é mensurado.

Diversos indivíduos de uma família que enriqueceu no século passado e aumentou o seu patrimônio ao longo de 80 anos investindo em ações trocaram seu gestor tradicional que só investia em empresas de grande porte por um gestor de gestores mais "moderno" e desenvolvedor de fundos de fundos. Durante dois ou três anos, exercícios do tipo Monte Carlo os transferiram para fundos de fundos e reduziram a volatilidade esperada. Ao perceberem que haveria atrasos nas declarações de imposto de renda devido à complexidade dos fundos de fundos, os membros da família começaram a se sentir desconfortáveis. Em essência, a falta de transparência lhes era incômoda. Ao estipularem suas metas como de longo prazo e seu objetivo como o de se sentirem confortáveis com sua riqueza, eles determinaram que, na realidade, não se importavam com volatilidade e tomaram a decisão estratégica de abandonar os fundos de fundos e de retornar para carteiras de ações ordinárias, diversificadas quanto a estilos e gestores. Pouco após terem abandonado os fundos menos voláteis, as carteiras passaram pelas quedas vertiginosas de 2008;

seus proprietários não temeram nem se intimidaram. Ficaram confortáveis com a decisão que haviam tomado e com as carteiras resultantes.

Esses indivíduos, na verdade, concluíram que a volatilidade não era algo ruim. Outros não conseguem tolerar volatilidade alguma e devem cogitar carteiras que sejam fixadas de alguma forma em valor (o que não é fácil, mas é claramente um sólido objetivo a se buscar). A conclusão razoável é que não pode haver alguma avaliação "padronizada" da adequação com relação à volatilidade. A tecnologia disponível para este fim não é completa, já que não pode ter uma conversa para apurar sentimentos quanto à volatilidade e a reações emocionais de cada família.

Transparência

Assim como a volatilidade, a transparência exige consideração individualizada. A obscuridade pode ser apropriada em algumas situações e não em outras. A reflexão sempre deve começar pela análise de como ter transparência ou obscuridade promove estrategicamente o propósito do patrimônio.

Como as definições de transparência já são um tanto confusas, antes de avaliar se a transparência é ou não desejada, é útil defini-la. Um banqueiro me assegurou que o fundo de fundos pertencente ao seu banco era "totalmente transparente". Será que isso queria dizer que se eu fosse um agente fiduciário com quotas naquele fundo de fundos eu poderia saber o que os diversos gestores estavam comprando? Ele explicou que eu não poderia saber isso, embora eu pudesse saber que foi o seu banco que organizou o fundo de fundos. E talvez o banco pudesse me dizer o que os seus gestores subjacentes estavam comprando; mas ninguém no banco conhecia os nomes dos diversos fundos subjacentes. O gestor de cada fundo sabia o que estava comprando, fui informado. Transparência? O banqueiro retrucou: "Trata-se de transparência derivativa".

Qualquer que seja a definição, transparência nos investimentos não é algo que tenha sido exigido na maior parte da era moderna. Na última década, a maioria dos clientes mostrou-se disposta a conviver com a obscuridade – basta lembrarmos das tramoias muito bem ocultadas por Lehman Brothers, AIG, Madoff e outros. A insistência atual em transparência se deve em parte a uma reação às fraudes amplamente divulgadas de 2008 e 2009, mas será preciso um esforço considerável para ser mantida em um mundo de derivativos, capital privado (*private equity*) e investimentos alternativos.

Enquanto questão estratégica, a transparência não deve ser vista inerentemente como boa ou má. Na verdade, deve ser encarada como um elemento do processo. Será que um processo voltado a fazer o patrimônio familiar cumprir seu propósito pode ser compatível com fundos, estratégias e outros investimentos que não podem ser entendidos nem avaliados de forma independente por não serem transparentes? Cobranças e encargos ocultos são aceitáveis ao se fazer a riqueza cumprir com seu propósito?

Se a riqueza servir para conforto e para ajudar futuras gerações a serem funcionais e livres dos fardos atrelados a ela, é preciso haver um pressuposto implícito de que o seu proprietário *possa* entender o que está acontecendo e como os lucros estão sendo obtidos, quer ele se disponha ou não a fazê-lo. É da natureza humana buscar a sensação de que somos capazes de entender o que os outros estão fazendo por nós, mesmo quando não desejemos fazê-lo por conta própria. Ensinamos nossos filhos a usar uma calculadora sofisticada, mesmo que não esperemos que venham a ser engenheiros quando adultos. Sabemos o suficiente para entendermos as explicações do mecânico que está consertando nosso carro, mesmo que sejamos incapazes de fazer os consertos por conta própria.

Portanto, se a riqueza servir para múltiplas gerações e para promover a funcionalidade, a transparência torna-se importante. Se, por outro lado, ela servir para controle ou proteção, a transparência pode não ser tão importante se os agentes fiduciários e outros supervisores puderem avaliar investimentos adequadamente sem transparência.

Alocação de ativos

A estratégia de alocação de ativos é especialmente importante, já que a primazia da alocação de ativos é um dos pilares fundamentais do setor de gestão patrimonial. Uma estratégia deficiente de alocação de ativos pode ser desastrosa. Neste ramo, a sabedoria convencional sustenta que a alocação de ativos cumpre um papel substancial na determinação do desempenho dos investimentos. Se mensurarmos o desempenho em termos de adequação e retorno, precisaremos considerar a alocação de ativos estrategicamente e como um reflexo da adequação para o proprietário do patrimônio.

No setor da gestão de fortunas, pressupõe-se a existência de uma alocação ideal de ativos que pode ser afinada por meio de uma simulação de Monte Carlo. Em outras palavras, aquilo que faz sentido para um grande fundo de pensão ou um fundo de aposentadoria também fará sentido para a maioria dos proprietários de riqueza.

Este pressuposto está quase sempre equivocado. Qualquer instituição ou fundo de pensão bem administrado começa pelo exame das obrigações e das reservas. Antes que possa haver qualquer consideração quanto à alocação de ativos, os indivíduos precisam analisar do que precisam para fazer o capital cumprir o propósito originalmente estipulado. As necessidades de caixa devem ser cuidadosamente plotadas em uma parte da carteira, e essa parte deve ser vista como isenta de qualquer consideração quanto à alocação de ativos – ou seja, isenta das restrições de percentuais em caixa e renda fixa. Deve-se fazer uma análise detalhada das necessidades de liquidez do fundo em questão.

Se a comunidade fizer parte do propósito da riqueza, não seria descabido que um proprietário do patrimônio deixasse reservada uma porção de uma carteira em forte liquidez a ser usada em doações para instituições de caridade ou privadas, em investimentos privados em projetos de cunho social ou no empreendimento de um amigo ou meramente como "dinheiro para diversão". Tudo isso precisa ser removido do montante sujeito a alocação de ativos antes que qualquer discussão sobre alocação possa sequer começar. Como dito anteriormente, famílias não são *endowments* e nem fundos de pensão, já que as necessidades de liquidez são distintas.

Vejamos o exemplo de uma sociedade fiduciária de cunho beneficente (*charitable lead annuity trust*) que tem uma obrigação fixa de pagar uma determinada parcela anual em dinheiro para a caridade durante 30 anos. Em seus primeiros anos, antes que haja apreciação adequada para garantir que a anuidade possa ser paga, o agente fiduciário sensato irá providenciar uma reserva escalonada de títulos de renda fixa voltada a pagar a anuidade durante certo prazo razoável. A partir de então, o saldo remanescente na carteira poderá ficar sujeito às oscilações inerentes da alocação dos ativos.

O projeto estratégico de uma carteira, portanto, começa muito antes da alocação de ativos. Ele começa por uma compreensão das metas.

Também pode começar pela compreensão sobre de onde o dinheiro vem. Uma fortuna advinda de 80 anos em uma carteira de ações não deve sair depressa demais dessa estratégia se o conforto e o legado forem considerações importantes. E uma fortuna advinda de 80 anos em investimentos imobiliários não deve migrar depressa demais para ações, por exemplo. Isso significa que, em um dado momento, uma carteira composta 90% por ações pode fazer sentido para uma determinada pessoa, enquanto uma carteira composta 10% por ações pode fazer sentido para outra. Nenhum dos percentuais advém de alguma regra simples e rápida que deva ser aplicada a todos os investidores. Cada um deles reflete uma noção de adequação voltada ao investidor específico.

Diversificação

A importância da diversificação é vista como comparável à importância da alocação de ativos em qualquer análise tradicional de uma carteira de investimentos. Em sua maioria, os especialistas em investimentos encaram a diversificação como uma estratégia sensata de investimento, protegendo contra riscos em quase todas as circunstâncias. De fato, a diversificação é capaz de proteger contra alguns riscos em todas as circunstâncias caso seja amplamente definida para incluir não apenas diversificação de classes de ativos, mas também diversificação de moedas, custódias, jurisdições, liquidez, gestores e capacidade de estilo de vida, todos elementos que examinaremos nas próximas páginas.

A diversificação geralmente é definida como a disseminação de carteiras de investimento por muitas classes e estilos de ativos. Porém, a ampliação dessa definição pode ser desejável em qualquer análise estratégica. Se a meta da diversificação for proteger a carteira contra riscos externos, o risco de mercado é apenas um deles. Uma definição simplista que inclui apenas classes e estilos de ativos limita a capacidade protetora da verdadeira diversificação. A diversificação de classes de ativos mesmo entre ações e renda fixa é, obviamente, protetora. Mas a proteção é reforçada quando a diversificação é ampliada para incluir tipos diferentes de ações e tipos diferentes de obrigações. Uma proteção extra pode ser alcançada com o desenvolvimento de estratégias para adquirir ativos que não ações e obrigações. Riscos de custódia, desenvolvimentos geopolíticos, vigaristas e outros fatores também podem ser minimizados empregando-se diferentes formas de diversificação.

Geralmente, os criadores de riqueza não diversificam durante seu período de criação. Como uma proposição geral, uma grande fortuna é construída em uma única grande empresa (com concentração). Há exceções em conglomerados, como o Berkshire Hathaway e nos empreendimentos de serviços financeiros, mas o mundo está repleto de indivíduos e famílias muito abastados que construíram sua fortuna assim como a família Gates, dentro de uma empresa em uma determinada jurisdição. Não é de surpreender que a diversificação costume começar com a chegada da geração seguinte decidindo *proteger* a riqueza. A criação de riqueza nunca é um propósito para o patrimônio, mas até que a riqueza esteja lá, sua criação é a inclinação natural. Uma vez que a riqueza já exista, seu propósito tem mais chances de ser alcançado por meio da *preservação*. E a diversificação é o selo da preservação.

Um proprietário de um grande patrimônio pode ter um "ativo central", um "ativo principal", uma ação específica ou outro ativo que represente uma parte substancial da sua carteira e que talvez tenha sido a fonte da fortuna. A questão inicial é saber se a diversificação para além do ativo central é estratégica. É comum que, em certos casos, possa haver mais sucesso financeiro sem diversificação. Há gente muito abastada que não pratica a diversificação. Existem empresas que seguem sendo familiares durante gerações e que fornecem riqueza para seus membros por ainda mais tempo. Risco alto *versus* retorno alto.

Um patriarca vendeu seus postos de gasolina para a Standard Oil, e 60 anos depois seus herdeiros continuam com quotas da Standard Oil (atualmente BP) como uma parte substancial de sua carteira (quase 80%, até pouco tempo), não obstante a insistência de conselheiros para diversificarem. Quando questionados sobre por que mantêm a mesma posição há tanto tempo, respondem um tanto culpados: "Simplesmente não queremos vender. Sabemos que não é inteligente, mas é assim que preferimos". A manutenção das ações proporcionou conforto à família mesmo muitos anos depois da morte do patriarca. Na verdade, a família acreditava que, com centenas de milhões de dólares na empresa, o preço das ações poderia cair pela metade que ainda assim seus membros teriam o bastante. Eles consideravam que jamais ficariam desconfortáveis mantendo as quotas que haviam herdado.

Então veio o derramamento de óleo no Golfo do México no primeiro semestre de 2010, e as ações da BP começaram a despencar. Com ansiedade e grande consternação em tomarem a decisão, a família vendeu toda sua posição. O que se seguiu foi uma espécie de tranquilidade. A família perdera de fato algo como metade de sua fortuna, mas o que sobrou era adequado para todos os seus propósitos e valia exponencialmente mais do que as ações da Standard Oil que o patriarca havia recebido ao vender seus postos de gasolina. Acima de tudo, ao contrário de muitas famílias detentoras de empresas em dificuldades, a família percebeu a importância de vender as ações da BP antes que a perda pudesse ser completa.

O mundo está cheio de histórias de famílias não tão afortunadas. Basta olhar qualquer empresa falida para encontrar acionistas que perderam sua riqueza. Muitos membros de uma família afundam no processo de manter uma empresa familiar. Testemunhei duas sociedades fiduciárias serem estabelecidas ao mesmo tempo, cada qual determinando que seu respectivo patrimônio fosse mantido todo em ações da empresa-mãe sem ser diversificado. Quando foram criadas, cada sociedade fiduciária estava avaliada em $2 milhões. Mantendo ações comercializadas publicamente de uma empresa familiar, uma delas não valia mais nada 20 anos depois – a empresa entrara em falência. Mantendo ações comercializadas publicamente de uma empresa de capital aberto e difundido, a outra valia $60 milhões 20 anos depois. Em qualquer um dos casos, com completa diversificação, o fundo valeria um pouco menos de $60 milhões e um pouco mais de zero.

É possível que haja mais razões para não diversificar muito além do ativo central. Uma análise razoável de "para que serve o patrimônio familiar" pode incluir uma inter-relação entre família, negócios e comunidade. Se esta for a serventia da riqueza, então a diversificação pode até oferecer proteção, mas talvez não seja estratégica. Quando consideramos uma porção de empresas familiares por todo o mundo que se encontram na quarta, quinta ou sexta geração, percebemos como a estratégia teria sido frustrada se a empresa tivesse sido vendida em sua primeira geração. Essas empresas familiares, quer se tratem de Ford, Cargill, Johnson Wax ou Rothschild, definem a família e suas comunidades. A retenção da empresa sem diversificação é estrategicamente central para essa definição.

Porém, quando o veredito é de que a diversificação ajudará a riqueza a cumprir com seu propósito, a próxima consideração estratégica será o tipo de diversificação a ser adotada. Cada caso exigirá a sua própria definição de diversificação.

Houve uma época em que praticamente todo investidor norte-americano considerava que diversificação queria dizer uma carteira formada por ações e obrigações de empresas norte-americanas de grande capitalização, possivelmente com uma pitada de investimentos imobiliários. Atualmente, essa visão seria considerada desatualizada. Na última contagem, de fato, especialistas estavam falando em 30 ou mais classes de ativos necessários para diversificação.

Costumava haver uma diferença interessante entre a maneira como a família Fung investia e como a família Fisher investia, segundo relatos públicos. A família Fung, sediada em Hong Kong, construiu sua fortuna arrendando fábricas na China para varejistas e outros que procuravam o país atrás de fabricação. A Gap, pertencente à família Fisher, era uma dessas varejistas que utilizavam a operação dos Fung. Os Fung queriam investir nos Estados Unidos. Os Fisher queriam investir na China. Os Fisher desenvolveram uma carteira de empresas de capital aberto, nenhuma das quais atuante no ramo de fabricação, a fim de diversificarem sua base. Os Fung estruturaram um portfólio de investimentos financeiros nos Estados Unidos buscando varejistas norte-americanos nos quais investir, para ajudar os Fung a agregar valor usando seu *know-how* em fabricação. Cada abordagem representa um tipo de diversificação. Nenhuma é mais correta que a outra e nenhuma está errada. Ambas são claramente estratégicas e representam esforços de diversificação com relação ao ativo central.

Para definir diversificação, é preciso uma consideração peculiar do proprietário do patrimônio, de suas metas e de sua situação. Ações e obrigações são adequadas para muitas pessoas. No entanto, vejamos algumas áreas em que o investidor sofisticado, sobretudo aquele sintonizado com o globalismo, pode exigir uma diversificação que vai até mesmo além das classes de ativos.

Classes de ativos

Já mencionamos a diversificação de classe de ativos – ações, obrigações (dívidas) e equivalentes a dinheiro (*cash*) – e abordaremos novamente o tema quando analisarmos os estilos de investimento mais adiante neste capítulo. Esse tipo de diversificação é bem aceito na teoria do investimento, e volumes já foram escritos sobre o tema. A seleção de classes de ativos e a alocação dessas classes devem ser estratégicas em todos os aspectos para que se cumpram os propósitos dos proprietários de patrimônio familiar.

Alta liquidez ou caixa

A maioria dos modelos de alocação de ativos conta com uma categoria denominada "alta liquidez" (*cash*), e a maioria das declarações categoriza as obrigações de curto prazo e investimentos de liquidez diária (*money market*) como "equivalentes a dinheiro". Na verdade, quando um indivíduo está desenhando uma carteira, ele precisa começar incluindo ali suas necessidades em dinheiro líquido.

No mundo de hoje, precisamos começar perguntando: o que é dinheiro? Dinheiro é fundamentalmente moeda corrente, e para decidir qual moeda ou moedas devem ser vistas como "dinheiro", é preciso haver uma análise estratégica de necessidades e propósitos. Um indivíduo sediado nos Estados Unidos provavelmente consideraria o dólar americano como dinheiro e o baht tailandês como investimento especulativo. Será que alguém residente na Tailândia empregaria a mesma análise? E o que uma família com residentes tanto nos Estados Unidos quanto na Tailândia trataria como dinheiro?

Para uma família espalhada em várias jurisdições ao redor do mundo, dinheiro é algo diferente em cada jurisdição. Pode ser o dólar americano para quem mora nos Estados Unidos, a libra esterlina para um residente na Inglaterra, euros para alguém sediado na França, iene para os japoneses e assim por diante. Em um mundo com taxas cambiais extremamente flutuantes, não pode haver uma moeda "padrão" para tal família. Para aquelas famílias com membros espalhados pelo mundo, uma carteira de liquidez variada deve ser desenhada em torno dos membros nas diversas "jurisdições cambiais".

Considerações estratégicas similares devem ser aplicadas para a família que reside toda em uma mesma jurisdição. Suponhamos um cidadão que tenha nascido e more nos Estados Unidos. Esse indivíduo pode viajar para o exterior ou pode ter ativos e investimentos fora do território norte-americano, quem sabe financiados por dívidas não denominadas em dólar. O indivíduo pode ter compromissos de *private equity* em moedas estrangeiras; pode ter iniciativas filantrópicas fora dos Estados Unidos que precisem ser financiadas em moedas diferentes do dólar. O indivíduo (ou sua família) está tão propenso a sofrer perdas devido a flutuações cambiais quanto uma família com diversas residências espalhadas pelo globo. É necessário fazer uma análise detalhada do fluxo de caixa individual de cada família, verificando as necessidades de caixa no curto e médio prazo, preparando ativos para fazer frente aos passivos que virão.

Assim que a moeda for estabelecida, como dispor dela continua sendo um problema. Já vimos determinados mercados "darem calote", à medida que passam a valer menos do que o declarado. Já vimos títulos financeiros "quase iguais a dinheiro vivo" tornarem-se ilíquidos e ficarem indisponíveis. Em algumas moedas, como o dólar americano, obrigações (como as do Tesouro) são consideradas dinheiro propriamente dito; em outras, como o euro, seus bancos centrais não emitem dívidas.

Sendo assim, mesmo depois que o proprietário do patrimônio determina o quanto precisa em dinheiro e em qual moeda, definir e descobrir como dispor dele seguem sendo tarefas difíceis.

Custódia

A crise bancária de 2008 deixou muitos proprietários de fortunas se perguntando se confiar em um único local de custódia era mesmo aconselhável. Se o dinheiro precisa ser diversificado, logisticamente a sua proteção e sua destinação devem ser diversificadas. Se o Lehman e a AIG, e outros gigantes "grandes demais para falirem", puderam se aproximar ou entrar em falência, terá sido realmente sábio colocar todos os ovos em um único banco e em uma mesma jurisdição?

Algumas sábias pessoas de negócios podem afirmar que seus bancos credores, geralmente na pessoa jurídica, querem atrair mais investimentos, o que é corriqueiramente chamado de reciprocidade. Então elas repassam a eles alguns investimentos. Essa é uma decisão empresarial apropriada – estratégica do ponto de vista dos negócios, respeitando-se limites. Por outro lado, também pode ser uma sábia decisão de investimento usar outros locais de custódia, especialmente se o banco credor for pequeno e dificilmente "grande demais para falir".

Ao avaliar as instituições de custódia, os bancos, um proprietário de patrimônio precisa tomar o devido cuidado para determinar as distinções entre instituições em termos de organização empresarial, modelo de negócios e jurisdição de incorporação. A velha crença de que bancos são mais seguros do que corretoras pode ser anacrônica em um mundo no qual bancos são corretoras e corretoras são bancos; diferenças de estrutura e auditoria podem existir entre duas empresas no mesmo ramo, de tal modo que a Schwab pode ser bem diferente da Fidelity com relação à proteção dos ativos mantidos. No Brasil, as ações negociadas pelas corretoras, em nome de seus respectivos clientes, estão custodiadas na CBLC (Companhia Brasileira de Liquidação e Custódia), oferecendo assim uma maior segurança aos investidores. Mesmo depois de tomados os devidos cuidados, as conclusões não serão claras. Torna-se, então, razoável dispor de diversas instituições de custódia para se proteger contra a eventual falência de uma delas.

Jurisdição

Ao diversificar as instituições custodiantes, pode parecer lógico a um investidor se ater a instituições situadas na sua mesma jurisdição, sobretudo se essa jurisdição for os Estados Unidos. Já se a jurisdição do investidor for a América do Sul, ou a Índia, ou a Indonésia, ou muitos outros países, a limitação pareceria despropositada caso se vislumbrasse instabilidade política ou incertezas quanto a localizar diversos bancos seguros e responsáveis em tal país. À luz dos desenvolvimentos dos últimos anos, alguns proprietários de fortunas estão afirmando que é despropositado usar a Suíça como sua única jurisdição. E se é razoável diversificar para além da Suíça, não será também razoável diversificar para além dos Estados Unidos?

A questão é que a verdadeira diversificação talvez exija também uma diversificação de jurisdições. Para que o dinheiro ganhe diversas jurisdições, a custódia deve seguir o dinheiro. Se uma família possuir imóveis fora de sua jurisdição de residência – uma família de franceses com posses na América do Sul, por exemplo –, por que ela não deveria diversificar a jurisdição de suas outras classes de investimento? Se os controles cambiais voltarem a vigorar nas políticas econômicas mundiais, será que um investidor deveria manter todos os seus interesses em um único país? A resposta provavelmente é não.

Será que as ações estão verdadeiramente diversificadas se forem todas transacionadas em bolsas de uma única jurisdição? Se a ideia for incluir petróleo em uma carteira, será razoável manter interesses apenas nos Estados Unidos, ou não seria melhor considerar a Europa Oriental e o Oriente Médio e manter posição em mais de uma das regiões? Será que o ouro deve ser mantido em diversas jurisdições?

Os refugiados do mundo, sejam de países do Holocausto, África do Sul, China ou outros, sabem o quanto é importante encontrar uma jurisdição segura. Qualquer indiano que tenha vivido os anos de forte controle econômico na Índia conhece as recompensas de manter negócios fora do país. Aqueles que deixaram a China na década de 1940 sabem que a posse de imóveis em Hong Kong proporcionou liberdade econômica. Atualmente, refugiados ou indivíduos que acreditam que podem virar refugiados nos próximos anos estão concluindo que uma única jurisdição não é o bastante. Muitos investidores sábios estão custodiando seus ativos em diferentes jurisdições e buscando bolsas mercantis em diferentes jurisdições. Se a Islândia e a Irlanda e a Grécia podem tornar-se inadimplentes, será que outros países não podem decepcionar?*

---

*Títulos de longo prazo cuja liquidez intermedoária era incremantada pela atividade de formador de mercado dos bancos patrocinadores. Na crise de 2008, os bancos rescusaram-se a prover liquidez e o mercado pra este títulos tornou-se ilíquido.

Liquidez

Para se ter liquidez verdadeiramente diversificada, é preciso haver uma perspectiva diversificada em termos de moedas e uma perspectiva diversificada em termos de custódia. Contudo, para definir a diversificação de liquidez também será preciso fazer uma análise estratégica em outras áreas. Aqueles que confiaram em *auction rate securities** como suas carteiras de liquidez se decepcionaram. Aqueles que confiaram na custódia do Lehman para liquidez fora dos Estados Unidos também se decepcionaram. Títulos de dívida gregos se revelaram menos líquidos em termos de União Europeia do que as obrigações de um país responsável pela impressão de seu próprio dinheiro tomando por referência a sua respectiva moeda, como, por exemplo, o franco suíço. O ouro só oferece liquidez quando é mantido em locais acessíveis e seguros e quando pode ser convertido em dinheiro e usado.

Há duas histórias envolvendo ouro que ilustram essa questão. Um certo investidor espalhou o seu ouro por cofres sigilosos ao redor do mundo. Conforme sua teoria, onde quer que se encontrasse, poderia ter acesso à parte de seu ouro. Isso se revelará sensato contanto que os cofres sigilosos se mantenham abertos.

Outro investidor preparou um fundo lastreado em ouro com certificados que poderiam ser resgatados na forma de ouro físico em bancos espalhados pelo globo. O fundo parecia sólido, até que o Lehman entrou em falência – o Lehman era uma contraparte central de todo aquele arranjo financeiro. "Quem poderia adivinhar que o Lehman pediria falência?", lamentou o investidor.

Gestores

Teoricamente, a diversificação de classes de ativos, jurisdição e liquidez é alcançada com maior eficiência por meio da diversificação de gestores de investimento. Permita que cada gestor tenha seu próprio mandato de investimentos com base em tipo de ativo, estilo e jurisdição. A diversificação de gestores parece ser atualmente uma política bem aceita. De fato, qualquer consideração da história das empresas de gestão de investimentos precisa reconhecer que sempre houve uma noção de especialização dos analistas em cada uma delas.

---

*Título de longo prazo cuja liquidez intermediária era incrementada pela atividade de formador de mercado dos bancos patrocinadores. Na crise de 2008, os bancos recusaram-se a prover liquidez e o mercado para estes títulos tornou-se ilíquido.

Se e como um grande investidor diversifica seus gestores deve sempre representar uma questão estratégica. Não é fácil diversificar gestores sem um sólido processo de diligência prévia para analisar cada um deles individualmente e em comparação uns com os outros. As seguintes perguntas devem ser levadas em consideração:

- A filosofia do gestor parece sensata, faz sentido e é compreendida pelo investidor?
- A operação e o histórico do gestor são consistentes com essa filosofia ou estilo?
- O gestor realmente cumpre com aquilo que promete?
- Os *benchmarks* do gestor são razoáveis e coerentes?
- O gestor compreenderá o cliente e seu propósito bem o bastante para customizar sua carteira a fim de satisfazer a suas necessidades?
- Como as carteiras do gestor se relacionam umas com as outras?

Esta última questão é especialmente complexa. É fácil ter um gestor comprando enquanto outro está vendendo ou um gestor praticando uma estratégia de *hedge* enquanto outro está comprando. Muitos investidores acabam descobrindo que vários de seus gestores, inclusive aqueles com estilos diferentes, estão mantendo os mesmos títulos, como AIG ou Enron, ou utilizando a mesma contraparte, como o Lehman. De fato, pode acontecer de um único gestor fornecer mais diversificação e menos concentração do que diversos gestores, caso ele se mostre atento às necessidades de diversificação e observe um sólido processo de diligência interna; assim, poderá entender a verdadeira diversificação de sua posição consolidada.

A efetiva diversificação de gestores exige trabalho duro, transparência e uma compreensão completa de um gestor após o outro. Uma infraestrutura substancial de diligência deve ser instaurada para que se possa colher o benefício estratégico advindo da diversificação de gestores. Será que o proprietário do patrimônio está disposto a investir tempo e esforço para desenvolver ou sustentar tal infraestrutura? Será que ele tem a capacidade de insistir em transparência integral? E se a estratégia for a de terceirizar a infraestrutura, será que o cliente estará disposto a investir tempo e esforço na avaliação de gestores de gestores ou consultores, e haverá realmente consultores bons o suficiente, à altura, disponíveis?

Essas perguntas não podem ser respondidas em abstrato. Considerações estratégicas são fundamentais para determinar as respostas apropriadas para cada indivíduo. Será que a riqueza realmente "serve" para tamanha trabalheira necessária para responder a essas perguntas por completo? Não existem atalhos. Famílias sempre precisam pedir para que um dos seus membros dedique anos da sua vida desenvolvendo ou sustentando a infraestrutura necessária para que seja exercida a devida diligência. Será que a diversificação de gestores compensa a perda de tempo e os impedimentos à autorrealização?

Para a maioria dos proprietários de consideráveis patrimônios familiares, os sacrifícios necessários para exercer a devida diligência não compensam a perda de tempo. Um *family office* bem projetado pode ser uma solução. Multi Client Family Office ou "terceirização" para consultores pode ser outra solução. Muitos solucionaram o desafio de diversificar entre diversos gestores contratando um único gestor muito bom e uma boa alocação dos ativos, nutrindo uma abordagem diversificada frente aos investimentos.

Estilo de vida

Alguns dos mais sábios proprietários de riqueza têm aquilo que se denomina mentalidade de refugiado. São em sua maioria refugiados que escaparam da Alemanha de Hitler, da China de Mao, da África do Sul, da Rodésia, do Iraque, etc. Se perguntados sobre para que serve a riqueza, a maioria deles responderá claramente: a riqueza serve para proteção e liberdade de movimento quando quer e onde quer que surja a necessidade. Se esse for o propósito do patrimônio familiar, o pensamento estratégico leva à diversificação em termos de onde fixar suas próprias raízes: passaportes, residências, línguas, domicílio fiscal e associações.

Um refugiado cuja família escapou de Hitler e que mora atualmente na Suíça tem grande sabedoria. Ele diversificou das formas mais completas e tradicionais com relação a classes de ativos, jurisdição, dinheiro, liquidez e gestores. Seus filhos foram educados de modo a terem *network* e amigos espalhados pelo mundo – contatos que podem ser alcançados independentemente do que estiver acontecendo em alguma parte do mundo ou em outra. Ele é dono de sete ou oito hotéis pelo mundo, cada um com um apartamento para si próprio, a fim de que possa residir em qualquer parte do globo. Quando questionado se esses hotéis são um bom investimento, ele responde que são "o melhor", pois lhe garantem liberdade para se movimentar facilmente e a qualquer momento. Na verdade, ele diversificou estrategicamente aqueles lugares em que pode morar com conforto. Ele conta com uma diversificação de residências.

Estilos de investimento

Diferentes investidores têm diferentes estilos de investimento. Aqui, não estamos falando da diversificação desses estilos (o que geralmente faz sentido), e sim da seleção de um estilo que faça sentido para você. Fundamentalmente, os investimentos não precisam fazer sentido para o investidor em cada detalhe, mas nas pressuposições sobre o mundo. A análise de estilos de investimento requer uma visão de mundo.

Isso vai muito além da estratégia analítica necessária para encontrar a combinação "ideal" de estilos para os máximos retornos ou para satisfazer à tolerância a risco obtida por meio dos chamados exercícios de Monte Carlo. Vai além de uma análise técnica e tangível, mas principalmente das questões subjetivas e estritamente individuais a cada família.

A compreensão dos indivíduos quanto ao mundo ao seu redor e como se relacionam com ele torna-se um ingrediente-chave em qualquer consideração estratégica de estilo de investimento.

Eventualmente, até mesmo um proprietário de um patrimônio considerável, sem conhecimento especializado em teorias de investimentos, pode fazer observações capazes de ajudar a guiar estilos e escolhas acertadas. Um amigo meu, por exemplo, foi um dos primeiros a investir na Minnesota Mining, só porque sua esposa apreciava as fitas adesivas inventadas dentro da empresa. Outro amigo tinha experiência no mundo do varejo de materiais de ferragem e investiu cedo na Home Depot. Médicos foram alguns dos primeiros investidores da Amgen. Em cada um desses casos, experiências cotidianas ou profissionais embasaram uma visão de mundo sobre quais empresas apresentavam boas perspectivas futuras.

Questões genéricas de investimento podem ser respondidas por pessoas comuns e não profissionais, com base em pontos de vista pessoais. Perguntas como as seguintes são feitas por clientes e respondidas por profissionais em reuniões de revisão de carteiras: "Será que o controle dos planos de saúde afetará os estoques de remédios?", "Será que os Estados Unidos continuarão sendo um líder mundial?", "As empresas automotivas norte-americanas são tão boas quantos as empresas automotivas japonesas?". A bem da verdade, qualquer um que leia os jornais é capaz de responder a essas perguntas com tanto conhecimento técnico quanto um Ph.D. em economia. Por isso, um investidor pode ajudar a moldar a própria carteira de investimentos.

Um investidor deve ser mais voltado às estratégias pela busca de "valor" ou "crescimento"? Um investidor voltado ao valor busca empresas ou oportunidades que acredita estarem subavaliadas no mercado. Já um investidor voltado ao crescimento busca empresas ou oportunidades que apresentaram bom desempenho no passado e que ele acredita que continuarão se saindo bem no futuro. Se bem articuladas, as distinções entre investimento voltado a valor e investimento voltado a crescimento não são tão difíceis de entender. "Apostamos tudo no azarão ou em um cavalo que já esteja se destacando?" Essa foi a maneira como um profissional de investimentos explicou a questão para mim uns 30 anos atrás. E por menos que eu conhecesse do *métier*, sentia-me apto a dar a minha opinião.

De modo similar, outras perguntas sobre investimento podem tomar por base a lógica e a experiência. "Será que o mundo continuará se desenvolvendo com cada vez menos fronteiras e com cada vez mais transporte; e será que os Estados Unidos permanecerão no topo? " Se a resposta for sim para a primeira e não para a segunda, uma carteira global é apropriada. "Existem índices capazes de mensurar o que eu preciso para que a riqueza faça o que ela supostamente serve para fazer?" Caso existam, investimentos passivos podem ser apropriados. "Estou buscando boas narrativas para tornar compreensível o desempenho dos investimentos?" Se este for o caso, investimentos passivos não são apropriados.

Os estilos de investimento também precisam ser reflexões dos propósitos de um proprietário de riqueza. Recentemente ouvi falar de um distribuidor de armas que coleciona e investe em produtos têxteis. Embora eu não tenha conhecido tal empresário, estou pronto para apostar que seu *alter ego* necessita do investimento em belas mercadorias de tecelagem.

A família chinesa que queria mensurar o desempenho conforme o impacto na comunidade, e não apenas pelo retorno, provavelmente devia estar empregando estilos de investimento diferentes daqueles da família texana cuja fortuna fora construída sobre a indústria do petróleo. Já uma família cujo patrimônio provém de serviços bancários e de investimento está propensa a encarar estilos de investimento diferentes daquelas famílias cujo patrimônio se baseia em imóveis. Um bom gestor de dívidas é provavelmente crucial para a família que se sente mais à vontade com renda fixa, mas sequer é cogitável por uma família que se sentem mais confortável com ações e volatilidade. Um exemplo disso são os diferentes estilos e estratégias de investimento empregados pelas famílias Fung e Fisher mencionados anteriormente neste capítulo.

Alternativas, derivativos e estilo de investimento sofisticado

Um herdeiro de uma fortuna "dos velhos tempos" enviou seus filhos para o internato onde ele estudara, em Massachusetts. Depois, os fez ingressarem na faculdade em que se formara e incutiu valores "antiquados" neles. Deviam seguir o seu molde e sua imagem, que remontava três gerações, até seu tataravô, que havia criado a riqueza da família e investido em ações e obrigações por boa parte do século XX. Contudo, na primeira reunião de sociedade familiar a que seus filhos compareceram, o pai lhes apresentou jovens de Wall Street que falavam de alternativas, derivativos e outros investimentos "de ponta". Certas estratégias foram protegidas por *hedge*, investimentos foram feitos em derivativos, que foram reinvestidos em novos derivativos hipotecários e assim sucessivamente. Um dos fundos foi investido em Madoff. Isso representou um programa de investimento estratégico? Promoveu os propósitos e valores que o pai estava tentando incutir? Provavelmente não. Se o pai tivesse sido um dos pioneiros da indústria da computação, se sua cultura fosse voltada para novas ideias e se estivesse tentando incutir criatividade, a sessão talvez tivesse sido apropriada. Transparência, liquidez e complexidade não deveriam ter sido os padrões de seu projeto de investimento; valores testados e aprovados, paciência e perseverança eram os valores a serem encorajados. Mas não foram.

Se o propósito do patrimônio for a liberdade, estratégias mirabolantes de investimento raramente são de fato estratégicas. Não haverá processo algum, muito menos delegável, e chance alguma de que o proprietário do patrimônio venha a entender por completo no que está investindo. Por si só, a complexidade é capaz de privar os membros da família da sensação de liberdade, aprisionando-os. Em vez de encontrá-la, perderão tempo tentando compreender aquilo que não conseguem e ficarão inseguros quanto a se devem confiar naqueles que estão conduzindo os investimentos. Como uma pessoa pode perseguir paixões de autorrealização se estiver atarefada em um labirinto de derivativos e jargões?

Investimentos socialmente responsáveis

Atualmente, muitos investidores procuram por uma abordagem de investimento às vezes chamada de investimento socialmente responsável (SRI – *socially responsible investment*) ou investimento de impacto social (*social impact*) ou ainda, capitalismo consciente. Há ainda outros conceitos intimamente relacionados a esse, como investimento baseado em missão, ESG (*environ-*

mental, social and corporate governance, ou governança ambiental, social e corporativa), investimento sustentável e ETI (*economically targeted investing*, ou investimento economicamente voltado). Esses conceitos foram desenvolvidos ao longo de anos em fundos com fins filantrópicos ou não puramente voltados para rentabilidades elevada, como forma de alinhar os valores e a visão de mundo da família investidora com a estratégia de investimento.

Segundo essa ideia, é possível fazer investimentos em empresas de modo a atender a certos critérios voltados a melhorar o mundo; existem índices, gestores e fundos baseados nesse conceito. E há investidores, institucionais e privados, que exigem que todos, ou parte, de seus investimentos sejam "socialmente responsáveis".

Os desafios para a família proprietária vêm de duas frentes: obter a concordância de todos os membros da família sobre o que constitui um investimento de impacto social e encontrar gestores que estejam dispostos e sejam capazes de desenhar uma carteira customizada que reflita os valores e as culturas do patrimônio de sua família.

Certa família que estava atrás de investimentos socialmente responsáveis para sua fundação foi instada a preencher um questionário determinando o que seus membros consideravam socialmente responsável. Alguns achavam que energia nuclear representava um "bom" investimento, pois aliviava a pressão sobre o petróleo; outros consideravam que era ambientalmente irresponsável. Alguns achavam que investimentos em operações agrícolas eram construtivos para fornecer alimento ao mundo; já outros os encaravam como danosos, pois contribuiriam para o desmatamento. E assim as discussões se seguiram, e o diálogo familiar logo virou discussão. A mera seleção abstrata do tema dos investimentos acabou se tornando uma plataforma para discordâncias políticas e um campo de batalha para a disfunção familiar.

A harmonia familiar foi restaurada com a apresentação de um processo diferente, voltado a refletir o fato de que cada um dos seus membros tinha necessidades e valores individuais. Um processo de revisão dos gestores de investimento foi preparado e cada membro da família foi apresentado separadamente para três ou quatro gestores de investimento. Cada um desses gestores era um indivíduo investindo em sua própria carteira e dono de sua própria empresa. Cada um foi selecionado com base em alguns interesses compartilhados com o membro da família. Um dos membros, por exemplo, estava envolvido em programas filantrópicos para crianças deficientes, e foi apresentado a um gestor cujo próprio filho era deficiente e que também estava ativamente comprometido com a causa. Cada membro da família selecionou diversos gestores a serem considerados pelo grupo, e então a família entrevistou aqueles selecionados. Tomando por base critérios objetivos e um processo estabelecido previamente a essas entrevistas, cinco ou seis gestores de investimento foram escolhidos. Cada um deles passou a ser visto como um amigo de um ou mais dos membros da família, e todos se sensibilizaram com os sentimentos dos familiares.

O valor dessa abordagem precedente com relação à "aptidão cultural" é que os investimentos ganham um caráter personalizado quando cada membro da família se sente confortável com sua alocação. A abordagem possibilita uma avaliação objetiva com base em dados subjetivos e ainda ensina aos membros da família que os profissionais de investimento são pessoas reais, que levam vidas reais com lealdades reais e dedicação substancial.

O estilo de investimento precisa ser encarado, antes de mais nada, do ponto de vista estratégico. Quem são os membros da família proprietária, quais são os seus níveis de conforto, quais são seus valores e o que querem alcançar com sua riqueza? Essas perguntas precisam ser respondidas antes mesmo que se comece a explorar como diversificar os estilos de investimento.

Diligência

Todo e qualquer programa de investimento requer a devida diligência para assegurar que as políticas possam ser implementadas com disciplina. Porém, o trabalho pela frente sempre parece desalentador. A volatilidade, as tramoias e a incerteza de 2008 e 2009 fizeram a tarefa parecer quase impossível. Na verdade, pode-se afirmar que atualmente a devida diligência é o padrão-ouro da gestão de investimentos. Ela se tornou a função mais importante a ser bem executada a fim de assegurar a gestão apropriada de uma fortuna considerável. Praticar a devida diligência não se restringe a investigar e monitorar gestores de investimento. Em sua definição mais abrangente, diz respeito a assegurar que todas as pressuposições estão corretas, que todos os ativos considerados adquiridos foram mesmo adquiridos, que todos os riscos foram levados em consideração e que todos os fatos estão bem representados. A pergunta a ser feita a si mesmo é: "Levei em consideração todo e cada risco e disponho das informações de que preciso para avaliar cada um deles?".

O melhor desempenho do mundo só vale para quem detém os ativos que apresentam tal desempenho; os resultados obtidos por Bernie Madoff em seus investimentos não podiam parecer melhores. Infelizmente, os ativos não existiam. Era preciso um nível de detecção de fraudes nesse caso. É preciso que o proprietário do patrimônio busque entender o risco de contraparte, ou seja, se alguma outra parte do acordo (tal como um banco) deixará de cumprir suas obrigações. Em 2007, um investidor criou um fundo maravilhoso baseado em ouro, seguro em todos os aspectos, exceto por contar com a solvência do Lehman.

Ao analisar investimentos, um investidor precisa confiar na precisão dos dados divulgados. Sem a devida e necessária diligência, decisões de investimento se embasam em charcos de informações e em suposições que carecem de solidez. Taxas cambiais e divulgação de valores podem ser especialmente traiçoeiras. Para qualquer programa de auditoria e fiscalização, é crucial conferir a precisão e a veracidade de relatórios tributários e de demais informações.

A questão estratégica é como desenvolver um sistema de devida diligência que possibilite o monitoramento continuado e completo de todos os elementos de um programa de investimento. Para responder a essa pergunta de como estruturar a devida diligência, basta começar pela questão atemporal e central: para que serve o patrimônio familiar? Poucas famílias e investidores são capazes de oferecer a resposta: "para permitir que eu cumpra com o trabalho duro da devida diligência". Mesmo aqueles que apreciam a busca por bons investimentos e o desafio de desenvolver uma estratégia bem-sucedida de investimentos acabam considerando o processo de devida diligência como enfadonho e pouco ou nada interessante.

Quando um proprietário de riqueza se mostra disposto a confiar em um único gestor e em um único agente custodiante, a devida diligência pode simplesmente se resumir ao exame da segurança da instituição de custódia, contando com as percepções do gestor para compreender e perseguir as metas do cliente. Contudo, quando um proprietário de riqueza deseja desenvolver um programa de investimento mais complexo, como ele deve proceder com a devida diligência? Uma opção é criar um processo complexo, caro e não tão adequado de devida diligência ao contratar pessoal exclusivamente para isso. Existem alguns *family offices* que contam com inúmeros funcionários dedicados aos vários elementos da devida diligência.

Como alternativa, o proprietário do patrimônio pode terceirizar este processo. Assim como muitas das maiores instituições do mundo contratam consultores para cuidar da devida diligência em seus investimentos, um sábio proprietário de uma considerável fortuna pode terceirizar essa função de alguma forma. Qualquer terceirização desse tipo deve buscar empresas sem absolutamente nenhum conflito de interesses e que contam com uma base de ativos suficiente para desenvolver a infraestrutura necessária.

Em outras palavras, a terceirização desse processo deve envolver uma consultoria independente e de considerável porte. Depois de estabelecidos os critérios de seleção – como independência, profundidade de capacitação e perspectiva de investimentos –, o fornecedor pode ser ele próprio sujeito à devida diligência. No entanto, o processo servirá principalmente para confirmar que os critérios claros serão cumpridos e mantidos.

A análise estratégica leva à seguinte conclusão: são dois os verdadeiros elementos do trabalho consultivo em investimentos, compreender o investimento e compreender o investidor. *Family offices*, quer atendam a apenas uma ou a várias famílias, estão idealmente e geralmente preparados para compreender o investidor. O tamanho do *family office* e sua relação com o cliente deve permitir uma intimidade capaz de promover a compreensão das metas e o seu monitoramento. Porém, ainda que um *family office* possa estar preparado para levar o investidor em consideração, talvez esteja menos equipado para considerar o investimento ou para desempenhar a trabalhosa diligência necessária. Para essa devida diligência fundamental, uma empresa com centenas de bilhões de dólares em sua gestão é capaz de desenvolver uma infraestrutura de devida diligência bem mais completa do que a pode ser desenvolvida mesmo pelo maior dos *family offices*. Se libertar-se da riqueza e sentir conforto forem os propósitos fundamentais, a pergunta a ser feita é: para uma carteira complexa, é mais estratégico atrelar seus investimentos aos mais criteriosos padrões de diligência ou buscar serviços de consultoria astutos, ágeis e de pequeno porte na hora de investir? Será que é aconselhável combinar a capacidade massificada e varejo de investimento com a capacidade mais íntima de um *family office* em compreender o investidor? Será que confiar na sabedoria de grandes empresas para realizar a devida diligência nos investimentos não é a forma de criar o conforto necessário?

Encontrar o especialista em investimentos e a devida diligência não é fácil para o proprietário do patrimônio. Consultores sem conflitos de interesse e com uma infraestrutura grande o bastante para desenvolver um processo complexo de devida diligência são difíceis de localizar. Na verdade, provavelmente não há mais do que cinco ou seis nos Estados Unidos e bem menos em outros países. Se a política de investimentos exige programas obscuros e complexos, a devida diligência exige o consultor de investimentos ideal. Quando não for possível ter acesso a ele, então, por considerações pragmáticas, a estratégia passa a ser simplificar o programa de investimentos. A escolha do programa de investimento certo começa pela análise de qual nível de processo de diligência pode ser encontrado. Se houver uma consultoria de "força industrial" disponível, o programa pode ser intrincado e complexo, caso isso seja desejado. Caso não haja um consultor disponível, então simplicidade, até mesmo fundos mútuos ou ações e obrigações no longo prazo, pode ser ideal, não porque esses investimentos "sem sal" oferecem a melhor perspectiva de desempenho, e sim porque não exigem uma compreensão inalcançável de questões complexas de diligência.

Certa vez um *family office* que eu conhecia projetou o programa de investimento ideal para a família. Ele se basearia em alternativas e derivativos, mas com uma carteira muito menor do que seria de interesse de um consultor institucional independente. A família descobriu que poderia contratar consultores que desenvolviam fundos de fundos e ainda outros que tinham vínculos com produtos específicos. Essa família decidiu, de modo bastante razoável, modificar seu programa de investimento contratando quatro ou cinco gestores que compravam apenas ações e dívidas; encontrou um ótimo consultor independente e de pequeno porte disposto a trabalhar para a família e monitorar esses gestores e confirmar suas custódias. A família organizou sua carteira em torno do que era possível, e não do que era ideal. Isso foi estratégico para ajudá-la a alcançar seus propósitos.

Investimentos como educação

Um pai recentemente decidiu procurar por novos gestores de investimento para as carteiras da família depois de muitos anos confiando em um grande banco. Ele concluiu que, com seu filho de 21 anos começando a se interessar em investimentos, poderia pedir para que seus gestores ajudassem a desenvolver os conhecimentos de seu filho, um *mentoring*. Ele estabeleceu certos requisitos estrategicamente voltados a cumprir com seus propósitos de ensinar seu filho. Na busca por gestores, começou dando preferência a pequenas empresas ou a indivíduos responsáveis pelos próprios destinos, pequenos empreendedores, que estivessem desenvolvendo seu próprio negócio e estivessem totalmente investidos na operação. Queria que cada um deles fosse uma pessoa "completa", com paixões e interesses além das atividades de investimento. Queria que cada gestor estivesse disposto a falar sobre si mesmo, sobre o processo usado para selecionar investimentos e sobre o trabalho duro necessário no ramo de investimentos. Gestores foram selecionados e entrevistados. Em cada um deles, o filho pôde ver pessoas reais esforçadas e disciplinadas, que seguiam um processo e que eram bem ou malsucedidas

Capítulo 7 A importância da estratégia: políticas de investimento • 73

dependendo de suas próprias decisões de investimento. Cada um era seu próprio mestre e cada um vivia com as consequências de suas decisões.

O processo de seleção em si ensinou lições valiosas ao filho. Primeiro e acima de tudo, ele aprendeu que a gestão de investimentos é uma profissão. Uma atividade bastante técnica e não pode ser exercida por qualquer um. Escolher ações e gerir uma carteira não era um passatempo que alguém podia meramente explorar. Administrar dinheiro, e principalmente patrimônio, é uma tarefa difícil e que consome tempo, e essa é uma importante lição. Em seguida, o filho viu que o empreendedorismo é trabalho duro, com seus altos e baixos. Pessoas reais levam vidas de verdade, e a vida pessoal e os negócios acontecem juntos. Às vezes, coordenar a vida e um trabalho complexo pode ser difícil. Por fim, o filho aprendeu um pouco sobre teoria do investimento junto a pessoas apaixonadas, éticas, profissionais e sábias.

Outra história também ajuda a ilustrar essa questão. Uma família cuja fortuna nasceu e continua se desenvolvendo sobre o empreendedorismo está cogitando um fundo de *private equity* a ser gerido pelos membros da família na casa dos 20 e 30 anos. A família colocará uma quantia substancial de dinheiro no fundo, contratará um profissional especialista em *private equity* e permitirá que os membros mais jovens da família orientem o fundo como seus diretores. O principal objetivo estratégico do fundo não é produzir retorno sobre o investimento, e sim ensinar atividades de negócios aos membros mais jovens da família. A primeira lição a ser aprendida é que é preciso ter disciplina e trabalhar duro para iniciar e tocar um empreendimento; a segunda lição é que nove em cada dez negócios acabam fracassando; a terceira e mais abrangente lição é que nos investimentos, no empreendedorismo e nos negócios não se "brinca".

Essas abordagens representam estratégias de *investimento* ou estratégias de *educação da próxima geração*? A resposta é que representam ambos. Uma boa estratégia ajuda no cumprimento de todos os propósitos. No primeiro exemplo, a carteira de gestores resultante do processo era sólida; o mesmo vale para as lições aprendidas sobre a vida e a riqueza. No segundo, os investimentos em *private equity* provavelmente se sairiam bem, mas as dificuldades em compreender essa estratégia e a construção de um empreendimento seriam extraordinárias.

Na prática, é fácil esquecer que qualquer estratégia de investimento engloba mais do que apenas investimentos. Muitos anos atrás, descobri que os melhores consultores de investimento e corretores de ações costumam contar histórias. A história da Xerox, da IBM ou da Minnesota Mining dava vida aos investimentos e ensinava que o importante era a criação de empregos e de valor e tornar o mundo um lugar melhor. Basta ler qualquer relatório anual da Berkshire Hathaway para sair com a sensação de que há consistência nas atividades, que os negócios não param e que o trabalho duro cria empregos e valor. Imagine um gestor que esteja buscando valores na área de recursos renováveis, quer envolvendo vento, sol ou água, e como essas histórias podem encontrar ressonância em pessoas ávidas por uma vida longa e produtiva. Um programa sensato de investimentos reflete aquilo que aprendemos a respeito de nós mesmos e do nosso mundo. Somos a soma de nossas atitudes. Um bom programa educacional ensina sobre nós mesmos e o nosso mundo. Os dois andam de mãos dadas.

Um observador sábio de negócios familiares distingue entre o "investidor" e o "proprietário".* O que importa em uma fortuna que se estende por várias gerações é sua propriedade, não apenas o seu investimento. Entende-se que patrimônio familiar vai muito além do capital financeiro. De que maneira ensinamos propriedade usando derivativos, investimentos passivos e análise quantitativa pura? Como ensinamos o papel da nossa fortuna em uma comunidade e o envolvimento dos donos de fortunas com gestores profissionais?

Quando se trata de riqueza multigeracional, precisamos reconhecer o papel do investimento em educação (capital intelectual). Dito de outra forma, é preciso haver um esforço para conectar filhos e netos com a fortuna da família, mostrando a eles que os investimentos são reais e produtivos, e não uma espécie de abracadabra. Afinal herdamos capital financeiro, mas também capital intelectual. Não debaterei aqui se os investimentos passivos oferecem ou não maior retorno por menos custo ou se investimentos sensatos em derivativos e alternativos podem ser tão seguros quanto ações, dívidas e imóveis, mas posso sugerir que narrativas interessantes e produtividade proporcionam uma base sobre a qual os mais jovens (e mais idosos) podem se sentir mais confortáveis e interessados em seus investimentos.

---

*François de Visscher, "Acting Like a Business Owner Rather than Just an Investor," *Family Business Magazine*, Spring 2010.

8

A importância da estratégia: capitalização

Quando pensamos na riqueza de uma família, geralmente imaginamos a coluna de ativos do seu balanço contábil. Essa visão é limitada demais. Todo dono de uma fortuna e toda família abastada têm passivos que devem aparecer na coluna direita do balanço contábil. Mais do que um balanço contábil, sugere-se um balanço gerencial do patrimônio familiar. As obrigações podem estar na forma de passivos de curto ou longo prazos, podem ser necessidades de caixa para as quais é preciso haver reserva e podem refletir sonhos ou expectativas. A administração dessas obrigações é tanto uma questão de gestão de riqueza quando de gestão de carteira.

Quando utilizamos a abordagem tradicional da análise de balanço contábil – ativos e passivos – e quando falamos em capitalização (alavancagem), fica mais fácil aplicar nossa sabedoria para determinar quando, como e se devemos contrair dívidas, se devemos criar ou usar caixa e se nossos sonhos e expectativas são realistas. Essa abordagem nos ajuda a responder à pergunta "posso me dar ao luxo?" sob uma série comprovada de regras, removendo o envolvimento emocional e introduzindo disciplina financeira (racionalidade na tomada de decisões). A abordagem também permite que o proprietário de riqueza beba de uma enorme bacia de conhecimentos vindos do mundo prático dos negócios, levando em consideração novas perspectivas quanto a mercados de crédito, prazos de dívidas e valores assumidos pelo dinheiro.

Eu estava visitando um *family office* que atendia a diversas famílias em Dublin pouco tempo após a economia irlandesa começar a ruir e as famílias ricas do país se verem inundadas em dívidas. O CEO do *family office* explicou: "Costumávamos avaliar nosso desempenho conforme o critério de ativos sob gestão, mas agora usamos o critério de passivos sob gestão" também.

Definição de dívida

O proprietário do patrimônio estratégico começa por uma definição cuidadosa do que deve ser encarado como dívida. Obviamente, a definição deve incluir qualquer obrigação legal, contratual ou do tipo, como uma hipoteca, um financiamento, um crédito bancário, um passivo fiscal ou qualquer outro compromisso previsto por lei. No dia em que um ganho é realizado ou uma doação tributável é feita, uma obrigação fiscal é criada, e qualquer decisão de investimento deve ser tomada com tal obrigação em mente. Portanto, não é má ideia garantir uma reserva para impostos ao criar um ativo consistindo em uma aplicação de curto prazo próximo à data de pagamento de impostos. Isso pode representar uma sólida gestão de caixa.

Outras obrigações também devem ser encaradas como dívida. Imagine, por exemplo, a criação de um fundo matrimonial quando você sabe que sua filha irá se casar. Pode ser uma conta bancária financiada com o dobro do custo esperado e com o entendimento de que tudo que sobrar acabará sendo doado para caridade. Assim que o fundo matrimonial estiver preparado, assim que você tiver reservado para o casamento o dobro do que planeja gastar, terá se livrado de preocupações quanto ao custo do processo de planejamento matrimonial. Na verdade, você terá criado um passivo à direita e um ativo apropriado à esquerda da declaração financeira de sua família.

Igualmente dignos de sua consideração e preparação financeira são suas expectativas quanto ao pagamento de custos educacionais (mesmo quando o aluno ainda é pequeno), o auxílio de um filho na compra de uma casa, custos com férias e quaisquer outros gastos que sejam genuinamente discricionários, mas com os quais você sabe que acabará arcando.

Adequação da capitalização

Os negócios sempre aceitaram a proposição de que a estrutura de capital é importante para empresas bem administradas. O mesmo vale para famílias de patrimônio considerável. Por que não administrá-los com a mesma diligência dada a suas empresas? Em essência, famílias precisam gerir suas dívidas, ou suas economias, de forma muito similar a um diretor financeiro de uma empresa na lista da Fortune 100. É preciso haver uma abordagem estratégica frente a questões de capitalização – o estudo dos ativos, passivos, patrimônio líquido e fluxo de caixa da família. Será que os passivos ajudam os ativos a cumprirem com os propósitos do patrimônio? Será que o exame, entidade por entidade – indivíduo por indivíduo, parceria por parceria, empreendimento por empreendimento, sociedade fiduciária por sociedade fiduciária –, corrobora a conclusão de que cada entidade é adequada e todas elas podem ajudar a conduzir a família até seus objetivos?

A análise de endividamento geralmente tem como foco a astúcia estratégica – assegurar bons retornos via juros, duração e coisas do tipo – e raramente leva a sabedoria em consideração. Dificilmente uma dívida é encarada como mais do que uma ferramenta tática, uma arbitragem no curto prazo entre o custo do capital e o retorno percebido sobre o investimento que o capital suporta. Em sua maioria, as dívidas são oferecidas pelo pessoal de vendas, sobretudo em bancos que estão mais interessados em desenvolver um volume de dívidas do que em vê-las quitadas, mais interessados na venda do que na adequação. Na maioria das situações, a análise de endividamento ajuda a comparar uma determinada dívida com outra, mas sem englobar a aptidão ou a sustentabilidade da dívida.

O endividamento deveria ser uma ferramenta estratégica capaz de aprofundar as metas econômicas de uma família, quer sejam elas a extensão do poderio econômico, a otimização do retorno atual para um determinado nível de risco ou o financiamento do componente acionário de gastos estratégicos de capital. A primeira pergunta não deveria ser se os termos de uma dívida são "astutos", e sim algo do tipo: o endividamento promove ainda mais os propósitos do nosso patrimônio? Está em harmonia com o balanço contábil e gerencial da família? O proprietário da riqueza está usando o endividamento para resolver algum problema ou apenas como uma saudável alavancagem?

Considere o número de proprietários de riqueza que saíram prejudicados no pânico de 2008. Um membro muito inteligente de uma família muito abastada decidiu investir em imóveis. No auge da bolha imobiliária, os bancos estavam dispostos a emprestar-lhe dinheiro a juros tão baixos que ele encarava aquilo como dinheiro de graça. Sempre que atendia o telefone, descobria no outro lado da linha algum banqueiro disposto a lhe emprestar dinheiro caso quisesse adquirir mais imóveis. Ele negociava cada empréstimo para obter o que considerava serem "dívidas astutas", e seu império imobiliário cresceu junto com seu endividamento. Suas dívidas permaneceram relativamente pequenas se comparadas a uma enorme sociedade fiduciária da qual ele era um beneficiário permissível, mas excederam de longe os ativos em seu próprio nome. Quando os imóveis começaram a perder valor e os bancos passaram a exigir mais garantias, ele entregou seus ativos de bandeja, até que sua fortuna pessoal ficou penhorada e seu fluxo de caixa mal chegava a gotejar. Foi então que ele tentou apelar à sociedade fiduciária, que acreditava constar em seu próprio balanço contábil, apenas para perceber que pelos 20 anos seguintes o único beneficiário permissível do fundo era a caridade. Seu programa de capitalização, de salvaguarda, na realidade, era uma catástrofe.

As considerações que podemos colher deste exemplo em termos de "teoria da capitalização" ajudam-nos a entender os equívocos do proprietário desta considerável fortuna à medida que seus ativos perdiam valor e seus passivos permaneciam iguais (ou até aumentavam com os juros acumulados). Ele havia partido de uma compreensão incorreta de seu verdadeiro balanço contábil – a inclusão de uma sociedade fiduciária como um ativo –, havia capitalizado incorretamente seus ativos (alavancagem demais) e havia usado os ativos errados (seus fundos líquidos) para ajustar sua capitalização à variação nos valores dos ativos. Em outras palavras, ele acabou piorando uma situação que já era ruim, e seu credor estava em apuros. Uma depreciação potencial por parte do seu credor colocou-o em *"insolvência"*, um processo no qual o banco tratou-o como um devedor inadimplente e aplicou pressão para executar as suas garantias. Ele deixara de ser um cliente importante; sequer era um cliente apenas; agora ele era um problema. O banco não o "tratou com o respeito" que ele achava que sua "fortuna" merecia. Ele se encontrou nessa posição porque jamais desenvolveu uma estrutura de compreensão para raciocinar e se comportar de uma maneira disciplinada equalizando ativos com passivos e um fluxo de caixa equilibrado

Uma tragédia similar aconteceu com uma pequena família de patrimônio substancial. Por falta de processo e controle, a família se viu com necessidades de caixa além da renda disponível e com ativos ilíquidos, dificilmente convertidos em dinheiro. Ela buscou empréstimos para gerar recursos capazes de suprir dez anos de necessidades de caixa; contudo, os fundos não estavam atrelados a uma fonte de receita recorrente capaz de reabastecê-los, e os passivos da família (tanto para pagamento da dívida quanto por seu estilo de vida) começaram a exceder os seus ativos. A contração de empréstimos não foi apropriada. Passivos financeiros mais os passivos de consumo passaram a corroer os ativos da família.

E essa não é uma história isolada. No mundo inteiro, famílias abastadas se endividam demais em épocas de vacas gordas e de empréstimos baratos, e os bancos se revelam participantes ávidos a oferecer juros baixos, índices elevados de empréstimos/ativos e documentação imprecisa. Quando uma desvalorização generalizada de ativos ocorreu em meados de 2008, as famílias acabaram pagando o preço. Poucas compreenderam que teriam de quitar todas suas dívidas com os bancos ou terem suas garantias executadas, e muitas se espantaram que suas condições de famílias proeminentes não as isentaram dos rigores da cobrança de dívidas.

Vejamos o caso de uma família global com membros nos Estados Unidos e França, mas com investimentos focados em território norte-americano. Quando essa família cogita quitar suas dívidas, qual moeda é apropriada? Será que letras do Tesouro norte-americano devem ser usadas para suprir as necessidades de caixa dos residentes na França? Como a família poderá reservar fundos para obrigações na França de um modo que reduza o risco cambial? A família pode e deve contrair dívidas na França ou nos Estados Unidos para capitalizar suas atividades? As respostas dependerão do balanço contábil e gerencial da fortuna empresarial da família. É tudo uma questão contábil e de análise do fluxo de caixa com suas respectivas moedas, receitas e despesas, ativos e passivos.

Poucos proprietários de riqueza examinam esse balanço contábil e gerencial estrategicamente com a meta de alcançar o maior retorno sobre o patrimônio líquido. O universo de fortunas privadas está repleto de endividamento astuto, mas não há nele muito endividamento sábio. Os empréstimos apresentam durações relativamente curtas com altos riscos de fracasso, ao passo que os ativos podem ter durações muito longas e uma ampla gama de resultados. Embora os ativos tanto possam crescer quanto encolher devido às forças do mercado, as dívidas, a menos que sejam quitadas, permanecem iguais, sendo o cliente sempre o responsável por elas, e isso aumenta a volatilidade do patrimônio líquido tanto para o bem quanto para o mal. Existem provavelmente muitas famílias que poderiam desenvolver um balanço contábil e gerencial mais robusto e diversificado com mais endividamento "sábio", mas precisariam gerir tal endividamento com a mesma atenção dedicada a seus ativos e com uma clara compreensão de para que serve o patrimônio familiar.

A avaliação do balanço contábil para determinar se e como ele pode ajudar o patrimônio familiar a cumprir com seu propósito é uma tarefa complexa. Empresas de grande porte contam com banqueiros de investimento e com outros analistas financeiros habilidosos para fazer esse trabalho. No mínimo com gerentes e diretores financeiros. Já as famílias abastadas raramente contam com tais recursos e raramente sabem que isso é necessário. Por que dois pesos e duas medidas? Por que não dar ao patrimônio familiar o mesmo tratamento e diligência despendido em suas empresas?

Os especialistas costumam ser convocados (geralmente pelos credores) quando a dívida supera a capacidade de pagamento; mas o momento apropriado para procurar os especialistas é durante o projeto de gestão da fortuna familiar, no início do empreendimento ou pelo menos antes que os compromissos e as decisões principais sejam tomados. É necessário planejamento estratégico do patrimônio familiar.

Ao começar compreendendo o que está tentando realizar com sua própria fortuna, cada proprietário de riqueza deve considerar o que pertence à coluna à direita do balanço contábil. Ou seja, quais expectativas e necessidades devem ser consideradas não como dívidas técnicas, e sim como obrigações previstas em lei? Assim que um balanço contábil for definido, a gestão da capitalização se torna um componente-chave da gestão de riqueza. *Assets Under Management* (ativos sob gestão) e *Debts Under Management* (passivos sob gestão) devem ser considerados componentes estratégicos para fazer com que o patrimônio familiar cumpra seu propósito.

9

A importância da estratégia: governança

O termo *estrutura de governança* evoca instrumentos jurídicos e as enfadonhas tarefas daquilo que ficou conhecido como constituições familiares. Tais palavras não irradiam liberdade, independência ou individualidade. Na verdade, "estrutura de governança" engloba todas as entidades e organizações que são usadas para gerir a riqueza com sabedoria e processo. São as ferramentas para que as famílias proprietárias desenvolvam a relação entre si mesmas e sua fortuna. São as estradas, os automóveis e os controles de tráfego usados para avançar pela vida sem que o fardo da riqueza em si transforme tal jornada em caos.

Nada exige mais customização do que o desenho dessas estruturas de governança, já que juntas elas podem proporcionar independência ou fardo individual. Qualquer estratégia bem desenhada de gestão de patrimônio familiar será ou poderá levar a uma estrutura de governança que funciona. A fundação mencionada em um capítulo anterior, por exemplo, desmembrada por seu projeto original e reagrupada voluntariamente pelos irmãos com o passar do tempo, é uma estrutura de governança desse tipo, projetada estrategicamente para cumprir com propósitos estabelecidos. Sua evolução garantiu um processo e ferramentas de comunicação para a família e uma base a partir da qual as futuras gerações poderiam dar continuidade ao projeto. Todas as estruturas de governança deveriam ser projetadas tão bem quanto essa para promover metas e objetivos familiares. Governança é acima de tudo o conceito que busca transformar princípios e valores em recomendações clara e objetivas.

O fundamental é que as estruturas de governança cumpram com dois propósitos. Primeiro, devem proporcionar uma estrutura que garanta funcionalidade e eficiências conforme os membros das famílias trabalham juntos ou os consultores trabalham para a família proprietária. Permitir que a fortuna opere com eficiência tributária, criar a estrutura operacional institucional para o empreendimento "patrimônio familiar" e impor expectativas, padrões e procedimentos – tudo isso exige estruturas mínimas de governança. Segundo, uma boa estrutura de governança é fundamental para garantir sucessões.

Sucessão

Sucessão é um ingrediente-chave da perspectiva de preservação e legado de multigerações. A sucessão exige que o patrimônio familiar e sua gestão eficiente passem de geração em geração; isso é essencial para qualquer empresa bem gerida, mas não é vista tão claramente como essencial para famílias com grande patrimônio privado. Na Índia, por exemplo, consultores renomados nutrem um sentimento de que a fortuna funciona melhor quando é dividida a cada geração, de tal forma que a sucessão possa flutuar livremente e gerar sucessores até que se esgotem o número de negócios da família.

No Canadá, eu estava aconselhando dois irmãos que trabalhavam no negócio da família junto a seu pai, um patriarca de 70 anos de idade. O patriarca tinha uma regra segundo a qual seus dois filhos jamais podiam embarcar em um mesmo avião. Essa regra foi reiterada durante anos, visando a garantir que sempre haveria um sucessor para os negócios da família. Se um avião caísse com um dos irmãos dentro, o outro permaneceria a salvo. Quando encontrei os irmãos, os três, o pai e os dois filhos, tinham planos de viajar no dia seguinte para Moscou para se encontrarem com um parceiro de negócios. Um deles admitiu que era incomum os três voarem juntos, mas acontecia de tempos em tempos. Perguntei por que a sucessão não era um problema quando os três viajavam juntos, e um dos irmãos respondeu que não sabia ao certo. Eu sabia. Sucessão era a maneira do pai dizer que, o que quer que acontecesse, ele queria garantir para si a companhia (e o suporte e o cuidado) de um dos seus filhos. Não queria acabar sozinho caso os dois morressem juntos, ainda que essa fosse uma visão inconscientemente egoísta. Porém, ele não enfrentaria a solidão se os três encontrassem a morte ao mesmo tempo.

Uma sucessão ordenada é algo extraordinariamente difícil de estabelecer. Basta ver quantas empresas enormes no mundo lutam para garantir sucessão e fracassam. Estruturas de governança proporcionam uma estrutura para a preparação da "passagem do bastão". Contudo, antes de começar a preparar a estrutura para fins de sucessão, sempre se deve começar perguntando por que a sucessão é importante e a quais propósitos ela serve.

Capítulo 9 A importância da estratégia: governança • 83

A sucessão é uma questão extremamente complexa quando se trata de empresas familiares ativas. Tenha em mente que fortunas que se encontram em carteiras de investimento sempre podem ser desmembradas, mesmo que isso não seja desejável. Mesmo uma carteira com negócios ativos pode ser desmembrada e, se necessário, dividida a cada geração.

Muitos dos fundadores do mundo constroem um empreendimento com grande cuidado e atenção e depois buscam garantir a sucessão dentro da família, por mais que Jack Welch tenha buscado sucessão profissional na GE. No mais das vezes, o planejamento da sucessão acaba fracassando.

O ponto de partida ao se considerar a sucessão é perguntar para que serve o patrimônio familiar. Pode-se iniciar pela análise de o quanto um negócio familiar é "negócio" e o quanto é "familiar". Isso dependerá da definição de *família* e do que se entende que a família deve obter do negócio.

Um fundador de empreendimentos japonês cujo filho assumiu a condução dos negócios foi muito claro em sua visão de para que servia seu patrimônio. Servia para uma comunidade de funcionários, e a família devia ser o protetor desses funcionários. Na alegria ou na tristeza, na riqueza ou na pobreza, a empresa não devia ser vendida, pois muitos colegas dependiam da solidez e dos valores da família.

Um criador de riqueza norte-americano também foi claro. A empresa servia para oferecer uma certa posição para a família na comunidade, o que às vezes é chamado de capital social. O empreendimento financiava artes, atendimento de saúde e serviços sociais por meio de seus fundos filantrópicos, e os filhos e netos do criador do patrimônio continuariam possibilitando tudo isso por meio da empresa.

Um fundador escandinavo tinha uma visão diferente. O negócio era empresarial e devia ser vendido a fim de permitir que todos os membros da família tivessem a oportunidade de empreender (quer desejassem ou não).

Uma família britânica também tinha claramente que seus negócios deveriam ser um meio para manter muitas gerações abastadas – um legado familiar que garantiria a todos na família uma fortuna substancial. Seu objetivo era criar uma dinastia familiar.

Cada um desses propósitos tem diferentes ramificações no planejamento de sucessões dependendo do alvo a ser beneficiado. E cada um tem diferente significado com relação a estruturas de governança, um conceito relacionado, mas não necessariamente sinônimo de sucessão.

Nesse sentido, algo a ser claramente considerado é se os propósitos das famílias acabarão sendo cumpridos caso seus membros atuem como gestores, membros do conselho ou simplesmente como donos. Se forem simplesmente donos, puramente acionistas e não gestores, o controle da empresa perde significado e não é preciso haver treinamento em gestão. Os membros da família, dessa forma, poderão levar vidas livres da responsabilidade gerencial sobre os negócios, mas também ficarão expostos à possibilidade que o empreendimento venha a fracassar em seu propósito de sustentar a família. Gestores e líderes podem fracassar, ou pior, tirar proveito do distanciamento dos membros da família, o famoso conflito de agência, amplamente discutido nos anos 80 nos Estados Unidos e que dá início às modernas estruturas de governança corporativa.

Ter um propósito também ajuda a analisar o desempenho que um empreendimento precisa alcançar. Além disso, ajuda a determinar se os membros da família devem ser gestores ou apenas membros do conselho, quais metas a empresa precisa alcançar para cumprir seus propósitos, bem como os conhecimentos técnicos que os membros da família devem ter. Um tema polêmico é que, caso seja decidido que a empresa permitirá o emprego no quadro executivo de membros da família, a cobrança sobre eles não deve ser exigente demais, pois é sempre provável que não se sairão tão bem quanto outros gestores profissionais que podem estar disponíveis. E sempre é possível que um conselho composto por indivíduos de fora da família leve a melhores resultados na empresa do que um formado apenas por membros da família. O mais importante é que todos, membros familiares ou independentes, estejam devidamente capacitados para tais funções.

Um fundador que decidiu vender sua empresa afirmou: "O importante são os negócios e o patrimônio da minha família. O mundo claramente contará com homens de negócios e administradores melhores do que mesmo os mais brilhantes membros da minha família. Criei essa empresa sem qualquer envolvimento dos meus próprios irmãos; o que me levaria a acreditar que minha genética criará os melhores homens de negócios? E seria tolice minha achar que a maioria dos administradores criativos e ambiciosos vão querer trabalhar na gestão ou participar do conselho de uma empresa pertencente e conduzida por uma família. Eu mesmo não gostaria disso". Ele sabia bem para o que a empresa servia e acabou vendendo-a com esse propósito. A empresa servia para criar uma fortuna familiar.

Comparemos esta a outra empresa familiar que eu e meu pai observamos por três gerações. O fundador deu início a uma empresa fabril na década de 1930 e conduziu-a com sucesso. Após a Segunda Guerra Mundial, seu filho assumiu os negócios, e com uma gestão cuidadosa e uma economia especialmente favorável àquele ramo, o empreendimento cresceu exponencialmente. A personalidade do filho atraiu outros dois gestores que, junto ao filho, transformaram a empresa em um grande empreendimento global. Pequenas quotas de propriedade foram cedidas a esses gestores, e eles e o filho prosperaram. Quando o neto mais velho do fundador deixou a universidade, o filho gestor da empresa passou a considerá-la um negócio familiar. Afinal de contas, ele assumira o lugar de seu pai e desejava que seu filho também participasse dos negócios. Ele deixou que seus outros filhos perseguissem suas próprias paixões – um único filho era tudo que ele precisava. Quando o filho estava quase com 40 anos de idade, e 15 anos de empresa, seu pai decidiu vender tudo por uma soma considerável. A família seria financeiramente abastada por muitos e muitos anos, muito além de suas mais ousadas expectativas. Dois dos três filhos ficaram esfuziantes, mas o filho que havia participado dos negócios acabou sem sua carreira e sem o seu lugar no mundo, com suas expectativas frustradas.

O que aconteceu? Essencialmente, a equipe de gestão formada pelo pai e pelos dois outros colegas estava envelhecendo. Os colegas queriam embolsar de uma vez todo o fruto de seu trabalho; já o pai entendeu que seu filho não estava atendendo às expectativas nos negócios que o pai via nele. Assim, os três membros da equipe de gestão viram que era hora de provar ao mundo que haviam criado um enorme valor. "A venda dessa empresa faz sentido para a companhia, para os funcionários e para a minha família", o pai disse para mim.

Porém, agora na casa dos 40, o filho acabou ficando sem um norte. Para ele, "empresa familiar" era sinônimo de sua família e significava que teria uma trajetória produtiva pelo resto da vida. Se aquela fosse a meta (e seria uma meta razoável), vender tudo não fazia sentido algum; a consideração familiar teria sido clara, independentemente de sua eficiência executiva nos negócios. O pai daquele garoto criara a expectativa de que a empresa "servia para" envolver a família, que seu propósito era proporcionar ao seu filho de 40 anos um emprego e um engajamento, inclusive com uma falsa expectativa de sucessão. Em vez disso, depois de o filho ter dedicado o início da carreira à empresa, o propósito pareceu mudar e a empresa foi vendida.

Depois disso, o pai financiou uma nova empresa para o filho. Ele usou uma pequena parte do produto da venda da empresa familiar, mas não a financiou com capital suficiente, devido a uma aversão exagerada a risco. A energia e os riscos que ele foi capaz de encarar em sua própria empresa após a Segunda Guerra Mundial não estavam disponíveis para o novo negócio de seu filho. A nova empresa levou o filho para o buraco – em termos financeiros, emocionais e além –, fechando as portas cinco anos depois.

Tal caso é um clássico nos anais da sucessão em empresas familiares. Com demasiada frequência, o fundador de uma empresa familiar atrai seu filho ou sua filha para os negócios e depois de um tempo decide que ele "não está apto a tocar a empresa" ou que chegou a hora de vender tudo e comprovar o valor alcançado, materializando o resultado de sua obra. O fundador nem chega a analisar cuidadosamente o que se quer dizer por "empresa familiar". Ao filho resta a decepção. A venda da empresa sempre deixa o filho perplexo e com uma sensação de ociosidade, insatisfação e descaso.

Essas não são histórias sobre governança (embora, é claro, a governança esteja envolvida). São histórias sobre a gestão de sucessão em família. A lição de cada uma delas é que qualquer conversa sobre sucessão precisa começar por uma compreensão de para que a empresa serve, qual é o propósito do patrimônio familiar.

Estruturação fiscal

Para projetar programas voltados ao objetivo de fazer com que o patrimônio familiar cumpra o seu propósito, obviamente é preciso dar atenção substancial a desejos, expectativas e circunstâncias dos indivíduos na família e à família como um todo. Esse tipo de atenção não é fácil, e não existem receitas prontas para cada situação. Por outro lado, a maior parte da estruturação de governança no mundo é criada por empresas, sejam elas de serviços financeiros, de contabilidade, terapia familiar ou de aconselhamento jurídico, que tentam elaborar programas que possam ser utilizados repetidas vezes. Ao contrário da personalidade humana, que não pode ser generalizada, a tributação em uma determinada jurisdição é generalizada, e sua gestão passa a ser encarada como uma *commodity*. Por esse motivo, as estruturas em sua maior parte são mais facilmente e mais lucrativamente voltadas para tributação. No entanto, qualquer estratégia de estruturação baseada de forma exclusiva na atenuação de tributos a serem pagos trata a redução fiscal como o propósito e a meta de todos os proprietários de riqueza.

Quando fundadores do patrimônio adentram meu escritório e dizem que querem poupar em impostos, não posso projetar uma estrutura até saber a resposta à pergunta: qual é o propósito do patrimônio familiar? Talvez o patrimônio *não* sirva para arcar com impostos, provavelmente não; porém, um proprietário de riqueza deve se esforçar pare determinar para o que ela *serve*. Ele deve buscar uma estrutura estrategicamente voltada a fazer com que o patrimônio familiar possa cumprir com sua serventia.

Um exemplo clássico de estruturação que não funciona acontece repetidas vezes. Deparei com ele pela primeira vez em Hong Kong. O patriarca havia trabalhado em conjunto com sua grande empresa de contabilidade global para desenvolver a estrutura ideal – sociedades fiduciárias espalhadas por diversas jurisdições, passaportes emitidos pelos países mais favoráveis – com impostos evitados de forma magnífica. Os impostos eram evitados contanto que nenhum filho ou descendente mais remoto jamais se tornasse um cidadão norte-americano, uma expectativa que estava prevista na estrutura. Contudo, os próprios filhos do patriarca tinham feito faculdade nos Estados Unidos, tinham se apaixonado por cidadãos norte-americanos, se casado e tido filhos. Quando o patriarca implorou para que todos voltassem para Hong Kong (por motivos fiscais) um após o outro o ignoraram. Apenas um retornou a Hong Kong com sua esposa norte-americana, e se tornou o supervisor da fortuna, mas seus filhos mantiveram seus passaportes norte-americanos.

Dez anos atrás, muitos cidadãos norte-americanos renunciaram à sua cidadania para economizar em impostos, mesmo em face de um estatuto que previa penalidades draconianas, incluindo tratamento como terrorista para qualquer um que se enquadrasse em certas circunstâncias. Essas pessoas estavam satisfeitas em evitar impostos, mas suas expressões de regozijo evaporavam quando ficavam sabendo que poderiam perder o direito de receberem atendimento médico nos Estados Unidos, de comparecerem a formaturas e casamentos dos próprios filhos no país e de passarem férias no norte da Califórnia. Um homem nesta situação me disse que percebera que podia se tornar um "homem sem país", referindo-se ao conto de Edward Everett Hale, um volume que presenteei a muitos jovens chineses no início do século XXI.

Existe uma diferença fundamental entre os Estados Unidos e muitas outras jurisdições pelo mundo, a essa diferença leva a mal-entendidos consideráveis. A legislação tributária norte-americana é fundamentalmente "substancial", ao passo que a legislação tributária em muitas outras jurisdições, incluindo boa parte da Europa, é "formal". Isso significa que pessoas que se veem como residentes em Londres podem organizar seus negócios de modo a pagarem seus impostos alhures por certos motivos. Podem viver a vida que preferem viver e estruturar seu pagamento de impostos em diferentes jurisdições.

A escolha da jurisdição federal mais desejável não é possível para um cidadão dos Estados Unidos. Se o herdeiro do patriarca de Hong Kong quiser morar em território norte-americano, seus impostos serão pagos dentro do país. O único recurso é evitar os Estados Unidos. Muitas vezes, isso é como "botar a carroça fiscal na frente dos bois".

A bem da verdade, se o patrimônio serve para liberdade, tanto as sociedades fiduciárias complexas quanto a renúncia à cidadania fracassam no cumprimento dessa meta com relação a viagens e residência, pelo menos quando envolve os Estados Unidos e tantos outros países. Assim, ou a liberdade é perdida ou a estrutura é descartada. Isso acontece repetidas vezes quando estruturas são desenhadas com base em interesses fiscais. Caso o indivíduo deseje tocar sua vida de uma forma incompatível com a estrutura, suas opções são descartar tal estrutura ou renunciar a seus desejos.

Mesmo quando se coloca de lado a jurisdição tributária, se a riqueza servir para funcionalidade e harmonia, a estruturação fiscal pode ser desastrosa. Uma das primeiras estruturas jurídicas desenhada para famílias norte-americanas com o objetivo de evitar impostos sobre heranças foi vendida por uma grande firma de contabilidade a uma família muito abastada. A estrutura astutamente previa que, assim que a família agrupasse todos os seus ativos, qualquer aumento de valor poderia ser passado aos filhos, evitando assim o imposto sobre a herança do pai. O conceito fazia todo o sentido do ponto de vista fiscal. O problema era que o pai e os filhos estavam separados e os filhos estavam sendo criados pela mãe, a quem o pai detestava. Dez anos após a criação da estrutura, descobriu-se que pai havia removido muitos dos ativos, e o arranjo inteiro acabou passando anos em processo litigioso. Os advogados ganharam dinheiro, o pai e os filhos nunca chegaram a um acordo e o patrimônio perdeu boa parte do seu valor por má gestão durante as batalhas processuais. A estrutura fiscal exigia comunicação e harmonia por parte de uma família incapaz de fazê-lo. Na verdade, tal estrutura impossibilitou a harmonia e a funcionalidade ao exigir que a família trabalhasse em conjunto, ao tentar reunir uma família que jamais deveria ter sido reunida.

Sempre que uma estratégia motivada por impostos for implementada, é preciso levar em conta o que a estratégia acabará impondo e ensinando às futuras gerações. Um conhecido banco suíço estava aparentemente vendendo uma operação fiscal fraudulenta nos Estados Unidos. Quem quer que utilize este banco para gestão de riqueza familiar precisa se perguntar sobre qual mensagem está transmitindo aos filhos e netos quando seu próprio banco está usando fraude fiscal como ferramenta de marketing.

É comum que um pai oculte ativos, como ouro, joias ou mesmo dinheiro vivo, para que eles não sejam descobertos por órgãos tributários quando de sua morte – efetivamente exigindo que seus filhos e seu testamenteiro cometam fraude fiscal. Você realmente deseja que essa prática criminal se torne parte da cultura da sua família e um fardo a ser carregado por seus herdeiros?

Estruturas preparadas para serem vendidas como "fiscalmente efetivas" raramente são estratégicas quando as circunstâncias e os propósitos do patrimônio são levados em consideração. Por outro lado, estruturas estrategicamente desenhadas podem ser muito eficientes em qualquer programa de gestão de fortunas inclusive em se tratando de otimizar o pagamento de impostos. Analisaremos esse aspecto em mais detalhes na próxima seção.

Sociedades fiduciárias e estruturas similares

Um dos dispositivos mais comuns em jurisdições de direito consuetudinário* é o *trust*. Em algumas jurisdições, propósitos similares podem ser atendidos por corporações também conhecidas por companhias *off shore*, empresas de responsabilidade limitada (*limited liability companies*), *holdings*, fundos de investimentos em participações e fundações. Cada um desses veículos organiza a gestão e o encaminhamento de certos ativos. Por sua própria natureza, trazem uma certa proteção patrimonial, pois separam o beneficiário dos ativos do seu verdadeiro controle.

Os *trust* e outros veículos estruturais são, portanto, inerentemente controladores – por vezes chamados de uma "mão fantasma" que conduz o patrimônio ao longo de gerações. Eles são a bandeja da qual o mordomo silencioso, o supervisor da fortuna, serve a todas as gerações futuras. Embora a duração costumasse ser limitada em quase todas as jurisdições, atualmente as sociedades fiduciárias podem durar para sempre, ou seja, perpetuamente em muitas jurisdições. Existência perpétua é especialmente popular junto a "pensadores dinásticos" e junto a agentes fiduciários encantados com a ideia dos rendimentos que recebem como se fosse uma pensão. No entanto,

---

* *Common law* – direito de origem anglo-saxã; em geral, praticado nos países de colonização inglesa. Não é o caso do Brasil.

a eternidade é um longo tempo, e volta e meia me recordo de um cartaz afixado num celeiro na zona rural de Missouri promovendo o cristianismo fundamentalista com a pergunta: "Eternidade – onde devo desfrutá-la?".

As sociedades fiduciárias de maior sucesso são as mais flexíveis. Seus criadores percebem que os tempos e as pessoas mudam. Dito de outra forma, o propósito do patrimônio familiar para mim hoje pode não ser o mesmo para meus filhos daqui a 30 anos. Se a riqueza servir para controle e proteção, uma sociedade fiduciária ou entidade similar garante isso, mas flexibilidade é fundamental para o sucesso da sociedade fiduciária por muitos e muitos anos.

O desenho estratégico dos *trust* precisa incluir flexibilidade: o poder de substituir agentes fiduciários, também conhecidos por *trustees*; o poder de atribuir certos propósitos e cronogramas de distribuição; o poder de permitir que cada geração tenha o domínio de como os ativos serão repassados à sua própria progenitura (ou seja, poder para que os pais exerçam as prerrogativas da paternidade); e até mesmo o poder para que cada geração cometa seus próprios erros.

As sociedades fiduciárias, os *trust*, malsucedidas quase sempre fracassam devido à sua rigidez. Cem anos atrás, por exemplo, as normas de algumas sociedades fiduciárias norte-americanas exigiam que todos os investimentos fossem para obrigações do setor ferroviário. Essas sociedades fiduciárias estavam fadadas a falir junto às ferrovias. Como outro exemplo, muitas sociedades fiduciárias vedam qualquer possibilidade de substituição do agente fiduciário, mesmo que a empresa atuante como agente fiduciário corporativo seja adquirida por outra companhia. Quantas viúvas que nomearam o J.P. Morgan como agente fiduciário poderiam imaginar que seus netos acabariam à mercê do Chemical Bank?

Mais sutilmente, os *trust* de incentivo podem ser rígidos demais e ter pouco propósito estratégico. São aquelas sociedades fiduciárias que buscam estimular certos comportamentos ao condicionar distribuições financeiras a eles. Um exemplo seria uma sociedade que só distribui valores se o seu beneficiário estiver ganhando no mínimo $100 mil ao ano em emprego ativo, ou outra que deixa de distribuir valores se o beneficiário se casar com alguém de outra religião, ou ainda uma sociedade que só passa a distribuir valores depois que o beneficiário tiver filhos. Cada um desses pré-requisitos previstos por uma sociedade fiduciária pressupõe a continuação das circunstâncias e dos valores vigentes quando suas regras são redigidas. O país pode passar por mudanças e a condição de uma pessoa pode se alterar; para qualquer dessas possibilidades, um agente fiduciário, ou *trustee*, precisa ter liberdade de adaptação. O *trust* é uma mão fantasma que não assombra ninguém.

Todo *trust*, todas as sociedades fiduciárias, e veículos estruturantes devem ser abordados do ponto de vista estratégico. A seguinte regra geral pode fornecer alguma orientação: "quem não precisa de uma sociedade fiduciária não se importa com uma sociedade fiduciária; quem precisa de uma sociedade fiduciária se ressente da sociedade fiduciária". A regra vale porque as sociedades fiduciárias bem projetadas exigem uma gestão apropriada da carteira e esperam que o beneficiário subsista com uma renda compatível com o volume da sociedade fiduciária. Uma pessoa razoável levará uma vida razoável com ou sem uma sociedade fiduciária. Um perdulário sempre vai querer mais do que os agentes fiduciários devem sensatamente distribuir.

A seleção de agentes fiduciários (ou partes similares) exige uma análise e um projeto cuidadosos. Se você não for capaz de encontrar alguém em que possa confiar para tomar as decisões que você mesmo tomaria, deve abandonar por completo a ideia de sociedade fiduciária. Procure por agentes fiduciários aptos a levarem todos os fatores em consideração e a exercitarem discernimento na decisão de como conduzir investimentos, como considerar distribuições e como propiciar sua própria sucessão. Em outras palavras, seus agentes fiduciários são responsáveis por assegurar que a sociedade fiduciária é gerida estrategicamente para satisfazer a seus propósitos e aos propósitos dos beneficiários.

O desafio de manter uma sociedade fiduciária fluida e dinâmica muitas vezes é uma questão de manter os agentes fiduciários dinâmicos. Muitas sociedades fiduciárias contam com antigos agentes fiduciários que encaram seu próprio papel como um emblema de sabedoria e engajamento contínuo. Velhos advogados forçados a se aposentarem por escritórios advocatícios agarram-se firmemente a seus papéis como agentes fiduciários. Um cliente de 40 anos de idade solucionou o problema dos agentes fiduciários idosos prevendo no estatuto de suas sociedades fiduciárias que qualquer agente com mais de 60 anos seria dispensado do serviço. Conforme o cliente foi envelhecendo, também foi aumentando a idade de despensa, até que hoje o cliente está com 85 anos e os agentes são dispensados aos 90.

Os termos de distribuição de uma sociedade fiduciária devem ser analisados cuidadosa e estrategicamente. A idade de distribuição aos beneficiários depende mesmo dos propósitos estabelecidos. Se o patrimônio familiar servir para liberdade e funcionalidade, pode ser razoável prever a distribuição já em tenra idade. "Se meu filho vai acabar torrando tudo", afirmou o criador de uma sociedade fiduciária, "prefiro que torre tudo quando jovem e toque em frente a própria vida enquanto ainda puder construir alguma coisa. Caso contrário, ele vai ficar lá esperando receber os ativos para então gastá-los quando estiver velho demais para começar do zero". Se o propósito de uma sociedade fiduciária for a proteção pura e simples, talvez nem seja necessário haver uma distribuição automática.

Há muitas outras considerações estratégicas ao se desenhar uma sociedade fiduciária. De que forma o criador deve definir *incapacidade* para o beneficiário ou para um agente fiduciário? Quem deve ter o poder de remover ou substituir agentes fiduciários? Os agentes fiduciários devem ter o poder de indicar seus próprios sucessores?

Expectativas de apreciação de valor e quanto é razoável usar (seja como renda ou como principal) inserem-se em decisões sobre a automatização ou não da distribuição de renda. Em outras palavras, uma cláusula prevendo que os agentes fiduciários devem distribuir renda pressupõe que ou a renda deve ser um guia razoável ou a política de investimentos deve obedecer à determinação de uma necessidade do beneficiário. Uma exigência de distribuição de renda pode desencorajar o agente fiduciário de perseguir estratégias de apreciação de capital (aumento do poder de compra).

Todas essas considerações se inserem nos termos das sociedades fiduciárias e de outros veículos estruturantes e jamais devem ser encaradas como mero formalismo. Ainda assim, para muitos fundadores ou criadores de sociedades fiduciárias (*trust creators*), esses e outros detalhes são simplesmente resolvidos por um "formulário-padrão" de um fundo.

Sociedades fiduciárias e outras estruturas patrimoniais podem oferecer oportunidades estratégicas. Estas incluem as diversas oportunidades de redução de impostos tão frequentemente promovidas por bancos, advogados e contadores. E ainda há outras. Nos anos 70, meu pai e eu redesenhamos uma modalidade de sociedade fiduciária que o Congresso achava ter eliminado e que combinava instituições de caridade e beneficiários privados de uma maneira favorável do ponto de vista fiscal. Chamava-se sociedade fiduciária de cunho beneficente (*charitable trust fund*), e, como recomendávamos essas sociedades a alguns de nossos clientes, fizemos questão de receber os cinco ou seis pareceres da receita federal (*Internal Revenue Service*) certificando que as sociedades fiduciárias eram efetivas e que não estavam sujeitas à revisão tributária. Em vários desses casos, os proprietários do patrimônio, cada um seu próprio criador, expressaram desprezo pela doação à caridade, mas concordaram em estabelecer a sociedade fiduciária como forma de entregar menos dinheiro ao governo norte-americano, mesmo que parte fosse para a caridade. Em cada um desses casos, a sociedade fiduciária transformou o criador e, acima de tudo, sua família em filantropos, pois fizeram-nos perceber o benefício estratégico de se relacionar com a comunidade por meio da filantropia. Um dos criadores jamais havia dado um centavo à caridade. Hoje, sua viúva e a família doam não apenas por meio da sociedade fiduciária, mas dezenas de milhões de dólares por conta própria.

Também utilizamos sociedades fiduciárias de cunho beneficente estrategicamente como forma de ensino a membros mais jovens de uma família. Um desses fundos foi estabelecido muitos anos atrás para três filhos que foram nomeados como *trustees*, agentes fiduciários, e instruídos a gerirem os investimentos e escolherem instituições de caridade como beneficiárias a cada ano. A estratégia de investimento era complicada, já que a sociedade fiduciária exigia uma doação anual à caridade bem além de seu rendimento. Por isso, os agentes fiduciários precisavam projetar uma reserva para satisfazer a essa exigência por cinco anos, em vez de apostarem na subida dos mercados, ou seja, uma análise profunda do fluxo de caixa. A implementação dessa estratégia exigiu discussão, compreensão e educação envolvendo as questões de volatilidade, liquidez e retenção de dinheiro. A escolha das instituições de caridade foi casual nos dois primeiros anos, o que se revelou insatisfatório, pois os filhos encontraram pouca transparência por parte dos destinatários. Para os três anos seguintes, os filhos começaram a desenvolver processos e comunicações para concederem doações e a exigir relatórios regulares. Assim, a própria sociedade fiduciária ensinou princípios de investimento e proporcionou um desenvolvimento relativamente confortável de processo colaborativo. Os três filhos aprenderam e trabalharam juntos de um modo disciplinado. Mais uma vez, descobrimos que essas sociedades fiduciárias poderiam cumprir um papel estratégico na gestão do patrimônio familiar.

Planejamento de espólios

O planejamento de espólios é o processo de determinação de doações e divisões de propriedades e de preparação de estruturas a serem usadas durante a vida e após a morte. *Trusts* ou sociedades fiduciárias, nos países que seguem a *common law*, e *holdings*, testamentos, seguros de vida, planos de previdência, entre outros, no Brasil, são as ferramentas do planejamento de espólios. Muitas vezes, essas ferramentas são usadas antes mesmo que a estrutura esteja pronta;

o carpinteiro está pregando vigas antes que o arquiteto tenha criado a planta. O projeto de uma estrutura requer antes de tudo uma análise estratégica.

Examinemos o plano menos estratégico de todos – o do Rei Lear. Ele planejou morrer sem nada, mas não deixou que restasse coisa alguma para seguir vivendo e jogou suas filhas em um caos disfuncional. Seu plano foi concebido não para evitar impostos e sim para sucessão dinástica, mas, sob o regime norte-americano de tributação de heranças, o planejamento fiscal ideal para espólios continua sendo o de Lear: morrer sem nada em sua propriedade e sem nada a ser taxado. Até que ponto, porém, isso é estratégico? Assim como Lear, clientes estão sendo estimulados a doarem suas residências ("você sempre pode alugá-la de volta junto aos seus filhos"), a criarem sociedades fiduciárias que lhes deixam sem um único centavo no bolso e a juntarem suas posses com as de seus filhos, os quais, de uma forma ou de outra, sempre acabam com o controle final.

A análise estratégica de qualquer planejamento de espólio pode começar por diversos princípios. Primeiro e acima de tudo, determine para o que serve o patrimônio familiar e se e até que ponto você deseja reter o poder unilateral de consumi-lo ou de usá-lo. Você precisa responder a perguntas importantes antes que um planejamento tributário seja desenvolvido. Você não pode responder a essas perguntas sem alguma noção do que está tentando realizar. O que deseja reter? Qual valor deseja repassar aos seus filhos, se é que deseja? Qual benefício estratégico você quer obter a partir de doações à caridade?

O planejamento ideal de um espólio reduz o valor das posses em mãos das gerações mais velhas de forma a aumentar o valor das posses em mãos das gerações mais novas. Muitas oportunidades jazem na concessão de doações e até mesmo no pagamento de impostos sobre as doações. Doações privadas e à caridade dão margem a benefícios fiscais, já que podem produzir redução do patrimônio dos pais e aumento do patrimônio dos filhos.

A redução do patrimônio no nome dos pais e o aumento do valor nas mãos dos filhos podem ser ilustrados por um exemplo interessante. Existem dois exemplares de um livro raro, ambos pertencentes a um pai. Cada um deles vale $50 mil. O pai dá um exemplar ao seu filho. Quando ele queima o outro, o valor da posse nas mãos do filho se torna $75 mil. Se queimar um livro parece ofensivo, basta doar o exemplar a um sebo de livros raros, o que efetivamente destrói o seu mercado e o tira do comércio com o mesmo efeito que queimá-lo. Em ambos os casos, a redução do valor em posse do pai aumenta diretamente aquele em posse do filho.

O planejamento de espólios muitas vezes acaba sendo complicado por coleções de propriedades tangíveis, por bens imóveis e por posses cercadas de valor sentimental. Colecionadores precisam perguntar para o que serve suas coleções. Se uma coleção serve como um legado e não como um investimento monetário, faz sentido deixá-la para os filhos? Nos Estados Unidos, quando um colecionador deixa sua coleção aos seus filhos e um imposto sobre a herança é recolhido, os filhos precisam pagar em impostos uma quantia igual ao valor da própria coleção – a bem da verdade, eles têm de comprá-la do colecionador mediante seu respectivo valor. Colecionadores que fazem seus filhos "comprarem" sua coleção acabam alterando o caráter dos proprietários. Enquanto o proprietário original era um colecionador, seus filhos se tornam curadores.

Responder à pergunta "para o que serve a coleção" resolve o problema de transformar a família "colecionadora" em família "curadora". Se a coleção for um investimento, ela deve ser vendida. Se a coleção for um legado, ela deve ser doada a um museu, por exemplo.

Propriedades de retiro e férias em família precisam ser avaliadas de forma similar. Essas propriedades muitas vezes acabam sendo divididas geração após geração e mantidas por diversas pessoas, algumas das quais arcam com os custos e outras não. A divisão da posse da propriedade entre muitos indivíduos frequentemente causa fricção e infelicidade. Mais uma vez, a solução fica óbvia quando os propósitos são estabelecidos. Caso se trate de uma propriedade para fins de investimento, ela deve ser tratada como um ativo de investimento, podendo ser vendida, alugada ou desenvolvida de alguma forma. Se for uma propriedade com valor sentimental, deve ser doada a um órgão público ou a uma instituição de caridade.

Como podemos ver, o planejamento estratégico de espólios começa pela determinação de o que o indivíduo está buscando realizar. Todos os planos devem promover esse propósito; e bens especiais, sejam coleções ou propriedades com valor sentimental, devem ser levados em conta como investimentos ou outra coisa.

Disposições depois da morte

Se o planejamento patrimonial for encarado antes de mais nada como um projeto de vida focado em diminuir o pagamento de impostos, podemos perder de vista uma consideração importante: para onde o patrimônio de alguém deve ir depois da morte.

Leis de intestado, na falta de um testamento, são promulgadas visando a estabelecer o destino de propriedades quando nenhum testamento é deixado como orientação. Poucos proprietários de fortunas substanciais morrem "intestados", isto é, sem deixar um testamento. Contudo, antes que possa evitar essa condição, um indivíduo abastado precisa examinar o propósito da própria riqueza.

Aqui estamos falando de "riqueza familiar". Isso significa que ela pertence a pessoas que são partes privadas e que de alguma forma estão vinculadas à família. O patrimônio pode "pertencer" a diferentes membros de uma família, mas não pode pertencer a uma família como um todo, como se fosse uma única pessoa. Certa vez, um patriarca chinês tentou me explicar que na China a posse de uma fortuna é encarada de forma diferente do que em outros lugares. A riqueza, segundo ele, é vista como pertencente à família e não a algum indivíduo. Contudo, não obstante essa declaração, argumentei que a legislação chinesa desenvolveu sociedades fiduciárias para a destinação de heranças permitindo que um "dono" decida se quer deixar sua fortuna para a família, para a amante ou para a caridade. Observe, porém, que membros individuais da família não podem ter benefício econômico do volume total da fortuna familiar, e o controle não pode ser exercido unilateralmente por nenhum membro da família, excetuando-se um ou outro. Se há um bolo sobre uma mesa, não é possível que os quatro filhos fiquem com ele inteiro para si. O mesmo vale para o patrimônio familiar. De alguma forma, seus membros precisam compartilhá-lo; e se podemos falar em uma fortuna pertencente a uma família, precisamos necessariamente contemplar algum compartilhamento dessa riqueza.

A riqueza familiar não precisa ser irrevogavelmente para a família, embora a maioria das jurisdições no mundo imponha algumas exigências de que pelo menos parte da fortuna de uma pessoa seja deixada para seu cônjuge e seus filhos. No entanto, a maioria dos indivíduos abastados deixa sua riqueza para seu cônjuge e seus filhos, tanto por uma disposição "pré-definida" quanto por apreço e afeição. Se o propósito do patrimônio familiar depende de uma análise de quanto é o suficiente e quanto é demais, a disposição para a caridade se torna uma parte integral. Sociedades fiduciárias podem servir tanto para privar os filhos dos benefícios quanto para protegê-los. O interesse de um cônjuge deve ser considerado em termos de sua capacidade de controlar o patrimônio familiar durante a vida ou após a morte. O patrimônio pode ser repassado a um cônjuge subsequente? O viúvo ou a viúva pode decidir dar um tratamento diferente a cada filho? Todas essas questões exigem uma ponderação cuidadosa e uma análise estratégica.

Todos nós dizemos que queremos tratar nossos filhos ou netos "igualmente", como se a definição fosse de alguma forma clara, quando na verdade as definições de igualdade precisam ser analisadas detidamente. A definição comum parece ser a conotação de igualdade monetária – quando meu filho ganha um dólar, minha filha ganha um dólar. Outra definição pode conotar que as necessidades são satisfeitas igualmente. Enquanto o proprietário do patrimônio estiver vivo, ele pode pagar a educação de um filho sem buscar uma igualdade dando a mesma quantia para outro filho comprar um carro de luxo. E depois que ele morrer, isso deve mudar? Suponhamos que um dos filhos tenha criado uma grande fortuna independentemente e que outro tenha desenvolvido uma carreira como professor. Será que cada um deles deve receber o mesmo valor em dinheiro?

Como definimos igualdade em doações para netos quando um filho tem dois descendentes e outro filho tem quatro? Será que os netos descendentes de um dos filhos devem dividir metade do todo, com um quarto para cada, enquanto a outra metade deve ser dividida em oito para os netos restantes? Ou será que os bens passados aos netos devem ser divididos igualmente, com um quinhão igual para cada neto? Isso às vezes é descrito como divisão *per capita*, em oposição à chamada divisão *per stirpes*, ou *núcleos familiares*. Muitas vezes percebo que a divisão *per capita* para cada neto acaba predominando quando o doador chega a conhecer os netos como indivíduos – e isso porque qualquer propósito do patrimônio familiar deve ter como foco o seu uso por parte dos indivíduos, e não como um estoque de ancestralidade.

Tais perguntas precisam ser respondidas ao se preparar um testamento ou quando as doações a serem feitas durante a vida são numerosas. Cada uma delas pode ser respondida à parte das demais, mas um planejamento sólido das disposições requer harmonização de todas as respostas. E a harmonização ocorre apenas quando há uma estratégia bem embasada e critérios claros para cumprir os propósitos articulados e uma compreensão do papel do patrimônio na família e entre os entes queridos.

Family office

Um *family office* bem administrado pode ser um templo para o patrimônio familiar, onde os altos sacerdotes reúnem sabedoria e obedecem a processos para permitir que todo mundo receba as bênçãos do patrimônio familiar. Um *family office* mal administrado pode até mesmo impedir que o patrimônio familiar cumpra seu propósito e pode se tornar um calabouço sombrio escravizando a família e todos os seus membros em disfunção e sem sabedoria. A decisão de dispor ou não de um *family office* e de como projetá-lo requer uma consideração estratégica cuidadosa. A maioria dos *family offices* evolui a partir de uma empresa ou de um relacionamento íntimo entre um patriarca e um contador ou funcionário da empresa ativa. Muitas vezes, sistemas e operações evoluem sem que haja um planejamento detido, a não ser quanto a eficiências inerentes. O *family office* cresce "organicamente", sem que se dê muita atenção a propósitos, a uma profunda proposta de valor ou estratégia, até que processos e relacionamentos estejam estabelecidos e relativamente estagnados. Até que a família ou um membro seu se prontifique a examinar se e como o *family office* deve funcionar, funcionários, sistemas e "o jeito de fazer as coisas" já estarão fossilizados; infraestrutura, administração e gestão não são fáceis de mudar.

Mesmo que mudanças sejam possíveis, *family offices* são complexos, e não há modelos prontos que sirvam a todos. Na verdade, é preciso selecionar melhores práticas, participar de cursos e sessões sobre o tema e contratar consultores capazes de ajudar a corrigir ou a criar o *family office*. As correções mais fáceis dizem respeito às eficiências; já as mais difíceis, a fazer o *family office* satisfazer às necessidades da família. Até o desenvolvimento dos *Standards of Private Wealth Management*, não havia sistemas ou processos fáceis, nem maneiras de desenvolvê-los de modo estratégico. Claramente, a criação ou remodelação de um *family office* funcional é bastante difícil e exige um esforço substancial.

Se um dos propósitos do patrimônio for o de permitir a autorrealização – liberdade para que alguém seja tudo o que pode ser –, dificilmente um *family office* que atende a uma única família conseguirá promover este propósito. Criação e remodelação são difíceis e demoradas. Mesmo se for bem projetado e bem operado, um *family office* de uma única família exige certo envolvimento por parte de seus membros – como supervisor, como membros do conselho ou como participantes de alguma outra forma. Muitas vezes, um membro da família é designado para chefiar o *office*, arcando com o fardo de gerir a fortuna da família, com ou sem compensação, podendo ser desastroso. Por outro lado, a estrutura que atende a diversas famílias, um *multi-family office*, não exige tanto envolvimento da família, que está efetivamente dividindo o tempo e os recursos do escritório com outras famílias clientes.

Meses depois de Bernie Madoff ter sido desmascarado, topei com a artista que havia assistido à minha palestra sobre libertar-se do patrimônio familiar (veja o Capítulo 2). Ela contou que tinha conseguido "libertar-se do patrimônio da família" e que isso lhe trouxera felicidade. No entanto, depois dos eventos de 2008, ela ficou infeliz novamente. Boa parte do seu tempo voltou a ser consumida pelo *family office*, já que ela e seus primos passaram a questionar se podiam confiar nos responsáveis por sua administração e decidiram que precisariam se envolver mais de perto em sua condução. Apesar da decisão dela de levar uma vida livre da riqueza, as dinâmicas do *family office* e as circunstâncias da crise financeira combinaram-se para jogá-la de volta na administração, governança e atenção aos detalhes no *office*. Sua liberdade acabou sendo restringida.

Com sua confiança abalada, a artista não encontrou outro recurso senão partir para a microgestão. Como veremos mais adiante, padrões de gestão de riqueza e capital financeiro bem estabelecidos e focados teriam proporcionado a ela sistemas e processos necessários para restaurar sua liberdade.

Percebemos as dificuldades inerentes na estrutura de um *family office* quando uma família começa a cogitar a decisão relativamente inócua de onde situar o *family office* quando os membros da família moram longe uns dos outros. A localização deve ser próxima do patriarca ou da matriarca? Ou, como em um caso que conheci, na cidade onde mora o consultor da confiança do patriarca, mas longe de todos os membros da família? Qual é a mensagem estratégica transmitida à família em termos de controle e responsabilização? Quando o patriarca de tal família morrer, o *family office* poderá existir para a conveniência do consultor.

Recorde-se do executivo de 90 anos de um *family office* que chamava os sessentões de "meninos e meninas", dentre os quais uma das "meninas" se sentiu como um pássaro liberto da gaiola quando o *office* fechou. O executivo ultrapassado chefiava o *office* como se fosse seu feudo e para benefício próprio e de seu pessoal. O *family office* mais parecia um beco sem saída. Os membros da família eram meras engrenagens no mecanismo da "administração de um *office*". *Family offices* podem assumir uma vida própria, e membros da família podem cair na irrelevância. Para qualquer família, é um desafio impedir que isso aconteça.

A compensação sempre é um aspecto espinhoso na administração de um *family office*. Membros da família devem ser compensados por seus esforços, e, neste caso, o que se espera deles? Isso não seria uma maneira de acorrentar um membro da família com a função de supervisão, e isso seria justo com essa pessoa? Como os funcionários do *family office* devem ser compensados para que possam claramente se "sentarem à mesa do mesmo lado da família"? Sem dúvida, lucros a curto prazo não devem ser o padrão. E pode ser que o desempenho dos investimentos deva ser visto como completamente irrelevante, sobretudo quando a família está confiando em uma gestão "de força institucional".

A questão que mais exige análise estratégica é exatamente o que se deseja de um *family office*. Fundamentalmente, "*family office*" é a ferramenta para fazer com que o patrimônio familiar cumpra o seu propósito. Nessa hora, mais uma vez, deve-se entender bem qual é o propósito do patrimônio familiar. Algumas vezes é preciso entender o que é patrimônio familiar. Bens tangíveis, intangíveis, capital financeiro, humano, intelectual? O *family office* deve ser o responsável por todas as questões operacionais no processo de preservação do patrimônio familiar.

Há certas fundações familiares de grande porte que são na verdade *family offices*, quando a administração da filantropia satisfaz a todos os propósitos do patrimônio familiar ao desenvolver processos e comunicação para que a família trabalhe unida e com sua comunidade. Para outras famílias, uma firma voltada exclusivamente para investimentos ou ativos líquidos é o melhor *family office*. E isso não necessariamente porque o retorno dos investimentos seja o objetivo ulterior atribuído à riqueza, mas porque a família decidiu que cada membro deve ter completa independência enquanto compartilha a infraestrutura e os custos de gestão financeira do patrimônio. E alguns *family offices* oferecem apenas "serviços de *concierge*", que acabam sendo a melhor forma de satisfazer àquelas necessidades familiares que dificilmente podem ser tratadas como *commodities*.

Na verdade, o *family office* ideal apresenta muitas das características a seguir:

- É administrado de modo profissional, possivelmente aproveitando as eficiências disponíveis quando diversas famílias diferentes compartilham sua gestão profissional e sua propriedade.
- É perene às diversas gerações.
- Tem um plano claro para sucessão de gestão, isentando a família o máximo possível dos desafios de substituir funcionários que venham a sair.
- Permite que a família estabeleça políticas e detalhes ao articular o que deseja de seu patrimônio, sem exigir que a família gerencie tais políticas, detalhes ou implementações.

- Reconhece que o indivíduo é primordial e que as necessidades de cada indivíduo devem ser satisfeitas de modo customizado, isto é, com acolhimento.
- É capaz de se isentar de julgamentos relacionados às necessidades de um indivíduo e de satisfazê-las durante muitas gerações, em diversas jurisdições e junto a várias culturas.
- Cumpre com a devida diligência com "força institucional", mas sempre compreendendo e atendendo a necessidades de investimento de cada indivíduo. Força institucional com acolhimento familiar.
- Não apresenta conflito de interesse algum, e seus funcionários são incentivados a cumprirem metas ao ajudarem o patrimônio familiar a cumprir seus propósitos, sendo imparcial em suas recomendações.

Se essas são as características do *family office* ideal, este ideal é quase impossível de encontrar e extraordinariamente difícil para qualquer família construir. Essa dificuldade, porém, não deve impedir uma família de tentar. Qualquer tentativa de construir ou encontrar um *family office* ideal deve começar por uma compreensão do que a família está tentando alcançar. Depois disso, deve progredir com uma análise estratégica de como fazer a sabedoria, o capital intelectual e o processo permearem tudo que o *family office* faz e cada serviço que ele presta, com a estrutura inteira desenhada para proporcionar a cada membro da família liberdade e independência.*

---

*Regulamentações adotadas pela *Securities and Exchange Commision* dos Estados Unidos em junho de 2011 podem impor desafios consideráveis a todo e qualquer *family office* que deseje oferecer liberdade em um ambiente de privacidade. Essas regulamentações precisam agora ser levadas em consideração por qualquer família com seu próprio *family office* ou por aquelas que estejam planejando criar um.

10

A importância da estratégia: legado e valores familiares

"Legado e valores familiares" soa eloquente, e a expressão se tornou o toque de clarim abrindo muitos diálogos envolvendo patrimônio familiar. O "legado" nos faz avançar juntos como família ao longo da história e os "valores" nos unem para todo o sempre. Essas palavras conferem perpetuidade à família assim como as estruturas fiduciárias agora conferem perpetuidade ao patrimônio.

Ainda que tais palavras emanem com grandiosidade, a pragmática envolvida em projetar o legado familiar e em acolher os valores familiares é intrincada. Na verdade, ao longo de todo o trajeto até a funcionalidade jazem as carcaças de legados e valores.

Legado e valores exigem um exame muito cuidadoso por qualquer indivíduo ou família que tenha se decidido por articulá-los e perpetuá-los. Há as questões envolvendo o processo – serão anunciados pelo patriarca ou matriarca ou desenvolvidos colaborativamente? Há questões envolvendo história – como foram encontrados na história da família e como podem ser incorporados à narrativa familiar? E há questões envolvendo posicionamento – onde devem se inserir para que se tornem parte da personalidade de cada membro da família?

O melhor ponto para começar com o projeto, a articulação e a implementação de legado e valores familiares é pela estratégia. Se os propósitos forem manter a família unida em algum nível, assegurar que os membros da família se sintam eternamente responsáveis uns pelos outros e pela sua comunidade e desenvolver uma sólida noção de identidade, a questão estratégica então é perguntar o que poderá funcionar.

A chave para responder a essa pergunta é que a solução deve necessariamente ser genuína e capaz de sobreviver a muitas gerações, em muitas jurisdições e em muitas culturas. Com essas exigências, deve ficar claro que poucos programas de "legado e valores" podem verdadeiramente funcionar. As armadilhas são óbvias. Em primeiro lugar vem a suposição de que a família pode tornar o seu legado digno de admiração, sobretudo quando criadores de riqueza e muitos herdeiros não são exatamente personagens aprazíveis. Já vimos como o legado e o nome de uma família podem ser beatificados por meio da filantropia, mas isso não resolve todo o problema. Basta ver divórcios, flertes e falhas pessoais e morais inescapáveis a qualquer família ao longo de suas gerações. Quantas famílias nos Estados Unidos estão livres de um ladrão de cavalos* em seu legado? Quantas famílias europeias incluem mais de um criminoso de guerra?

Acima de tudo, um legado comum necessariamente deixa de fora os contraparentes, cada um dos quais se torna um personagem central em seu núcleo familiar e além. Considere uma Filha da Revolução Americana**, a descendente de donos de escravos, que se casa com um afroamericano descendente de escravos. Como eles conversam com seus filhos a respeito do legado familiar?

E se um legado comum se torna exclusicionista (o que é inevitável), valores comuns podem se transformar em uma espécie de código polido para desaprovar outras culturas e outros valores. Uma família alemã que conheço afirma que seus valores são os clássicos valores teutônicos. Quando o chefe do *family office* é questionado sobre o que acontece se um casamento for multicultural, ele responde: "Isso não pode ocorrer; não aprovamos". Como uma mulher de Nova Déli disposta a se casar com alguém da família se sentirá a respeito desses valores teutônicos?

Vejamos outras maneiras pelas quais os valores podem acabar sendo exclusicionistas:

- Uma mulher judia se casa com um homem cuja família cristã organiza reuniões de negócios familiares aos sábados.
- Um homem muçulmano se casa com uma mulher cuja família chinesa não se dispõe a investir de acordo com as leis da Sharia.

---

*Um ladrão de cavalos era tido como uma pessoa sem moral, pois seu crime desprovia a vítima do seu meio de locomoção em uma região potencialmente isolada.

**Membro da Sociedade Daughters of the American Revolution (Filhas da Revolução Americana), cujos membros podiam traçar suas raízes até pessoas que participaram da independência dos Estados Unidos. Aqui, uma mulher tradicional, da elite.

- Uma família define os valores familiares como parte de sua constituição, mas se recusa a incluir contraparentes nessas discussões. Mais de um desses contraparentes se sente excluído devido ao modo como os "valores" são definidos pela família.
- Uma família escandinava decide que o seu legado familiar e seus valores familiares estão incorporados no empreendedorismo e projeta todo o programa de gestão de sua fortuna em torno disso. Tudo vai bem até que se reconhece que nem todo ser humano visa ao lucro. Há os artistas, músicos, médicos, advogados e outros. Eles estariam excluídos dessa família ou simplesmente bateriam de frente com seu legado e seus valores?

Que mal tem os valores serem exclusicionistas? Se os valores forem um ingrediente do legado e se o legado for perpétuo e as famílias seguirem se expandindo à medida que vão incluindo contraparentes e os filhos forem parentes de sangue dos contraparentes, valores exclusicionistas acabarão fracassando como base do legado.

O desenho estratégico de valores familiares deve servir como base para o legado. Em primeiro lugar, os valores devem ser tão flexíveis quanto possível e não um gesto da "mão fantasma" do falecido patriarca. Assim como as obrigações emitidas por ferrovias destruíram mais de uma sociedade fiduciária, a supremacia branca ou o antissemitismo podem destruir a harmonia de uma família. Certos valores estão tão ultrapassados quanto o padrão-ouro, e nenhum exercício de legado e de valores pode prever os desenvolvimentos de perpetuidade. Na verdade, uma família pode concluir que o único valor familiar capaz de sobreviver incólume é o valor da inclusão. Se seu patrimônio servir para funcionalidade e harmonia e individualismo e liberdade, talvez não incorporem nada além de inclusão à sua declaração de valores. Talvez haja certos princípios universais e fundamentais que devam ser obedecidos – a Regra de Ouro vem à mente. Mas será que eles cabem de modo apropriado em uma declaração de valores familiares ou será que pertencem à classe de valores humanos em geral?

> Nossos valores familiares pregam a tolerância. Toleramos todos os membros da família independentemente de suas falhas e pecadilhos, e lhes damos as boas-vindas de onde quer que venham e o que quer que façam. Nossos valores familiares pregam que sejamos amorosos e inclusivos com todos que ingressam em nossa família em todos os momentos.

A quem se atribui esse trecho? É um ótimo parágrafo; está simplesmente flutuando, sem *copyright* e disponível a qualquer um. Todas as famílias deveriam se sentir livres para usá-lo como seu legado familiar e seus valores familiares para então avançar para outras questões.

11

A importância da estratégia: a educação da próxima geração

Cada vez mais, a educação da próxima geração está sendo oferecida para crianças abastadas. Como estudantes em aulas aos domingos, alunos do ensino médio compareçam a cursos de fim de semana organizados por associações, bancos e outras companhias de serviços financeiros organizando eventos a fim de ensiná-los a respeito do patrimônio familiar. Os pais enviam seus filhos para "escolas de patrimônio familiar" para aprenderem a equilibrar talões de cheque e entenderem os meandros do risco e do desempenho financeiro. Um banco organiza uma plataforma de *networking* para os filhos de clientes ultra-abastados para permitir que tais jovens circulem facilmente entre outros futuros herdeiros de fortunas.

Quais estratégias estão por trás disso? Muitas pessoas no mundo aprendem a manter um talão de cheques, a preencher uma declaração de imposto e a gerenciar suas contas bancárias sem recorrerem a lições especiais. A maioria delas não pode se dar ao luxo de contratar pessoal especialmente para cuidar de suas finanças, mas dão conta do recado de uma forma ou de outra. Muitos milionários se satisfazem em conviver com pessoas humildes e não abastadas, e muitas pessoas levam vidas felizes mesmo que não possam atuar como o seu próprio consultor financeiro. Educação em finanças pode ser útil, mas cursos "exclusivos" limitados a jovens abastados não resolvem o problema de tais indivíduos a se adaptarem à vida real. Na verdade, esses cursos podem desnecessariamente isolá-los do resto do mundo.

Se a meta for a funcionalidade, ela será mais naturalmente alcançada quando as pessoas sentirem que têm controle sobre suas vidas e a liberdade para mergulharem de cabeça no entusiasmo e no desafio de viver. Comparecer a aulas aos sábados na condição de "criança rica" cercada apenas por outras crianças ricas não promove qualquer aspiração, independência ou alegria de viver. Qual é o propósito do patrimônio familiar?

Quais metas devem ser cumpridas pela educação da próxima geração? O que deveria importar para esses herdeiros de fortunas e o quanto se sentem conectados com suas famílias e suas comunidades, o quanto são livres para escolherem seus próprios vínculos em seus próprios termos e o quanto conseguem se envolver plenamente em interesses e paixões capazes de mantê-los produtivos pelo resto da vida? Como engajá-los nesse mundo hiper conectado no qual a informação é livre e transparente? Com planejamento cuidadoso por parte de seus pais e avós, esses herdeiros de fortunas podem dispor de bons gestores de investimento, profissionais no *family office* e outros para cuidar de seus interesses e para lhes proporcionarem a liberdade para levarem a própria vida. Se suas carteiras crescerão em 10 ou 20% provavelmente não chegará a ser tão decisivo para a felicidade deles. Por que concentrar sua educação em como contratar gestores de investimento e pessoal para o *family office*? Por que não buscar maneiras de ajudá-los a se tornarem tudo o que podem ser sem a limitação ou o fardo de serem categorizados como "ricos"? Se a próxima geração precisa passar por treinamento envolvendo questões financeiras, esforços cuidadosos podem ser feitos para não deixá-los se sentindo isolados de seus amigos e daqueles com quem podem vir a conviver.

A educação da próxima geração precisa ser projetada estrategicamente, a começar pela pergunta: "O que eu realmente desejo que meus filhos aprendam e de que modo? Como desejo que eles levem suas vidas?". O currículo para isso geralmente começa por amor e atenção e muitas vezes deriva do propósito do patrimônio familiar

Já vi programas estrategicamente projetados mediante os quais os avós engajam seus netos regularmente em filantropia. Um deles envolve um fim de semana ao ano em que avós e netos se encontram na terra natal daqueles. Os avós estabeleceram um fundo com certa quantia à disposição, e eles e os netos se encontram com diversas instituições de caridade e visitam vários programas selecionados pelos netos e avós nos meses que antecedem o fim de semana. Juntos, avós e netos revisam e analisam o que viram e atribuem a cada neto um relatório a ser preparado e apresentado ao grupo durante o mês seguinte ao fim de semana. Depois de revisar tais relatórios e durante uma audioconferência preparada especialmente para esse fim, os fundos alocados são divididos entre as instituições de caridade selecionadas e eventuais cartas de condições são preparadas para serem transmitidas junto às doações.

Quanta educação positiva é gerada por tal exercício? Em primeiro lugar, há uma noção de legado e comunhão inerente ao esforço colaborativo para ajudar uma comunidade. Segundo, há o aprendizado com finanças e cifras conforme os netos calculam as divisões para atender às necessidades de cada instituição de caridade. Terceiro, o exercício ensina processo e disciplina. Todas essas lições vêm embrulhadas em amor, família e comunidade e funcionam por causa disso.

A forma mais eficaz de ensinar a próxima geração a respeito de gestão do patrimônio familiar é pelos modelos que pais e avós podem oferecer e pelas experiências pessoais. Já vimos que os programas de investimento podem ser educacionais. Então qualquer outro elemento de um programa de gestão de fortunas deve ser encarado como mais eficaz se envolver aprendizado.

Oportunidades para ensinar os jovens abundam:

- Um pedido de dinheiro para comprar uma casa pode ensejar um aprendizado se, por exemplo, os detalhes envolvendo uma eventual hipoteca forem usados estrategicamente para ensinar sobre fluxo de caixa e orçamento pessoal. Um questionamento por parte de um herdeiro – comprar à vista ou assumir uma hipoteca – pode ser usado como uma extensiva sessão interativa para que a pergunta seja respondida com base no fluxo de caixa do herdeiro, suas necessidades de subsistência e principal e elementos similares.
- Existe momento melhor para ensinar um jovem sobre risco do que quando ele é abordado por um corretor para a contratação de um seguro de vida?
- Existe modo melhor de introduzir conceitos fundamentais de planejamento de espólios do que entrar em discussões detalhadas com pais recentes sobre o que aconteceria com seu filho se ambos morressem antes que o filho estivesse em idade adulta?
- Existe maneira melhor de fazer um indivíduo da família entender o funcionamento de um *family office* do que fazer seu próprio *family office* desenvolver um processo substancial e uma série de sessões em torno de sua primeira dúvida?
- Sociedades fiduciárias e outras estruturas podem ser projetadas em parte com fins educativos, como examinado anteriormente.

- Que modo melhor de introduzir o tema da filantropia do que investir tempo e atenção consideráveis analisando a primeira doação à caridade mencionada por um jovem membro da família?
- Um fundo compartilhado entre herdeiros, capitalizado com um valor simbólico, pode ser um excelente exercício para entender a dinâmica de uma sociedade entre irmãos.
- A criação de um balanço patrimonial familiar e do planejamento patrimonial é um grande aprendizado para entender direito e deveres dos futuros acionistas.

A utilização do programa de gestão do patrimônio para educação *tête-à-tête* quando os jovens estiverem prontos é a maneira mais estratégica de alcançar qualquer meta do patrimônio familiar. Se um pai encontrar dificuldades em utilizar essas oportunidades oferecidas pelo programa de gestão do patrimônio como ferramentais educativas (o que provavelmente irá acontecer), elas são perfeitamente aptas a serem utilizadas por um conselheiro de confiança e, em alguns temas como a filantropia, por um avô. Com cuidado e atenção estratégica, cada oportunidade pode ser aproveitada como ferramenta para cumprir diferentes metas educativas. A melhor forma de se educar ainda é por meio do exemplo, de pai para filhos, de avós para netos.

No entanto, ainda que qualquer elemento do programa de gestão do patrimônio possa ser usado para ensinar o que precisa ser ensinado sobre a gestão de fortunas, os indivíduos abastados mais sábios reconhecem que a lição mais importante reside no amor e na autoconfiança e em aprender a levar uma vida plena. Sair de férias em família, treinar um time de futebol mirim, comparecer a uma peça escolar ou ler uma história antes do filho ir dormir são ferramentas muito mais eficazes para educar uma criança sobre a vida do que qualquer programa educacional formal. Sem ocultar o fato de que a família possui dinheiro, é possível transmitir a mensagem de que o dinheiro por sua própria natureza é secundário em relação à vida pessoal e à família.

Dinheiro podemos ganhar ou perder, às vezes devido a conjunturas políticas ou econômicas; entretanto, capital intelectual uma vez transferido e "adquirido" pela nova geração nunca mais se perde. Inclusive poderá ser a base para a formação de mais capital financeiro se assim desejado pelos novos membros.

Amor, atenção e carinho comunicam a importância da vida, da liberdade e da integridade melhor do que qualquer curso aos sábados organizado por um banco.

12

O papel dos padrões de gestão patrimonial

Sabedoria e processo são as bases de uma sólida gestão patrimonial. As estratégias implementadas devem promover a harmonização de todos os elementos da operação gerencial – desde investimentos, filantropia, governança até a educação e muito além.

A sabedoria começa pela compreensão de para que serve o patrimônio familiar; até que tal entendimento seja desenvolvido, não pode haver uma estratégia capaz de funcionar. O propósito do patrimônio familiar precisa ser articulado de indivíduo para indivíduo e pode mudar de tempos em tempos. Decidir para que serve o patrimônio familiar no momento atual é uma responsabilidade do fundador ou do proprietário atual e não pode ser delegada. Ele pode até procurar um consultor de confiança para ajudá-lo, para guiá-lo, mas ao fim e ao cabo é ele quem deve arcar com o fardo de estabelecer a visão.

Construir estratégias e obedecer a processos, executar a visão de para que serve tal patrimônio, requer um conhecimento especializado que muitos proprietários e fundadores não possuem, bem como tempo e atenção consideráveis que muitos deles não desejam dedicar. A gestão de uma fortuna familiar significativa, como qualquer outro empreendimento gerido de forma profissional, exige a adoção de padrões que governem as operações, mensurem o desempenho, assegurem o processo apropriado e definitivamente evitem desastres como Madoff, Stanford e outros. O mais aconselhável é que um indivíduo abastado desejoso de levar a vida livre dos fardos do patrimônio delegue a gestão de sua fortuna a profissionais devidamente capacitados, mas impondo responsabilização e ferramentas de acompanhamento para assegurar que seu capital financeiro esteja sendo gerido de modo apropriado.

A organização de grandes empresas pode oferecer orientação. Nelas, um conselho de administração estabelece a direção e a visão, enquanto funcionários executivos com habilidades especializadas trabalham sob complexas estruturas organizacionais para cumprir tais propósitos. Liderança, plano de negócios, estratégias e muitos funcionários capacitados fazem tudo funcionar. Processos são implementados para assegurar a execução apropriada da estratégia de negócio, dos planos de sucessão, da adaptação a partes interessadas e a observância de padrões estipulados interna ou externamente. Revisões e auditorias regulares garantem ao conselho de administração que as medidas adequadas estão sendo tomadas e que há informações suficientes para certificar que a empresa está sendo bem operada.

O proprietário do patrimônio (ou, quando a família está trabalhando em conjunto, a família) é representado pelo conselho de administração que delega a gestão do patrimônio, que em uma analogia seria a empresa, a profissionais devidamente habilitados no *family office*. Poucos proprietários de riqueza dispõem de grande aparato para gerir suas próprias carteiras. São raros, se é que existem, os *family offices* que operam com uma infraestrutura comparável à de uma empresa na lista Fortune 500. Na verdade, dadas as limitações de qualquer *family office*, sempre será difícil projetar tal infraestrutura.

Bons CEOs corporativos consideram o planejamento de sua sucessão como uma de suas maiores prioridades. *Family offices* raramente pensam em sucessão antes que a vacância ocorra. Na Suíça, visitei o *office* de uma família de enorme fortuna. Conheci os três funcionários que chefiavam as operações, e um deles me disse com orgulho que somando-se os três, todos na casa dos 60 anos, totalizavam 90 anos de experiência junto à família. Fiquei maravilhado com tamanha lealdade e então perguntei simplesmente quais planos de sucessão haviam preparado para si mesmos. Não tinham plano algum.

O conselho de uma empresa bem administrada sempre tem suas expectativas de desempenho no trabalho bem explicitadas e seus processos de revisão bem desenvolvidos, planejados e monitorados. No mundo inteiro, executivos de *family offices* lamentam o fato de que seus "contratantes" não apreciam a dedicação deles ao trabalho. Obviamente, certos "contratantes" percebem, de fato, os esforços e as habilidades necessárias para a função, mas nem todos. E mais de um executivo de *family office* já tirou proveito de sua posição para passar a família para trás.

"Como se pode institucionalizar sabedoria e processo na riqueza familiar para que se tornem parte do DNA do *family office*?", perguntou um executivo britânico de *family office*. O DNA da maioria das famílias não é voltado a processos; como já foi examinado, na prática, a verdadeira mesa de reuniões do conselho é a mesa de jantar, na qual pai e mãe governam as decisões por meio de autoridade e não de processo.

Então como o sistema de governança e gestão do patrimônio familiar pode ter regras claras para explicitar propósito, garantir que os papéis apropriados sejam cumpridos, instituir procedimentos adequados de investimento, exigir planejamento de sucessão e oferecer proteção contra desonestidade e fraude? A resposta está nos padrões. Todo e qualquer setor de atuação acaba desenvolvendo padrões objetivos e universais para assegurar que proprietários, gestores e clientes sigam um processo que garanta o bom funcionamento dos negócios.

Todos os itens a seguir dependem ou representam padrões consistentemente aplicados:

- Uma auditoria corporativa
- Um voo comercial de Los Angeles até Sydney
- Um caixa automático em Xangai acessado com um cartão de débito de um banco norte-americano
- A entrada USB que se encontra em quase todos os computadores
- Fusos horários
- Pesos e medidas usados nos negócios e no comércio

Em sua maior parte, as grandes empresas do mundo dispõem de padrões internos que lhes permitem fabricar o mesmo produto segundo as mesmas especificações, quer seja em Xangai ou em Saint Louis. A Ford Motor Company se tornou uma companhia global exigindo a aplicação de padrões por parte de todos os seus fornecedores. A FedEx e outras empresas de transporte de encomendas estabelecem padrões de confiança para seus funcionários e clientes em todo o mundo.

Prestadores de serviços no setor de serviços financeiros geralmente estão sujeitos a padrões. Incluem marcos regulatórios, exigências fiduciárias ou de adequação que governam a gestão de decisões de investimento para planos de pensão, fundos de aposentadoria, fundações, dotações (*endowments*), reservas de segurança e sociedades fiduciárias pessoais. São mandatos realmente claros e objetivos. Surpreendentemente, existem poucos padrões desse tipo para a gestão do patrimônio familiar, sobretudo de riqueza privada global. O marco regulatório é jurisdicional e complexo, de tal modo que não existe um padrão único ou um marco que se imponha para a gestão de uma fortuna espalhada por inúmeras jurisdições. Um padrão fiduciário se torna confuso em uma jurisdição que não prevê sociedades fiduciárias segundo leis consuetudinárias.*

O desenvolvimento de princípios e padrões

A preocupação de que o processo deve ser claro e precisa começar por alguma compreensão do que se deseja realizar levou à promulgação dos Princípios da Gestão do Patrimônio Familiar pelo Conselho Global da Lowenhaupt Global Advisors em janeiro de 2009. Esses princípios tornaram-se a base de uma iniciativa global patrocinada pelo Institute of Wealth Management Standards, uma entidade suíça sem fins lucrativos, para desenvolver padrões baseados em tais Princípios – a criação de Padrões baseados nos Princípios.

Os Princípios evoluíram logo após o esquema de pirâmide de Madoff ter sido descoberto e o mundo ter assistido a Bear Stearns, AIG, Lehman e outros caírem no esquecimento. Estava claro para muitos de nós que os proprietários de riqueza precisavam de proteção e que os governos e as agências reguladoras provavelmente não lhes garantiriam isso.

O escândalo Madoff foi anunciado numa quinta-feira à noite, 11 de dezembro de 2008. Por acaso, no dia seguinte, tomei café da manhã com uma pessoa que havia chefiado um grande *family office* em Nova York. Ela iria me levar para um encontro com um conhecido e altamente respeitado procurador especialista em planejamento de espólios em Nova York. Quando perguntei se ela já tinha ouvido falar em Bernard Madoff, ela respondeu: "Bernie, claro, por quê?". Mostrei-lhe o *New York Times* e ela empalideceu. Contou-me que a família para qual ela trabalhara tinha investido 100% de sua liquidez, mais de $1,2 bilhão, com Bernie. "Falei para não confiarem todo seu dinheiro a ele", ela disse.

Encontramos com o procurador em seu escritório, onde a tensão era visível na atividade de seus advogados. O procurador abriu nossa visita contando que representava sete famílias que eram "bilionárias ontem e que estão quebradas hoje – vítimas de Madoff". Ele havia atuado em várias fundações que estavam com todo o seu dinheiro investido em Madoff. "Todos pensamos que Bernie tinha integridade e confiávamos nele", disse o procurador.

Essa análise era perturbadora. Não era sensato confiar exclusivamente em integridade e reputação. Qualquer trapaceiro de respeito começa crian-

---
* É o caso do Brasil.

do a reputação de integridade – sem isso, jamais seria um bom trapaceiro. E confiança é algo subjetivo; posso confiar em alguém que outras pessoas não confiam. Dizer para alguém não confiar em Bernie é como me dizer para eu não amar minha esposa – nenhum dos conselhos tem uma análise objetiva e disciplinada disponível.

Claramente, integridade e confiabilidade são os pontos de partida de um processo, e não há necessidade de levar o processo a cabo se você não acredita que conselheiro tem integridade e é digno de confiança. Depois de concluírem que podem confiar em determinado conselheiro, proprietários de riqueza precisam obedecer a certos princípios que lhes permitam dizer: "Gosto de você e confio em você, mas não posso aproveitá-lo, porque você não permite que eu obedeça aos meus princípios, que são objetivos e imutáveis".

A fraude de Madoff inspirou o diálogo no Conselho Global da Lowenhaupt Global Advisors e muitos outros debates com proprietários de riqueza, executivos de *family offices* e consultores profissionais. Essas conversas resultaram em 15 Princípios a serem levados em consideração por qualquer proprietário privado de riqueza na gestão de sua fortuna.

Os Princípios são fundamentos, não são melhores práticas nem ideais. Na verdade, são simples e objetivos, e dificilmente são dados a controvérsias. Os Princípios são voltados a abranger todos os aspectos do relacionamento de alguém com sua própria riqueza, a fim de promover a harmonização e o desenvolvimento de estratégias para cumprir com propósitos específicos e bem definidos. Como são princípios, e não regras, podem ser selecionados, modificados e ajustados de um indivíduo para outro e de uma família para outra. Acima de tudo, são princípios norteadores que embasam uma gestão de fortunas que obedece a um processo.

Um benefício-chave dos Princípios é que eles proporcionam às famílias uma oportunidade de instaurar um processo na gestão de riqueza e de escolher quais dos Princípios devem ser adotados. Um patriarca chinês certa vez comentou comigo a respeito dos Princípios: "Essa é a maneira ideal de eu me sentar com meus filhos e netos para conversar sobre os princípios globais da gestão de riqueza pelas próximas gerações sem perder tempo com detalhes". Dessa forma, os próprios Princípios se tornam ferramentas didáticas.

Os Princípios incluem a explicitação de para que serve o patrimônio familiar, a definição de estruturas claras e razoáveis de governança, a obediência a sólidas práticas fiduciárias, o planejamento da sucessão, a proibição de benefício próprio, a estipulação de sistemas razoáveis de compensação a funcionários e a análise dos fundamentos da custódia, transparência e compreensão de estratégias. A exigência de separação entre a gestão, custódia e auditoria, a insistência na transparência, a obrigação de que alguém alheio ao proprietário de riqueza avalie e entenda estratégias de investimento e a insistência em monitoramento claro e cuidadoso, tudo isso teria mantido qualquer proprietário de riqueza longe de Madoff. E mediante diversificação ainda teriam sido evitados muitos dos danos causados por Madoff, Stanford, Lehman, AIG e outros terrores de 2008.

Com base na análise coletiva do Conselho Global e de outras entidades com longa experiência em gestão de fortunas consideráveis, eis o que teríamos dito a Madoff:

> Bernie, ainda que confiemos em você e acreditemos na sua inigualável integridade, não podemos usá-lo, pois você não separa custódia de gestão e não dispõe de contadores independentes. Meus representados não conseguem entender como funciona a sua estratégia. Gostaria de usá-lo, mas não posso. Se eu calçasse 40 e encontrasse um par de sapatos de ótima aparência e que adoraria comprar, mas cujo tamanho é 38, não poderia adquiri-lo. O mesmo vale no seu caso.

Bernie não se adequava ao proprietário de riqueza que adotasse os Princípios.

Incutir os Princípios no DNA de uma família é uma tarefa árdua. Eles refletem sabedoria, mas não podem ser absorvidos como um processo. A adoção de bons princípios pode, em teoria, levar a voos mais seguros e à operação adequada de produtos eletrônicos, mas é preciso que haja padrões a serem seguidos para que as várias pessoas envolvidas em um voo colaborem para criar segurança na prática. Uma tomada elétrica nada mais é do que uma teoria levada à prática por meio de padrões internacionais. Na verdade, muitas das operações em nosso mundo funcionam porque seguem padrões globais.

A missão do Institute for Wealth Standards é desenvolver padrões globais baseados em princípios. Atualmente, esses Padrões estão sendo revisados e cogitados por proprietários de riqueza em todo o mundo e estão sendo incorporados no DNA de muitas famílias de patrimônio considerável. Seus detalhes e como eles funcionam estão entre os temas da Parte 2.

FALSAS EXPECTATIVAS

Como testemunhamos repetidas vezes nas duas últimas décadas, regulamentações de valores mobiliários não protegem totalmente os proprietários de uma fortuna. Na verdade, há cada vez mais indícios de que ocorre uma relação inversa entre regulamentações e instâncias de abuso e fraude.

Divulgações complicadas tornam mais difícil para o proprietário de uma fortuna tomar decisões bem embasadas, e regulamentações volumosas apenas facilitam a ocultação de consultores desonestos dentro do sistema.

O fato de que Bernie Madoff estava registrado na *Securities and Exchange Commission* (SEC) dos Estados Unidos certamente levou proprietários de riqueza do mundo inteiro a acreditarem que a SEC havia conduzido sua própria auditoria diligente junto a Bernie, e que eles próprios não precisavam repetir o esforço.

Com padrões e princípios definidos, prestadores de serviços de investimento, advocatícios e contábeis terão uma articulação clara das exigências a serem impostas sobre si. Para que haja verdadeiro progresso no modo como a riqueza privada é gerida, as famílias precisam desafiar seus prestadores de serviços a se comportarem em conformidade com os padrões. Como um proprietário de riqueza definiu a questão: "Se uma família de um bilhão de dólares for até a JP Morgan e disser que deseja transparência em termos de tarifas e ativos, a JP Morgan pode desconsiderar tal família e encontrar muitas outras famílias de um bilhão de dólares. Mas se 200 famílias desse tamanho exigirem transparência por parte da JP Morgan, a empresa terá de ceder à demanda". Na verdade, os Padrões são capazes de dar corpo às demandas de proprietários privados de riqueza e modificar a forma como os prestadores de serviço atendem a seus clientes, proporcionando às famílias um vocabulário e um posicionamento comuns. Uma plataforma e um fórum evoluirão para a comunicação de demandas e expectativas.

Mediante padrões baseados em princípios, os membros das famílias já não precisarão mais gerir cada detalhe de sua riqueza. A confiabilidade deixa de ser o único padrão. Nossa artista, que retornou ao *family office* depois de 2008, poderia, em vez disso, participar de um conselho de diretores, ciente de que há um processo em curso, apto à auditoria e à certificação. Outras famílias serão dispensadas da obrigação e supervisão de criar suas próprias regras de operação e poderão, em seu lugar, passar a confiar nestes Princípios e Padrões.

13

A transição das reflexões para a implementação

Uma sólida gestão patrimonial – harmonizando o patrimônio familiar com a vida cotidiana – exige sabedoria e processo: sabedoria para saber o que se deseja conquistar e qual é o propósito do patrimônio familiar; processo para garantir uma gestão objetiva dessas metas e objetivos. Um processo sensato remove dinâmicas familiares, permite a delegação de responsabilidades e proporciona a cada membro de uma família o conforto de saber que os interesses estão sendo geridos e a liberdade para viver a própria vida o mais plenamente possível.

Contudo, a afirmação de que a gestão do patrimônio requer sabedoria e processo deixa as pessoas concordando, mas suas mentes perguntando "como se faz isso?". Sabedoria não é fácil de encontrar. As maiores empresas do mundo têm executivos, conselhos de administração e consultores, todos tentando oferecer sabedoria e experiência. Como um indivíduo ou uma família acessa esse expertise? A sabedoria precisa ser desenvolvida para que possa embasar todas as decisões, e para ela ser desenvolvida é preciso que cada pessoa tenha uma compreensão fundamental de si mesma e de suas próprias metas e aspirações.

Um processo sólido nunca é fácil de ser construído. Como uma casa, precisa ter seus detalhes interligados construídos por profissionais, em vez de simplesmente habitá-la. É praticamente impossível para um proprietário de uma grande fortuna construir processos harmônicos – processos que promovam os propósitos do patrimônio por todos os aspectos da vida e ao longo de muitas gerações. O proprietário do patrimônio familiar pode comprar conselhos em muitas áreas e pode ler livros que forneçam muitos detalhes explicativos, mas como ele pode encontrar ajuda para organizar um programa de gestão do patrimônio familiar que possa ser executado por outros e monitorado e avaliado de maneira independente?

A resposta parece clara, mas até agora ninguém desenvolveu os recursos. Cada proprietário deve adotar princípios a serem seguidos por todos os seus prestadores de serviços. Esses princípios exigem diálogos e decisões para esclarecer os propósitos do patrimônio e a base sobre a qual, em geral, ela deve ser gerida para cumprir tais propósitos. Os princípios emanam do proprietário ou da família proprietária, e não dos prestadores de serviços; estes devem obedecer aos princípios daquele.

Depois que o proprietário do patrimônio ou a família desenvolver os princípios, sua implementação pode ser conquistada mediante padrões e um plano de negócios que permitam que todos esses envolvidos conheçam as regras, definidas de modo claro e único para sustentarem os princípios. Os padrões precisam ser desenvolvidos por profissionais independentes e objetivos que tenham a capacidade e o treinamento para instaurar a gestão de cada princípio. Ferramentas e recursos podem então ser alocados para garantir que prestadores de serviço selecionados possam cumprir suas tarefas de modo eficaz e efetivo. Assim que o plano de negócios tiver sido criado, ele pode ser monitorado, aferido e modificado com o passar do tempo, e os profissionais na condução do patrimônio familiar podem ser avaliados objetivamente pelo proprietário do patrimônio e por outros.

Atualmente, cada proprietário do patrimônio, família ou *family office* é uma ilha batalhando independentemente para adquirir sabedoria e desenvolver um processo. As ilhas são cercadas por um mar de prestadores de serviços que desenvolveram sistemas e processos (geralmente submetidos a legislação governamental) para atender não apenas a clientes, mas também aos executivos e proprietários dos prestadores de serviços. A meta aqui é ajudar os proprietários do patrimônio familiar a projetarem seus *próprios* processos singulares para cumprir com seus *próprios* propósitos.

O marco associado ao espírito da gestão de fortunas

Para os princípios avançarem até padrões, é preciso haver um marco para orientar um processo bem embasado e avaliativo. Como instauramos este desenvolvimento, como sustentamos a construção, sobre uma fundação comprovada que possa ser facilmente reconhecida como válida e testada pela indústria e facilmente adotada pelo proprietário de riqueza?

Não dispomos de legislação que preveja como o proprietário de riqueza deve proceder. Precisamos, em vez disso, identificar marcos capazes de aliar os princípios do proprietário aos padrões definidos na gestão de riqueza patrimonial – um marco orientador que seja baseado em conceitos comuns e em um vocabulário facilmente compreensível tanto pelo proprietário de riqueza quanto pelos prestadores de serviços.

Este livro adota um marco orientador deste tipo na forma do Ethos. Desenvolvido pela 3ethos sob a liderança de Don Trone, o Ethos está atualmente sendo utilizado por inúmeras empresas e indivíduos atuantes no setor de serviços financeiros. Seu método e seu vocabulário são de fácil compreensão, e ele representa uma excelente ferramenta de análise que oferece praticidade de comunicação dos padrões baseados em princípios estabelecidos pelos proprietários de riqueza.

O Ethos baseia-se em um processo em cinco etapas: análise, estratégia, formalização, implementação e monitoramento:

1. **Análise** – permite que nos concentremos no princípio fundamental de que cada proprietário de riqueza é responsável por articular seus objetivos e metas – "para que serve o patrimônio familiar?". Também exige que nosso programa identifique quem ficará responsável por administrar o programa patrimonial e as regras, as regulamentações e as cláusulas fiduciárias envolvidas no processo de gestão.
2. **Estratégia** – centra-se nos fatores cruciais que precisam ser levados em consideração pelos tomadores de decisão ao desenvolverem a estratégia do proprietário do patrimônio familiar: as fontes e os níveis de risco da família proprietária, os ativos e as preferências de classe de ativos, os horizontes de tempo e os objetivos de desempenho a curto e médio prazos.
3. **Formalização** – requer que os tomadores de decisão desenvolvam um plano de negócios formal que esboce como o programa geral de gestão do patrimônio será executado.
4. **Implementação** – leva-nos da estratégia até a concretização; especificamente, como os especialistas serão selecionados para implementar a estratégia definida na Etapa 3.
5. **Monitoramento** – relembra-nos que até os melhores planos são inúteis se não forem regularmente revisados para determinar se estão ou não funcionando e se mais refinamento é necessário.

Essas simples etapas oferecem a perspectiva unificada tão necessária ao proprietário do patrimônio e aos prestadores de serviço selecionados. Com elas, podemos aliar sabedoria e processo a princípios e padrões. Também nos proporcionam um marco orientador para conversarmos com profissionais de investimento, já que o marco Ethos é projetado para fornecer a esses profissionais a capacidade de infundir sabedoria e processo em seu próprio trabalho. O Ethos oferece um vocabulário comum para as diferentes perspectivas envolvidas no processo de gestão do patrimônio familiar.

A Parte 1 deste livro foi escrita para ajudar o proprietário e as famílias proprietárias do patrimônio familiar a entender o que há por trás da gestão patrimonial. Ela suscita a pergunta central – *Para que serve o patrimônio familiar?* – e então oferece reflexões e filosofia sobre o tema.

A Parte 2 é, na verdade, o manual do usuário para os prestadores de serviço que atendem ao proprietário do patrimônio, especificamente na função de Diretor Executivo. Os profissionais precisam atentar aos Princípios estipulados na Parte 1 para poderem falar sabiamente com os proprietários do patrimônio; mas, acima de tudo, os profissionais precisam entender e utilizar os Padrões definidos na Parte 2. O proprietário do patrimônio será mais bem atendido se apreciar as funções e as responsabilidades do Diretor Executivo, mas não precisa ser capaz de assumir ele próprio essas funções e responsabilidades.

PARTE 2

Princípios da gestão patrimonial para proprietários e partes relacionadas

14

O Diretor Executivo

Na Parte 1, introduzimos o conceito de Princípios Globais da Gestão Patrimonial. Na Parte 2, examinaremos os Padrões Globais da Gestão Patrimonial que evoluíram a partir dos Princípios. Se a Parte 1 representou a teoria, a Parte 2 representa a prática – ela é voltada para ser um manual do usuário.

O ator principal da Parte 2 será o profissional atuante no papel de Diretor Executivo – o profissional designado pelo proprietário do patrimônio para assegurar que seus próprios princípios serão satisfeitos. Por sua vez, o Diretor Executivo irá administrar os outros prestadores de serviços e demais funcionários encarregados de implementar o programa de gestão patrimonial. O Diretor Executivo ficará responsável por desenvolver, implementar e manter a Declaração de Políticas do Patrimônio Familiar (DPPF; ver Apêndice) do proprietário do patrimônio – o plano de negócios para implementar e monitorar os Princípios do proprietário e os Padrões correspondentes.

Como a função do Diretor Executivo baseia-se em padrões definidos, seu trabalho pode ser objetivamente monitorado, até mesmo auditado, para proporcionar ao proprietário do patrimônio o conforto de que o Diretor está cumprindo com o previsto e o conforto para levar uma vida sem se envolver em detalhes do programa de gestão patrimonial.

O papel de liderança do Diretor Executivo

O Diretor Executivo pode atuar na função de um agente, supervisor (*steward agent*) ou fiduciário para a família proprietária, e espera-se que ele delegue prudentemente responsabilidades a outros prestadores de serviços sempre que lhe faltar tempo, conhecimento especializado ou capacidade. O Diretor Executivo pode ser um empregado da família, advogado, financista, administrador, contador ou qualquer pessoa da confiança da família devidamente capacitada.

As ações do Diretor Executivo como o líder e administrador do processo de gestão patrimonial serão absolutamente decisivas para a realização ou não dos Princípios delineados pelo proprietário do patrimônio. Como o principal agente de mudança, o Diretor Executivo precisa ter as habilidades para organizar, coordenar, dirigir e administrar os Padrões.

Dentre as funções do Diretor Executivo estão as seguintes:

- Encorajar o proprietário do patrimônio a refletir sobre o propósito da própria riqueza, desenhando processos que mantenham a pergunta sempre visível.
- Monitorar e proteger a independência de cada membro da família conforme apropriado, para que por meio de processos claramente delineados os proprietários, membro da família, consigam se autorrealizar e, ao mesmo tempo, participar conforme o necessário para aliviá-los de suas responsabilidades.
- Trabalhar com e para os proprietários do patrimônio e membros da família, projetando e monitorando estratégias (incluindo estruturas de governança, planos de sucessão, programas educacionais e outras estratégias) para cumprir com os propósitos declarados e a serem implementados prontamente.
- Projetar processos que assegurem que o proprietário do patrimônio e quaisquer sociedades fiduciárias ou outras entidades estejam em absoluta conformidade com as melhores práticas fiduciárias.
- Projetar e monitorar planos de compensação para funcionários e consultores externos para garantir isenção, transparência e alinhamento de interesses, bem como estabelecer e monitorar políticas relacionadas com a proibição de atos em benefício próprio e expectativas de lealdade.
- Assegurar que prestadores de serviços estejam cientes dos Princípios adotados pelo proprietário do patrimônio e que não haja qualquer descompasso entre os desejos do proprietário do patrimônio, e sua família, e as intenções e atividades dos prestadores de serviços (ou seja, que haja integridade ao longo de todo o escopo de serviços).
- Definir e descrever as respectivas atribuições a serem cumpridas pelos diversos prestadores de serviços em termos de *propósito*, em vez de

função (por exemplo, o propósito de um gestor financeiro é garantir que a carteira do proprietário do patrimônio reflita sua tolerância a risco, suas preferências de classes de ativos e suas exigências de liquidez; já o propósito de um gestor financeiro é gerir uma carteira de ações e/ou obrigações), cumprindo amplamente seu mandato.
- Garantir que a equipe de gestão de riqueza disponha dos ativos e recursos apropriados (físicos, financeiros e humanos) para sustentar as metas e os objetivos do proprietário do patrimônio, bem como alocar os ativos e recursos em uma combinação otimizada.
- Preparar e manter a Declaração de Políticas do Patrimônio Familiar do proprietário do patrimônio e documentar as decisões que afetam a DPPF conforme forem sendo tomadas.
- Assegurar que os procedimentos de devida diligência sejam desenvolvidos e obedecidos por cada prestador de serviço.
- Conduzir ou promover avaliações periódicas junto aos prestadores de serviços para fazê-los arcar com suas responsabilidades, definir recompensas e consequências e isolar o patrimônio familiar de conflitos de interesse.

Liderança não é um termo que costumamos associar a um processo de gestão patrimonial; no entanto, para que seja bem-sucedida, qualquer empreitada digna do esforço sempre trará consigo um componente de liderança, e a gestão patrimonial não é exceção.

Uma pessoa pode ascender a uma posição de liderança pela função ou posição assumida ou influenciando as decisões dos outros. Liderança, conforme definida no contexto da função do Diretor Executivo, diz respeito à projeção de conselhos éticos e objetivos e à persuasão de todas as partes envolvidas com o processo de gestão patrimonial a seguirem e fazerem o que está certo.

Se fôssemos examinar as cinco teorias sobre liderança mais proeminentes encontradas na atual literatura de negócios, ficaria claro que por si só nenhuma teoria define adequadamente o singular papel de liderança associado ao Diretor Executivo. Porém, poderíamos facilmente descrever o Diretor Executivo ideal como sendo uma mistura das cinco principais teorias:

- **Liderança servil:** o Diretor Executivo deve entender profundamente as necessidades do proprietário do patrimônio e se comprometer a cumprir com seus respectivos Princípios.

- **Liderança situacional:** o Diretor Executivo precisa conhecer e respeitar até que ponto o proprietário do patrimônio deseja se envolver no processo de gestão patrimonial.
- **Liderança transacional:** o Diretor Executivo precisa conhecer quais regras e regulamentações afetarão o programa de gestão do patrimônio.
- **Liderança transformacional:** o Diretor Executivo deve estar disposto a se manter informado sobre as melhores práticas do mercado e de outros Diretor Executivos.
- **Liderança emocional:** o Diretor Executivo deve monitorar os sentimentos e as emoções do proprietário do patrimônio e utilizar essas informações com acolhimento para orientar suas próprias ideias e ações.

Para ser bem-sucedido, o Diretor Executivo deve:

- Ter um comprometimento sincero e a coragem para desenvolver uma formulação de consenso quanto a metas e objetivos do proprietário do patrimônio.
- Ter a disciplina para desenvolver estratégias de longo prazo e a paciência e a coragem para avaliar eventos calmamente em um cenário de incertezas.
- Manter uma visão macro ou holística e evitar a tentação de modismos envolvendo tendências e produtos.
- Ter um olho clínico para identificar e priorizar questões estratégicas – concentrar-se primeiro nos passos certos a tomar, e depois priorizar hierarquicamente tais tarefas.
- Dispor de uma abordagem sistemática para bolar e escolher soluções alternativas.
- Compreender os pontos fortes e fracos pessoais e organizacionais a fim de determinar quando é apropriado delegar ou terceirizar, e oferecer um rumo claro para funcionários, gestores financeiros e prestadores de serviços.

Assim que o Diretor Executivo for nomeado, o próximo passo crucial é definir um processo para orientar suas atividades. Os capítulos restantes oferecem o marco decisório sugerido, além dos comportamentos de liderança que são essenciais para a função singular de Diretor Executivo. O elo entre um processo de tomada de decisão e determinados comportamentos de liderança é o que chamamos de "ethos".

15

O marco decisório Ethos

A excelência na gestão patrimonial resulta do desenvolvimento de um processo ou uma estratégia prudente para se tomar decisões e de sua absoluta obediência. É somente seguindo um processo estruturado de tomada de decisões que alguém pode ter a certeza de que todos os componentes cruciais da estratégia de gestão do patrimônio familiar estão sendo apropriadamente implementados e monitorados.

O processo de tomada de decisões para gestão patrimonial que é abordado nesta Parte 2 baseia-se em um marco Ethos. Em uma definição simples, o Ethos é o elo entre comportamentos de liderança, valores fundamentais e um processo para tomar decisões.

As palavras *ethos* e *ética* derivam da mesma raiz etimológica grega, e há de fato uma similaridade entre suas definições. No entanto, as palavras nem sempre são intercambiáveis, e vemos ocasiões em que sequer estão alinhadas. Tanto *ethos* quanto ética se baseiam em valores morais, ou, no caso de uma profissão, em um conjunto de princípios norteadores, mas é por aí que as similaridades costumam parar.

Ethos é usado muitas vezes em um contexto bem mais amplo, que inclui o processo de julgamento e discernimento de um indivíduo ou organização. O fato de que um prestador de serviços pode demonstrar conformidade com um código de ética, até mesmo com os Princípios definidos neste livro, não significa que ele tenha um *ethos* definido e seja capaz de gerir um sólido processo de tomada de decisões ou que tenha a capacidade para trabalhar efetivamente com outros tomadores de decisões, sobretudo com o proprietário do patrimônio familiar. De modo similar, as diferenças entre um Diretor Executivo "ruim" e "bom", ou até mesmo entre um "bom" e um "ótimo", podem ser explicadas em termos de um *ethos* definido: há uma consistência nos comportamentos de liderança, nos valores fundamentais e nos processos decisórios de ótimos Diretores Executivos.

O *ethos* fornece um marco decisório que integra os Princípios aos Padrões. O processo de tomada de decisões Ethos incorpora teoria moderna do investimento bem como técnicas de gestão que estão sendo empregadas pelos maiores e mais sofisticados investidores no mundo. O processo fornece orientação clara para procedimentos práticos, prontamente identificáveis e facilmente adaptáveis.

O marco decisório Ethos oferece diversas vantagens. A adoção deste marco permite que o proprietário do patrimônio familiar e o Diretor Executivo por ele indicado cumpram com as seguintes metas:

- Avançar pelo processo de gestão patrimonial no ritmo do proprietário do patrimônio, desde uma simples compreensão dos Princípios até os Padrões mais complexos.
- Colocar cada Princípio e Padrão sob um foco separado, para que o proprietário do patrimônio familiar entenda e aprecie as funções e responsabilidades de todas as partes envolvidas com vários componentes do processo de gestão patrimonial.
- Compreender como uma nova estratégia, serviço ou produto se encaixa, ou não se encaixa, no marco decisório em geral.
- Analisar cada elemento crucial da estratégia, dos serviços ou dos produtos em isolado, o que facilita a descoberta de carências e omissões a um processo sólido de gestão do patrimônio.

O marco decisório Ethos começa por um simples processo em cinco etapas (Figura 15.1):

Figura 15.1 Marco decisório Ethos.

No centro deste processo está a necessidade de avaliar o desempenho, os efeitos e os resultados de forma duradoura e visando a fazer os ajustes necessários.

Cada uma das cinco etapas é então refinada em 17 Escalas de Tomada de Decisão. Uma escala embasa um Diretor Executivo quanto ao nível de detalhamento que deve ser incorporado no seu próprio processo decisório (Quadro 15.1 e Figura 15.2).

Quadro 15.1   Escalas de Tomada de Decisão

1ª Etapa: Analisar

1.1: Declarar metas

1.2: Definir funções e responsabilidades dos tomadores de decisão

1.3: Informar os tomadores de decisão quanto a objetivos, padrões, políticas e regulamentações

2ª Etapa: Montar estratégia (RATE)

2.1: Identificar fontes e níveis de Risco

2.2: Identificar Ativos

2.3: Identificar horizontes de Tempo

2.4: Identificar resultados Esperados (expectativa e desempenho)

3ª Etapa: Formalizar

3.1: Definir a estratégia que é consistente com RATE

3.2: Garantir que a estratégia seja consistente com restrições de implementação e monitoramento

3.3: Formalizar a estratégia em detalhes e comunicá-los

4ª Etapa: Implementar

4.1: Definir o processo de seleção de funcionários-chave para implementar a estratégia

4.2: Definir o processo de seleção de ferramentas, metodologias e orçamentos para implementar a estratégia

4.3: Assegurar que acordos e contratos de serviço não contenham cláusulas conflitantes com os objetivos

5ª Etapa: Monitorar

5.1: Preparar relatórios periódicos que comparem o desempenho aos objetivos. (Executado *versus* planejado)

5.2: Preparar relatórios periódicos que analisem custos ou o retorno sobre os investimentos, com desempenho e objetivos

5.3: Conduzir exames periódicos envolvendo conflitos de interesse, ações em benefício próprio e violações do código de conduta

5.4: Preparar revisões qualitativas periódicas ou revisões de desempenho dos tomadores de decisão

1ª Etapa: ANALISAR	INTELIGENTE
Escalas de tomada de decisão	Comportamentos de liderança
1.1: Declarar metas e objetivos ("objetivos").	*Deliberativo*
1.2: Definir funções e responsabilidades dos tomadores de decisão.	*Competente*
1.3: Informar os tomadores de decisão quanto a objetivos, padrões, políticas e regulamentações.	*Processual*

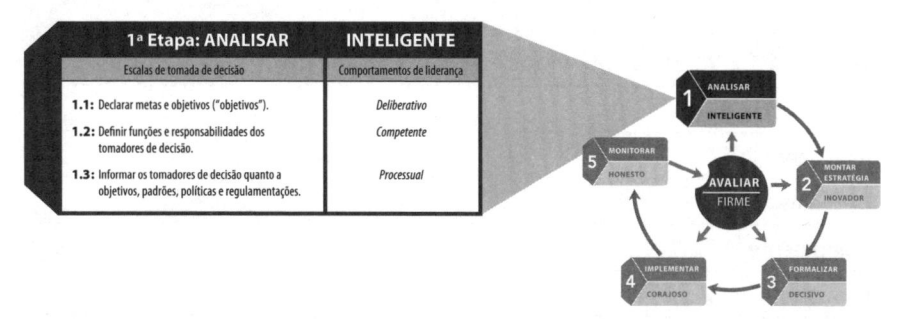

Figura 15.2 Detalhes e marco da 1ª Etapa.

Cada uma das etapas e escalas tem um comportamento de liderança correspondente – um comportamento considerado essencial para a execução apropriada da etapa ou escala. Esses são os comportamentos de liderança que consideramos essenciais para que um Diretor Executivo seja efetivo (Quadro 15.2 e Figura 15.3).

Quadro 15.2 Comportamentos essenciais de liderança

1ª Etapa: Analisar

Inteligente

Deliberativo

Competente

Processual

2ª Etapa: Montar estratégia

Inovador

Prudente

Analítico

Paciente

Resoluto

3ª Etapa: Formalizar

Decisivo

Estratégico

Pragmático

Comunicativo

4ª Etapa: Implementar

Corajoso

Exemplar

Disciplinado

Justo

5ª Etapa: Monitorar

Honesto

Diligente

Responsável

Genuíno

Motivacional

Firme

1ª Etapa: ANALISAR	INTELIGENTE
Escalas de tomada de decisão	Comportamentos de liderança
1.1: Declarar metas e objetivos ("objetivos").	*Deliberativo*
1.2: Definir funções e responsabilidades dos tomadores de decisão.	*Competente*
1.3: Informar os tomadores de decisão quanto a objetivos, padrões, políticas e regulamentações.	*Processual*

Figura 15.3 Detalhes da 1ª Etapa.

Quando etapas, dimensões e comportamentos de liderança são entrelaçados, produzimos o marco decisório Ethos (Figura 15.4a-c):

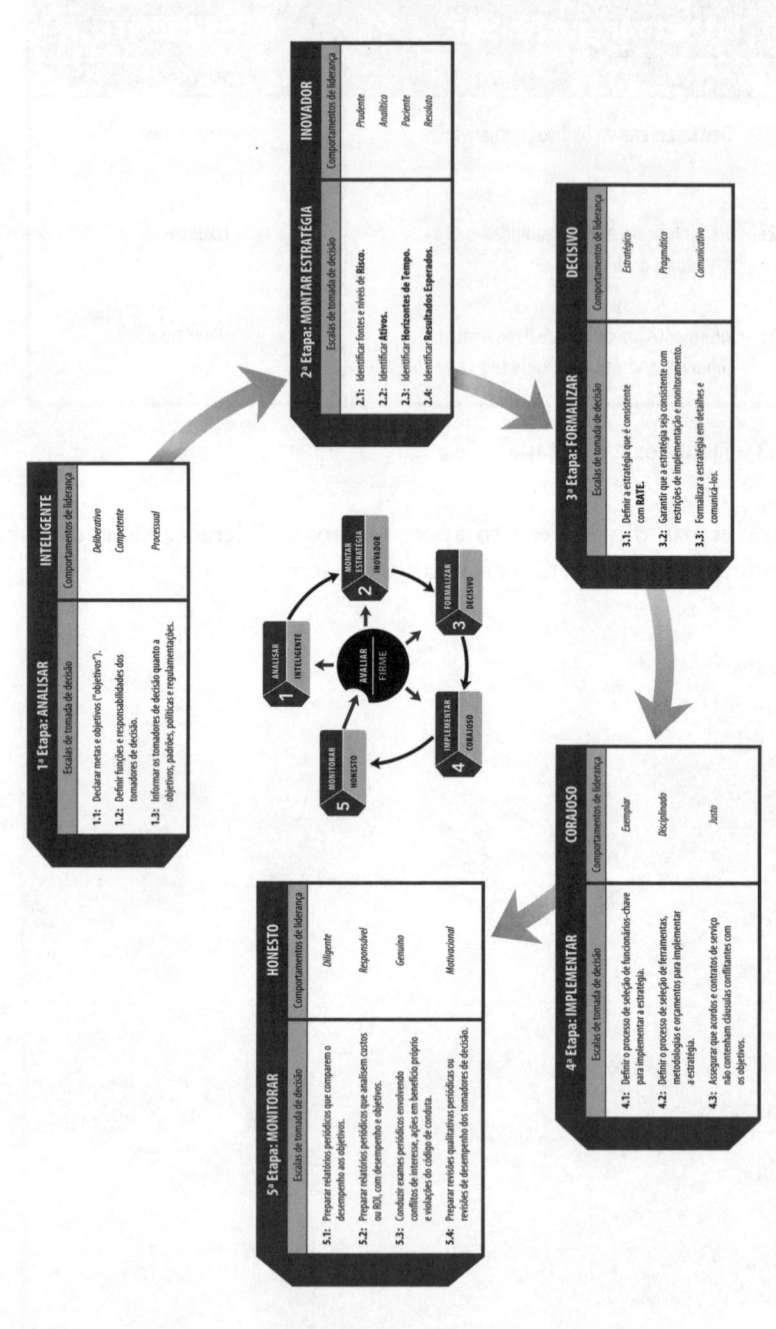

Figura 15.4a Visão geral do marco decisório Ethos.

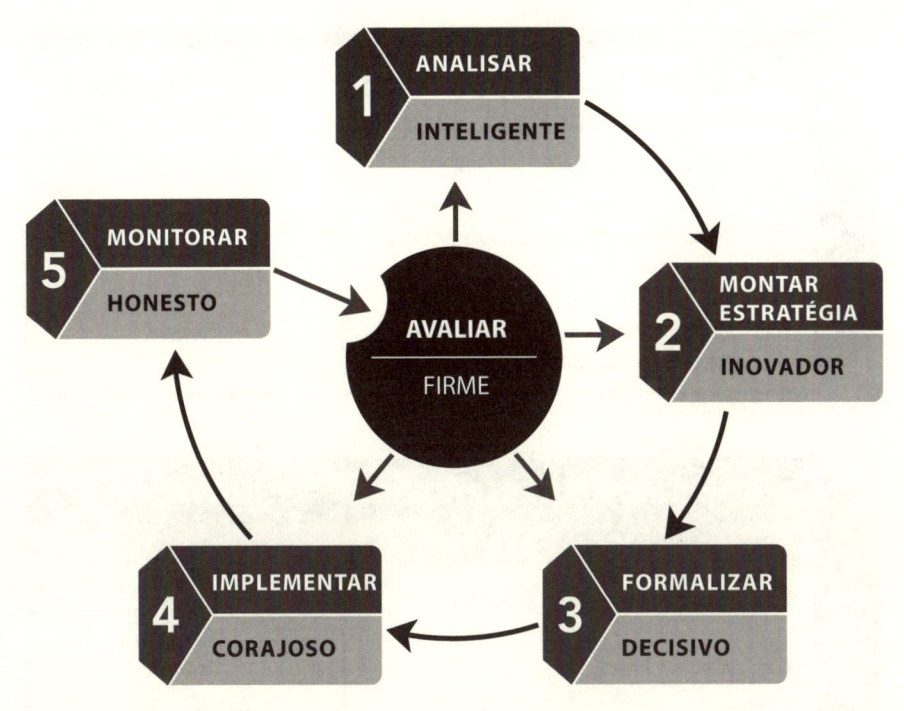

Figura 15.4b O processo de tomada de decisão em cinco etapas, central para o Ethos.

BENEFÍCIOS DE UM ETHOS DEFINIDO

Inúmeros benefícios estão associados a ter um Ethos definido:

- Obter uma estrutura para um processo simples de tomada de decisão, que é um fator-chave para o sucesso ao se operar em um ambiente complexo e dinâmico.
- Obter uma estrutura para unir Princípios, Padrões, práticas prudentes e procedimentos, que podem ser avaliados de forma independente e levar a um melhor desempenho.
- Orientar decisões consistentes em todos os níveis, o que facilita a delegação de tarefas a funcionários, gestores financeiros e prestadores de serviços.
- Realizar uma análise de *benchmark* do *status* atual, priorizar tarefas e mensurar o progresso do Diretor Executivo.
- Revelar riscos de processo e comportamento enfrentados por tomadores de decisão.

1ª Etapa: ANALISAR — INTELIGENTE

Escalas de tomada de decisão	Comportamentos de liderança
1.1: Declarar metas e objetivos ("objetivos").	*Deliberativo*
1.2: Definir funções e responsabilidades dos tomadores de decisão.	*Competente*
1.3: Informar os tomadores de decisão quanto a objetivos, padrões, políticas e regulamentações.	*Processual*

2ª Etapa: MONTAR ESTRATÉGIA — INOVADOR

Escalas de tomada de decisão	Comportamentos de liderança
2.1: Identificar fontes e níveis de **Risco**.	*Prudente*
2.2: Identificar **Ativos**.	*Analítico*
2.3: Identificar **Horizontes de Tempo**.	*Paciente*
2.4: Identificar **Resultados Esperados**.	*Resoluto*

3ª Etapa: FORMALIZAR — DECISIVO

Escalas de tomada de decisão	Comportamentos de liderança
3.1: Definir a estratégia que é consistente com **RATE**.	*Estratégico*
3.2: Garantir que a estratégia seja consistente com restrições de implementação e monitoramento.	*Pragmático*
3.3: Formalizar a estratégia em detalhes e comunicá-los.	*Comunicativo*

Figura 15.4c Escalas.

4ª Etapa: IMPLEMENTAR — CORAJOSO

Escalas de tomada de decisão	Comportamentos de liderança
4.1: Definir o processo de seleção de funcionários-chave para implementar a estratégia.	*Exemplar*
4.2: Definir o processo de seleção de ferramentas, metodologias e orçamentos para implementar a estratégia.	*Disciplinado*
4.3: Assegurar que acordos e contratos de serviço não contenham cláusulas conflitantes com os objetivos.	*Justo*

5ª Etapa: MONITORAR — HONESTO

Escalas de tomada de decisão	Comportamentos de liderança
5.1: Preparar relatórios periódicos que comparem o desempenho aos objetivos.	*Diligente*
5.2: Preparar relatórios periódicos que analisem custos ou ROI, com desempenho e objetivos.	*Responsável*
5.3: Conduzir exames periódicos envolvendo conflitos de interesse, ações em benefício próprio e violações do código de conduta.	*Genuíno*
5.4: Preparar revisões qualitativas periódicas ou revisões de desempenho dos tomadores de decisão.	*Motivacional*

Somando-se ao marco decisório Ethos estão os Padrões, que dão vida ao tema da gestão do capital financeiro; é o Ethos que ajuda a formar os elos entre os Padrões e os princípios. Juntos, os elementos do marco decisório Ethos definem um padrão de excelência para a gestão do patrimônio (Figura 15.5).

Escala 1.1: Declarar metas e objetivos

1 ANALISAR INTELIGENTE

Comportamento de Liderança: Deliberativo

Padrão

O Diretor Executivo prepara, monitora e mantém uma declaração por escrito que define as metas e os objetivos do proprietário do patrimônio em termos de:

a. valores fundamentais: para que serve o patrimônio familiar e o que seu proprietário espera conquistar com ele;
b. a relação entre o patrimônio e considerações sociais ou pessoais;
c. atividades baseadas em missão ou filantrópicas.

ESCALA

COMPORTAMENTO

ETAPA

PADRÃO

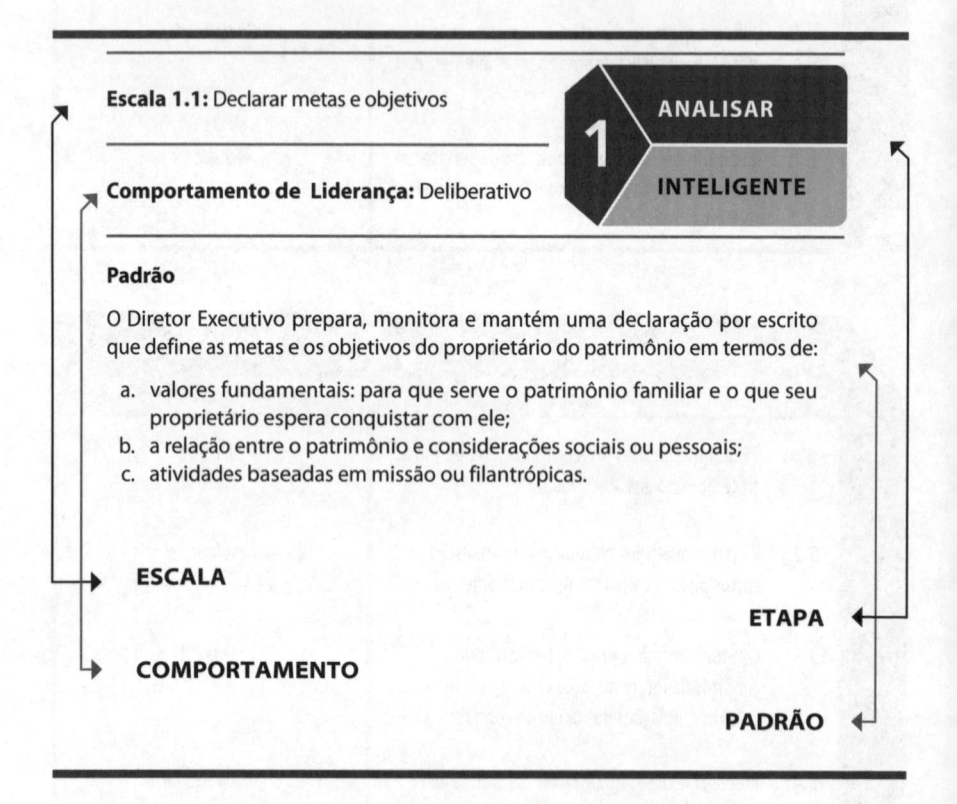

Figura 15.5 Divisão estrutural do Ethos.

16

1ª Etapa: Analisar

Sabedoria e processo são as bases de uma sólida gestão patrimonial. As estratégias implementadas devem promover a harmonização de todos os elementos da operação gerencial – desde investimentos, filantropia, governança até a educação e muito além.

A sabedoria começa pela compreensão de para que serve o patrimônio familiar; até que tal entendimento seja desenvolvido, não pode haver uma estratégia capaz de funcionar. O propósito do patrimônio familiar precisa ser articulado de indivíduo para indivíduo e pode mudar de tempos em tempos. Decidir para que serve o patrimônio familiar no momento atual é uma responsabilidade do proprietário e não pode ser delegada. Ele pode até procurar um consultor de confiança para ajudá-lo, mas ao fim e ao cabo é ele quem deve arcar com o fardo de estabelecer a visão.

Construir estratégias e obedecer a processos, executar a visão de para que serve tal patrimônio, requer um conhecimento especializado que muitos proprietários e fundadores não possuem, bem como tempo e atenção consideráveis que muitos deles não desejam dedicar. A gestão de uma fortuna familiar significativa, como qualquer outro empreendimento gerido de forma profissional, exige a adoção de padrões que governem as operações, mensurem o desempenho, assegurem o processo apropriado e definitivamente evitem desastres como Madoff, Stanford e outros.

– **Capítulo 12**

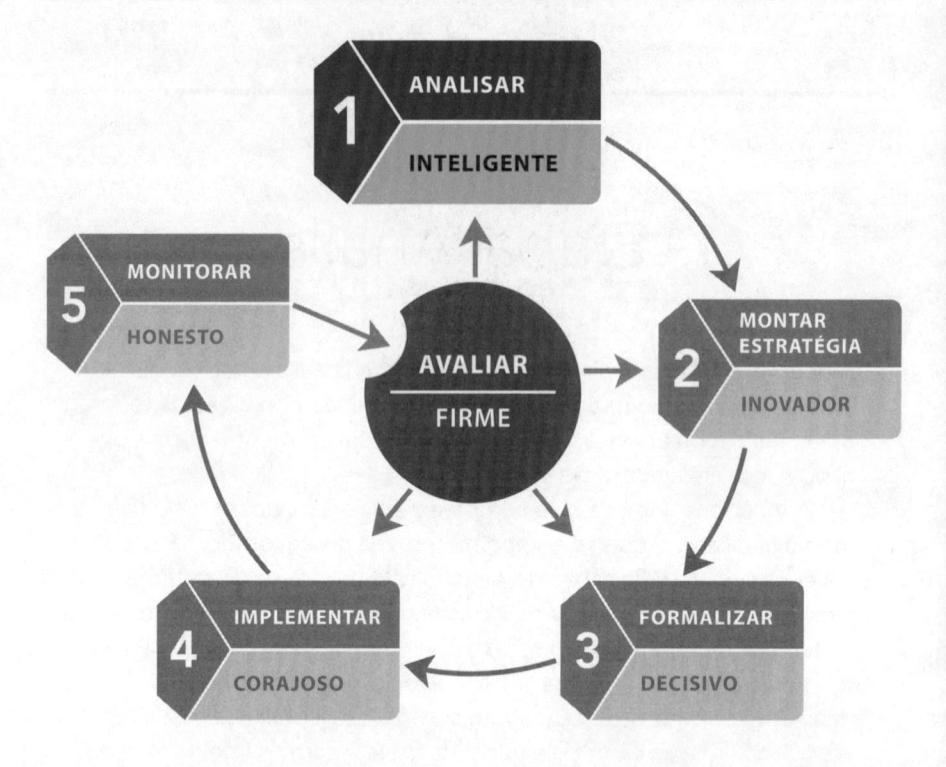

1 ANALISAR / INTELIGENTE
2 MONTAR ESTRATÉGIA / INOVADOR
3 FORMALIZAR / DECISIVO
4 IMPLEMENTAR / CORAJOSO
5 MONITORAR / HONESTO

AVALIAR / FIRME

Em se tratando da gestão de uma fortuna considerável, a pergunta inicial sempre é: para que serve o patrimônio familiar?

A resposta exige uma compreensão rigorosa da situação atual do proprietário do patrimônio, incluindo um entendimento completo de seus ativos e de suas posições financeiras correspondentes; técnicas e estruturas de planejamento de espólios; atuais prestadores de serviços e consultores profissionais; e interesses e objetivos envolvendo filantropia e legado. Essa compreensão é obtida a partir de uma análise aprofundada dos fatos e das circunstâncias relativos a metas e objetivos do proprietário do patrimônio.

1ª Etapa: ANALISAR	INTELIGENTE
Escalas de tomada de decisão	Comportamentos de liderança
1.1: Declarar metas e objetivos ("objetivos").	*Deliberativo*
1.2: Definir funções e responsabilidades dos tomadores de decisão.	*Competente*
1.3: Informar os tomadores de decisão quanto a objetivos, padrões, políticas e regulamentações.	*Processual*

COMPORTAMENTO ESSENCIAL DE LIDERANÇA: INTELIGENTE

Definido como: ótimo em julgar; prático; tem a capacidade de entender rapidamente novas informações.

Um Diretor Executivo que possui fortes habilidades "inteligentes" tem uma tendência a:

- absorver, reter e relembrar novas informações rapidamente;
- lidar confortavelmente com relações e conceitos abstratos;
- buscar informações acadêmicas, teóricas e embasadas em pesquisas.

Um Diretor Executivo que possui fracas habilidades "inteligentes" tem uma tendência a:

- precisar de repetição para processar novas informações;
- preferir tarefas concretas;
- aprender melhor por meio de instrução frente a frente.

Há três escalas nesta etapa (escalas definem os detalhes de uma etapa). Repare também nos comportamentos de liderança que acreditamos ser essenciais para que o Diretor Executivo seja efetivo.

Os atributos de liderança "fortes" e "fracos" que aparecem ao longo da Parte 2 foram desenvolvidos pelo The HR Chally Group.

Escala 1.1: Declarar metas e objetivos

Comportamento de Liderança: Deliberativo

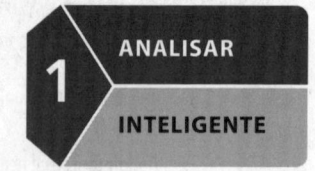

1 ANALISAR INTELIGENTE

Padrão

O Diretor Executivo prepara, monitora e mantém uma declaração por escrito que define as metas e os objetivos do proprietário do patrimônio em termos de:

a. valores fundamentais: para que serve o patrimônio familiar e o que seu proprietário espera conquistar com ele;
b. a relação entre o patrimônio e considerações sociais ou pessoais;
c. atividades baseadas em missão ou filantrópicas.

> A meta é a resposta à pergunta "para que serve o patrimônio familiar?". Qualquer que seja a resposta a essa pergunta, a jornada em si precisa ser planejada individualmente, indivíduo por indivíduo, e não como parte de algum mandato dinástico ou sob critérios familiares predeterminados. Assim que a meta for claramente entendida, cada elemento do plano pode ser gerido estrategicamente e guiado pela sabedoria e por um processo disciplinado. Cada elemento do plano de ação deve ser projetado, implementado e monitorado para que a meta seja cumprida.
>
> – Capítulo 5

Assim como a administração de qualquer atividade formal, objetivos definitivos precisam ser estabelecidos. Aqui o Diretor Executivo cumpre um papel gerencial fundamental, análogo ao de um CEO (*chief executive officer*), em assegurar que as metas e os objetivos do proprietário do patrimônio familiar sejam:

- claramente articulados e comunicados;

- realistas e consistentes com os atuais documentos de governança, planejamento de espólios, programas filantrópicos, ativos e posições financeiras associadas (penhoras, empréstimos e exigências de liquidez);
- uma reflexão da visão do proprietário do patrimônio familiar frente a considerações financeiras, sociais e pessoais;
- alinhados com os valores fundamentais, os interesses filantrópicos e os interesses de legado do proprietário do patrimônio familiar.

O Diretor Executivo começa coletando, revisando e analisando todos os documentos e outros dados relativos à gestão de seus próprios interesses:

- negócios pertencentes à família;
- entidades jurídicas de toda sorte;
- propriedades imobiliárias e outros bens tangíveis;
- participações em capital privado (*private equity*), sociedades limitadas ou anônimas, investimentos alternativos e *hedge funds*;
- declarações de políticas de investimento já existentes;
- programas filantrópicos;
- testamento, sociedades fiduciárias, divisão de bens e outros documentos (incluindo emendas);
- registros tributários;
- declarações de custódia e de corretagem;
- acordos de serviço com prestadores de serviço (agentes de custódia, gestores financeiros, consultores de investimento, contadores ou advogados);
- informações sobre gestores financeiros;
- históricos médicos relevantes;
- qualquer outro arquivo relativo à gestão dos bens do proprietário do patrimônio.

O resultado dessa análise inicial por parte do Diretor Executivo deve ser o estabelecimento de metas e objetivos de longo prazo do proprietário do patrimônio. As expectativas táticas ou de curto prazo do proprietário de riqueza serão identificadas na 2ª Etapa, Escala 2.4.

As metas e os objetivos de longo prazo do proprietário do patrimônio familiar:

- precisam estar alinhadas aos seus próprios recursos, capacidade e situação financeira, bem como seu fluxo de caixa;
- devem ficar dentro dos limites e restrições de quaisquer documentos aplicáveis de governança, estruturas regulatórias controladoras e jurisdições fiscais (Escala 1.3);
- devem ser periodicamente avaliados à luz de resultados e condições atuais e tendências futuras (5ª Etapa).

**COMPORTAMENTO ESSENCIAL DE
LIDERANÇA: DELIBERATIVO**

Definido como: persuasivo; capacidade de gerar consenso, identificar metas e objetivos estratégicos do proprietário do patrimônio e escutar opiniões diversas e divergentes a fim de amalgamar metas e objetivos comuns.

Um Diretor Executivo que possui fortes habilidades "deliberativas" tem uma tendência a:

- manter um foco em definir as metas e objetivos do proprietário do patrimônio, resistindo à tentação de interceder com suas opiniões pessoais;
- promover cooperação e colaboração;
- pescar ideias e contribuições de todos os participantes;
- ter um estilo participativo.

Um Diretor Executivo que possui fracas habilidades "deliberativas" tem uma tendência a:

- buscar um meio eficiente de promover um plano de ação predeterminado;
- encarar acordos de meio-termo como fraqueza;
- preferir tomar decisões independentes;
- não sentir a responsabilidade de inspirar o trabalho em equipe nem de engajar todo o pessoal.

Capítulo 16   1ª Etapa: Analisar • 147

Escala 1.2: Definir funções e responsabilidades dos tomadores de decisão

ANALISAR
1
INTELIGENTE

Comportamento de Liderança: Competente

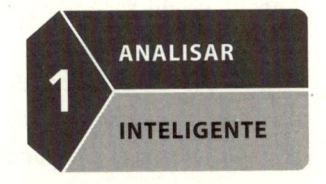

Padrão

O Diretor Executivo:
a. define por escrito as funções e responsabilidades de cada tomador de decisões e prestador de serviços;
b. confirma que cada tomador de decisões e prestador de serviços demonstra uma consciência de suas próprias funções e responsabilidades.

> Um *family office* bem administrado pode ser um templo para o patrimônio familiar, onde os altos sacerdotes reúnem sabedoria e obedecem a processos para permitir que todo mundo receba as bênçãos do patrimônio. Um *family office* mal administrado pode até mesmo impedir que o patrimônio familiar cumpra seu propósito e pode se tornar um calabouço sombrio escravizando a família e todos os seus membros em disfunção e sem sabedoria. A decisão de dispor ou não de um *family office* e de como projetá-lo requer uma consideração estratégica cuidadosa.
>
> – **Capítulo 9**

Profissionais bem-sucedidos na gestão do patrimônio familiar têm muitas abordagens diferentes, mas praticamente todos eles desenvolvem estratégias claras e não ambíguas e as aplicam com consistência. Essa disciplina é a chave definidora de quase todos os gestores de patrimônio de excelência.

O Diretor Executivo cumpre o papel mais crucial no processo Ethos de tomada de decisão; ele é o verdadeiro *gestor* do processo. Qual papel outros profissionais acabarão cumprindo, e será que estão cientes de suas responsabilidades?

Para assegurar o alinhamento de todas as partes envolvidas no processo de tomada de decisão, as funções e responsabilidades de cada parte devem ser comunicadas por escrito, seja mediante um acordo de serviço ou na Declaração de Políticas do Patrimônio Privado (3ª Etapa, Escala 3.3). Tal alinhamento permite que o Diretor Executivo delegue tarefas com confiança e que as partes delegadas atuem sem hesitação.

COMPORTAMENTO ESSENCIAL DE LIDERANÇA: COMPETENTE

Definido como: seguro de si; possuidor das habilidades necessárias para um propósito definido; capaz de liderar um grupo de funcionários.

Um Diretor Executivo que possui fortes habilidades "competentes" tem uma tendência a:

- manter-se a par dos desenvolvimentos técnicos e revisar publicações profissionais a fim de se manter atualizado quanto às melhores práticas do setor;
- aplicar recursos eficientemente para ajudar no cumprimento das metas e dos objetivos do proprietário do patrimônio;
- incorporar conhecimento técnico profissional em projetos e novas iniciativas.

Um Diretor Executivo que possui fracas habilidades "competentes" tem uma tendência a:

- depender dos outros para se manter atualizado sobre desenvolvimentos técnicos;
- aplicar um conjunto já existente de princípios e aplicações técnicos sem tomar medidas para expandi-lo ou atualizá-lo;
- passar um período insuficiente monitorando fontes básicas de informações sobre negócios.

Escala 1.3: Informar os tomadores de decisão quanto a objetivos, padrões, políticas e regulamentações.

Comportamento de Liderança: Processual

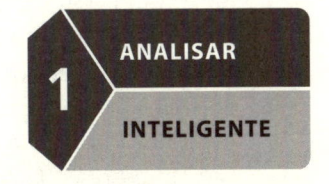

ANALISAR 1 — INTELIGENTE

Padrão

O Diretor Executivo:

a. define por escrito as melhores práticas fiduciárias a serem obedecidas por todos os prestadores de serviços fiduciários;
b. confirma que o proprietário do patrimônio está em dia com suas obrigações tributárias (obedecendo aos padrões apropriados);
c. assegura que planos de sucessão estão preparados para o proprietário do patrimônio;
d. certifica-se de que haja uma provisão razoável reservada à sucessão para aqueles que estão prestando serviços ou conselhos ao proprietário do patrimônio familiar e à sua família;
e. assegura, junto a aconselhamento legal, a adequação de testamentos, escrituras, instrumentos fiduciários, indicações de sucessores e instrumentos similares envolvendo todo o processo sucessório;
f. estabelece ou confirma a existência de um processo vigente para revisar periodicamente o plano de sucessão para o proprietário do patrimônio e os planos de sucessão que estão preparados para outrem.

Na verdade, o *family office* ideal apresenta muitas das características a seguir:

- É administrado de modo profissional, possivelmente aproveitando as eficiências disponíveis quando diversas famílias diferentes compartilham sua gestão profissional e sua propriedade.
- É perene às diversas gerações.
- Tem um plano claro para sucessão de gestão, isentando a família o máximo possível dos desafios de substituir funcionários que venham a sair.
- Permite que a família estabeleça políticas e detalhes ao articular o que deseja de seu patrimônio, sem exigir que a família gerencie tais políticas, detalhes ou implementações.
- Reconhece que o indivíduo é primordial e que as necessidades de cada indivíduo devem ser satisfeitas de modo customizado.

- É capaz de se isentar de julgamentos relacionados às necessidades de um indivíduo e de satisfazê-las durante muitas gerações, em diversas jurisdições e junto a várias culturas.
- Cumpre com a devida diligência com "força institucional", mas sempre compreendendo e atendendo a necessidades de investimento de cada indivíduo. Força institucional com acolhimento familiar.
- Não apresenta conflito de interesse algum, e seus funcionários são incentivados a cumprirem metas ao ajudarem o patrimônio familiar a cumprir seus propósitos, sendo imparcial em suas recomendações.

– Capítulo 9

Há diversas facetas nessa escala: o Diretor Executivo tem a responsabilidade não apenas de assegurar que todos os tomadores de decisões estejam cientes a respeito de políticas, padrões e regulamentações que podem afetar a estratégia de gestão do patrimônio familiar, como também de assegurar que o proprietário do patrimônio esteja cumprindo com funções e responsabilidades apropriadas ao atuar como um agente fiduciário pessoal, como um fiduciário em um comitê de investimento ou como membro do conselho de uma instituição com ou sem fins lucrativos. Lembrando que todo conselheiro deve sempre tomar as melhores decisões para a instituição ou, no caso de famílias proprietárias do patrimônio, para tal patrimônio.

Está fora do escopo deste livro esmiuçar as regulamentações ou a legislação de sociedades fiduciárias que possam afetar a estratégia de gestão de patrimônio. No entanto, o processo de tomada de decisões Ethos é intencionalmente projetado para definir um processo diligente e prudente, o que é muitas vezes o padrão básico de atenção com agentes fiduciários, fiduciários e membros do conselho do patrimônio. O Ethos é voltado para ser um padrão global de cuidado que pode ser usado para definir quaisquer dos itens a seguir:

- padrão para agente fiduciário
- padrão fiduciário em geral
- padrão de supervisor (quando um agente fiduciário não está legalmente comprometido)
- padrão de governança (para um conselheiro)
- padrão de gestão de projeto (para funcionários executivos)

Possuir uma estrutura decisória efetiva capaz de atender a múltiplos propósitos reduz o potencial de erros. Quando estratégias fracassam, isso geralmente é resultado de omissão em vez de comissão. O importante não é o que responsável pelas decisões fez, e sim o que esqueceu ou deixou de fazer.

**COMPORTAMENTO ESSENCIAL DE
LIDERANÇA: PROCESSUAL**

Definido como: apoia e tem uma compreensão dos padrões, procedimentos, políticas, regras e regulamentações.

Um Diretor Executivo que possui fortes habilidades "processuais" tem uma tendência a:

- permanecer atento a mudanças no setor, na legislação e nas regulamentações;
- aplicar políticas e procedimentos para definir uma estratégia que seja consistente com as metas e os objetivos do proprietário do patrimônio;
- manter proficiência profissional e nos negócios.

Um Diretor Executivo que possui fracas habilidades "processuais" tem uma tendência a:

- concentrar-se em aspectos supérfluos dos negócios;
- depender dos outros para uma compreensão superficial dos negócios;
- ficar focado demais em uma área específica e suas particularidades e não adquirir conhecimentos em disciplinas cruciais ao processo como um todo.

17

2ª Etapa: Montar estratégia

> O conforto não pode vir de um plano ou de um esquema ou de uma decisão. Ele vem de uma visão holística, baseada em causa e efeito, assegurando-se de que cada elemento funcione bem com todos os outros, que a teia inteira do patrimônio seja integrada, estratégica e realizadora de metas. O conforto advém de quando sabemos que cada detalhe foi projetado para funcionar em harmonia com todos os outros em um processo cuidadosamente elaborado, ainda que com seus altos e baixos, para nos levar até o verdadeiro propósito do patrimônio familiar. A sabedoria ajuda-nos a projetar os processos, a manter os olhos fixos na meta e a compreender quando um plano específico não nos dará conforto. Eis, então, a vista da qual precisamos, lá do alto, por sobre a floresta até o rio mais adiante.
>
> – Capítulo 4

Na 1ª Etapa, reunimos e analisamos informações que eram pertinentes às metas e aos objetivos do proprietário do patrimônio. Identificamos todos os profissionais envolvidos na gestão patrimonial e revisamos as funções e as responsabilidades desses tomadores de decisão frente ao cenário dos Princípios desenvolvidos e adotados pelo e para o proprietário do patrimônio.

Nesta próxima etapa, vamos identificar as contribuições que serão usadas para desenvolver a estratégia de gestão patrimonial. Há quatro escalas

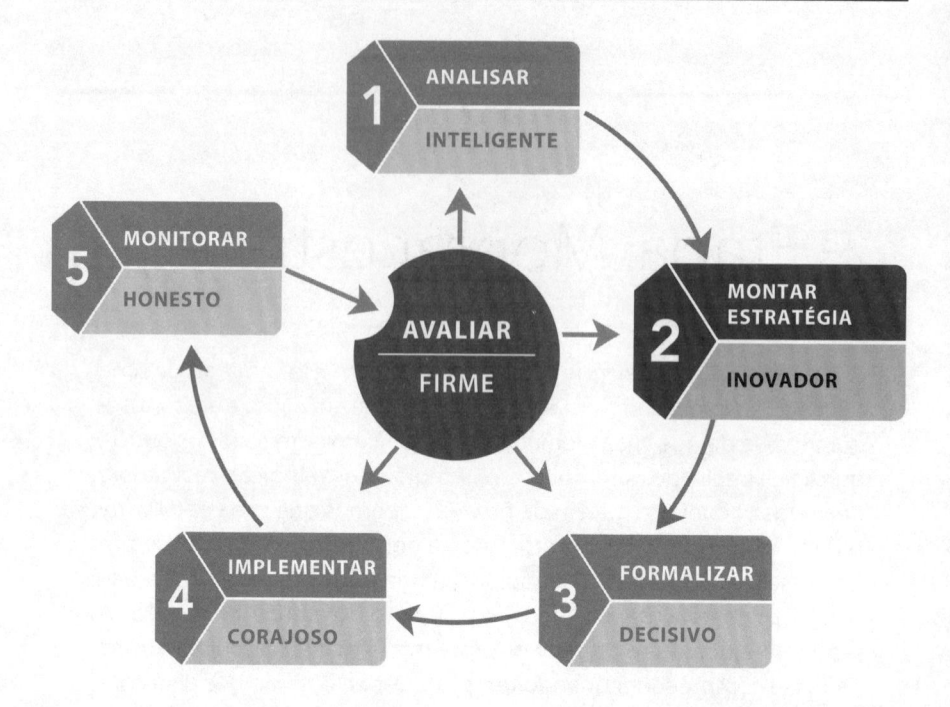

```
        ┌─ 1 ANALISAR / INTELIGENTE ─┐
5 MONITORAR/HONESTO → AVALIAR/FIRME → 2 MONTAR ESTRATÉGIA / INOVADOR
        ↑                              ↓
   4 IMPLEMENTAR/CORAJOSO ← 3 FORMALIZAR/DECISIVO
```

nesta etapa, e para facilitar a lembrança das escalas, desenvolvemos a sigla RATE:

- **R Riscos**; fontes e níveis
- **A Ativos**, preferências de classes de ativos, atividades e atributos do capital
- **T Tempo,** horizontes de tempo associados às metas e aos objetivos do proprietário de patrimônio
- **E Expectativa**, Resultados Esperados; objetivos quantificáveis no curto prazo

2ª Etapa: MONTAR ESTRATÉGIA	INOVADOR
Escalas de tomada de decisão	Comportamentos de liderança
2.1: Identificar fontes e níveis de **Risco**.	*Prudente*
2.2: Identificar **Ativos**.	*Analítico*
2.3: Identificar **Horizontes de Tempo**.	*Paciente*
2.4: Identificar **Resultados Esperados**.	*Resoluto*

COMPORTAMENTO ESSENCIAL DE LIDERANÇA: INOVADOR

Definido como: visões futuristas; criativo; otimista; oportunista; "solucionador" de problemas.

Um Diretor Executivo que possui fortes habilidades "inovadoras" tem uma tendência a:

- estar disposto a pensar fora da caixa para encontrar uma solução;
- exibir sensibilidade e interesse genuíno em entender os pontos de vista dos outros;
- permanecer focado até que o problema tenha sido resolvido.

Um Diretor Executivo que possui fracas habilidades "inovadoras" tem uma tendência a:

- ser tendencioso e partir de pressupostos preconceituosos ou inapropriados sem analisar a situação de forma imparcial e objetiva;
- pressionar para uma resolução sem identificar a causa do problema;
- simplificar exageradamente um problema e sua solução.

Escala 2.1: Identificar fontes e níveis de risco   **2 — MONTAR ESTRATÉGIA / INOVADOR**

Comportamento de Liderança: Prudente

Padrão

O Diretor Executivo prepara, monitora e mantém uma declaração por escrito que define as fontes de risco do proprietário do patrimônio e sua tolerância a cada um deles, em termos de:

a. riscos financeiros
b. riscos tributários e de espólio
c. riscos de governança familiar
d. riscos de casualidade
e. riscos operacionais
f. riscos sociais (capital social e reputacional), de relacionamento e de legitimidade

> Praticamente todos os criadores de riqueza enfrentaram volatilidade substancial durante a criação de sua fortuna.
>
> – Capítulo 7

A análise de risco é muitas vezes uma preocupação importante entre os proprietários de patrimônio. O risco nunca pode ser completamente evitado, mas pode ser gerido mediante a implementação apropriada de um processo sensato de tomada de decisão.

O termo *risco* tem diferente conotações, dependendo do marco referencial, das circunstâncias e dos objetivos do proprietário do patrimônio. Tipicamente, o setor de investimentos define risco em termos de parâmetros estatísticos como desvio-padrão. Contudo, esses parâmetros estatísticos podem não comunicar adequadamente as potenciais consequências negativas que um investimento, governança, planejamento de sucessão ou outra estratégia podem ter sobre a capacidade do proprietário do patrimônio de cumprir com metas e objetivos declarados.

Os riscos não são apenas financeiros. Incluem qualquer impedimento às realizações desejadas e aos propósitos perseguidos, qualquer ameaça à felicidade e à liberdade. Problemas de saúde podem destruir os planos mais bem preparados. Para o criador do patrimônio ou demais membros familiares, tempo excessivo longe da família pode criar lacunas na plenitude de sua vida. Modelos embasados somente na geração de riqueza podem turvar a compreensão de uma criança sobre o verdadeiro propósito do patrimônio familiar. Relacionamentos podem colocar em risco um dos principais capitais do patrimônio familiar: o capital humano.

Sendo assim, risco é definido como a probabilidade ou propensão de que uma estratégia em particular não alcance as metas e os objetivos estipulados pelo proprietário do patrimônio (Escala 1.1). É por isso que o comportamento essencial de liderança para essa escala é "prudente". A aplicação de tal definição significa que dinheiro vivo pode ser mais arriscado do que participações acionárias caso a estratégia de investimento não tenha sido estruturada para contrabalançar os efeitos da estratégia de investimento ou se uma estratégia de negócios for abandonada no pior momento possível e pelo motivo errado devido a uma volatilidade indesejada.

O Diretor Executivo deve desenvolver um "*checklist* de riscos" e avaliar periodicamente quais fatores de risco podem ser relevantes para a situação do proprietário do patrimônio familiar.

Riscos à individualidade e à liberdade incluem os seguintes:

- **Risco de liquidez** – A incapacidade de angariar dinheiro quando é preciso quitar obrigações por vencer.
- **Risco de alocação de ativos** – Quando o leque de ativos associado à estratégia de investimento apresenta baixa probabilidade de cumprir com as metas e os objetivos do proprietário de riqueza.
- **Risco de sala do conselho** – Quando o proprietário do patrimônio está encarando um "conselho familiar" cada vez mais hostil, ou seja, hostilidade dentro da família.
- **Risco de poder aquisitivo** – A adoção de uma estratégia de investimento incapaz de acompanhar o ritmo da inflação e manter o poder de compra dos ativos tangíveis do patrimônio.
- **Risco de perda de oportunidade** – Quando a estratégia correta é desenvolvida, mas não é implementada. "Sim: sei que devo ter uma maior alocação em ações, mas agora não é uma boa hora para comprar".

A matriz de riscos a seguir (Quadro 17.1) também foi desenvolvida para ajudar a identificar riscos potenciais, tanto internos quanto externos, que possam afetar a estratégia do proprietário de riqueza.

Quadro 17.1 Matriz de riscos

	Riscos que emanam de dentro dos domínios do proprietário de patrimônio	Riscos que emanam de fora dos domínios do proprietário de patrimônio
Riscos financeiros	Falta de liquidez; processo de investimentos deficiente	Uma mudança nas taxas de juros; riscos cambiais; escassez de crédito; alteração nas leis tributárias
Riscos de casualidade	Uma "maçã podre" dentro da família; um prestador de serviço desonesto	Desastres naturais; ataques terroristas; sequestros
Riscos operacionais	Perda de um Diretor Executivo ou de outro tomador de decisão fundamental; apropriação indébita por parte de um importante funcionário; ausência de planos de sucessão	Determinação de que estruturas fiduciárias ou tributárias são inapropriadas; descumprimentos contratuais; uma alteração nas regulamentações financeiras; furto
Riscos de governança	Divórcio; perda de controle sobre o conselho de família ou do conselho de administração de um negócio pertencente à família	Instabilidade política ou econômico-geográfica; um prestador de serviços desonesto
Riscos sociais, de relacionamento e de legitimidade	Membros da família ou prestadores de serviço agindo segundo seus interesses próprios ou exibindo comportamentos inconsistentes com a ética do proprietário do patrimônio	"Todo mundo está fazendo isso"; uma mudança naquilo que é considerado cultural ou politicamente aceitável; riscos de reputação

COMPORTAMENTO ESSENCIAL DE LIDERANÇA: PRUDENTE

Definido como: sábio ou criterioso para tomar decisões; circunspecto ao planejar e agir; abordagem laboral controlada.

Um Diretor Executivo que possui fortes habilidades "prudentes" tem uma tendência a:

- reunir evidências consideráveis antes de adotar novos métodos ou procedimentos;
- minimizar riscos sopesando as consequências previstas;
- resistir à pressa se a qualidade for posta a perder.

Um Diretor Executivo que possui fracas habilidades "prudentes" tem uma tendência a:

- acolher ideias experimentais sem dar atenção suficiente a possíveis falhas ou obstáculos;
- agir com espontaneidade e impulsividade;
- partir para a ação antes de compreender por completo a situação.

Escala 2.2: Identificar ativos

Comportamento de Liderança: Analítico

2 MONTAR ESTRATÉGIA — INOVADOR

Padrão

O Diretor Executivo prepara, monitora e mantém uma declaração por escrito que define os ativos do proprietário do patrimônio em termos de:

a. ativos líquidos
b. ativos sem liquidez
c. ativos empresariais
d. capital humano

> Para se ter liquidez verdadeiramente diversificada, é preciso haver uma perspectiva diversificada em termos de moedas e uma perspectiva diversificada em termos de custódia. Contudo, para definir a diversificação de liquidez também será preciso fazer uma análise estratégica em outras áreas. Aqueles que confiaram em *auction rate securities* como suas carteiras de liquidez em mercados secundários se decepcionaram. Aqueles que confiaram na custódia do Lehman para liquidez fora dos Estados Unidos também se decepcionaram. Títulos de dívidas gregos se revelaram menos líquidos em termos de União Europeia do que as obrigações de um país responsável pela impressão de seu próprio dinheiro tomando por referência a sua respectiva moeda. O ouro só oferece liquidez quando é mantido em locais acessíveis e seguros e quando pode ser convertido em dinheiro e usado.
>
> – Capítulo 7

A função do Diretor Executivo é decidir quais dos ativos do proprietário do patrimônio familiar, idealmente alocados (fronteira eficiente), produzirão a maior probabilidade de alcançar metas e objetivos declarados (Escala 1.1). O processo começa pela realização de um inventário dos ativos da família proprietária da riqueza: líquidos (reservas em dinheiro e outras fontes disponíveis de recursos), sem liquidez (imóveis, por exemplo), empresarial (empresa familiar) e capital humano/intelectual (para os fundadores, muitas vezes considerado como o ativo mais importante). A estratégia de mobilização desses ativos entre vários objetivos concorrentes requer um conhecimento rigoroso:

- dos ativos, de sua disponibilidade e utilidade; e de uma avaliação rigorosa de seu valor real;
- de outras escolhas e opções disponíveis;
- do binômio risco/retorno de utilizar (ou não utilizar) diferentes ativos;
- do rebalanceamento de ativos conforme a situação for evoluindo(o ambiente, o mercado, a governança familiar, etc.), bem como por conjunturas políticas ou econômicas.

No que diz respeito à identificação de classes de ativos para uma carteira tradicional de investimento, o processo começa por uma discussão aprofundada da atratividade relativa das amplas classes de ativos, para assegurar que todos os tomadores de decisão compreendam bem o perfil de risco/retorno de cada uma delas. Assim como ocorre com os riscos, uma análise das classes de ativos pode ter diferentes conotações, dependendo do marco referencial e das preferências do proprietário da fortuna. Pode ser, por exemplo, que um proprietário de patrimônio tenha uma confiança ou sinta um conforto injustificado com uma estratégia de renda fixa simplesmente porque é rotulada como uma carteira baseada em obrigações, sem volatilidade, o que não significa que não tenha riscos – lembre-se da crise econômica mundial de 2008 e das carteiras de renda fixa que foram praticamente aniquiladas devido a investimentos em hipotecas norte-americanas lastreadas por títulos financeiros.

Depois que uma decisão for tomada envolvendo as alocações de ações, renda fixa e ativos de alta liquidez (os principais determinantes do perfil geral de risco/retorno de uma carteira de investimentos líquidos), é preciso ponderar sobre a diversificação extra da carteira em um leque mais amplo e mais global. Uma pergunta-chave que costuma surgir nessa fase é: qual a quantidade apropriada de classes de ativos para a estratégia de investimento? A resposta depende dos fatos e das circunstâncias, incluindo as seguintes variáveis:

- **A especialidade do Diretor Executivo:** o Diretor Executivo deve ater-se ao que conhece melhor e manter-se longe de quaisquer classes de ativos ou estratégias para a qual careça de tempo, inclinação ou conhecimento para conduzir apropriadamente a devida diligência.
- **O nível de devida diligência disponível:** as classes de ativos ou estratégias de investimento mais propensas a criar o maior retorno podem apresentar tamanha complexidade que o proprietário do patrimônio pode se ver incapaz de desempenhar a devida diligência nesses casos. O Diretor Executivo deve avaliar o nível de devida diligência disponível e então limitar a carteira a classes e estratégias condizentes com tal nível.
- **A especialidade do proprietário de riqueza:** o proprietário de patrimônio com algum traquejo em investimentos provavelmente se mostrará mais disposto a aceitar uma abordagem mais sofisticada de investimentos. O proprietário de patrimônio menos sofisticado pode aceitar sugestões iniciais, mas pode dar para trás em períodos de volatilidade do mercado.
- **Sensibilidade a tarifas:** o Diretor Executivo tem a responsabilidade de controlar e responder por todas as despesas associadas à estratégia de gestão de riqueza (Escala 5.2). Mais classes de ativos implicarão despesas maiores. Daí a pergunta: a inclusão de mais classes de ativos justifica as despesas adicionais?

Uma vez que o Diretor Executivo tenha se decidido sobre a quantidade de classes de ativos que deve ser incluída no desenvolvimento da estratégia de investimento (Escala 3.1), a questão passa a ser: quais classes de ativos devem ser escolhidas?

Sob risco de simplificar demais uma resposta bastante complexa e altamente debatível, eis como construiríamos uma tabela de classes de ativos (Quadro 17.2):

Quadro 17.2 Classes de ativos

Quantidade de classes de ativos na estratégia	Classes de ativos	Classes de ativos adicionais
3	Ações domésticas, renda fixa, ativos de alta liquidez*	
4	Ações domésticas, renda fixa, ativos de alta liquidez	Ações internacionais
5	Ações domésticas, ações internacionais, renda fixa, ativos de alta liquidez	Small caps (divisão de ações domésticas em large caps e small caps)
6	Ações de large caps, ações de small caps, ações internacionais, renda fixa, ativos de alta liquidez	Renda fixa ampla e renda fixa intermediária (divisão de renda fixa em renda fixa ampla e renda fixa intermediária)
7	Ações de large caps, ações de small caps, ações internacionais, renda fixa, crédito privado, ativos de alta liquidez	Large caps de valor, large caps de crescimento (divisão entre ações de large caps de valor e large caps de crescimento)
8	Large caps valor, large caps crescimento, small caps, ações internacionais, renda fixa, crédito privado, alta liquidez	Hedge funds (fundos multimercado)
9	Large caps valor, large caps crescimento, small caps, ações internacionais, renda fixa, crédito privado, alta liquidez, hedge funds (fundos multimercado)	Mercados emergentes
10	Large caps de valor, large caps de crescimento, ações de small caps, ações internacionais, renda fixa, crédito privado, ativos de alta liquidez	Mercados emergentes

(continua)

Quadro 17.2 Classes de ativos (*continuação*)

Quantidade de classes de ativos na estratégia	Classes de ativos	Classes de ativos adicionais
11	*Large caps* de valor, *large caps* de crescimento, ações de *small caps*, ações internacionais, mercados emergentes, renda fixa, crédito privado, ativos de alta liquidez	Imóveis e/ou *commodities*
12	*Large caps* de valor, *large caps* de crescimento, ações de *small caps*, ações internacionais, mercados emergentes, renda fixa, crédito privado, ativos de alta liquidez	*Private equity e Venture Capital*

*No Brasil, CDI com liquidez diária.

COMPORTAMENTO ESSENCIAL DE LIDERANÇA: ANALÍTICO

Definido como: sábio ou criterioso para tomar decisões; circunspecto ao planejar e agir; abordagem laboral controlada.

Um Diretor Executivo que possui fortes habilidades "analíticas" tem uma tendência a:

- possuir fortes habilidades de raciocínio dedutivo e capacidade de resolver problemas de maneira lógica e sistemática;
- estimar a precisão de diferentes tipos de informação, incluindo inferências, abstrações ou generalizações; tangibiliza situações;
- circular facilmente entre pessoas ou grupos para identificar oportunidades de contatos futuros em potencial.

Um Diretor Executivo que possui fracas habilidades "analíticas" tem uma tendência a:

- também ser fraco em formar uma rede de contatos, sentindo-se mais à vontade interagindo com pessoas bem conhecidas e familiares;
- deixar que tendenciosidades o impeçam de enxergar todos os lados de uma questão;
- tomar decisões segundo regras claramente definidas;
- confiar nas opiniões de quem tem uma visão de mundo similar à sua na hora de tomar decisões.

Escala 2.3: Identificar horizontes de tempo

Comportamento de Liderança: Paciente

> **2** MONTAR ESTRATÉGIA
> INOVADOR

Padrão
O Diretor Executivo prepara, monitora e mantém uma declaração por escrito que define o horizonte de tempo do proprietário do patrimônio para a gestão da riqueza (p. ex., perpetuidade; multigeracional).

> A família proprietária deve projetar e planejar suas políticas de investimento, processos e disciplinas estrategicamente para atender aos objetivos e às metas do patrimônio familiar. Novamente, o desafio é alcançar as perspectivas necessárias para chegar lá, analisando cuidadosamente o caminho a ser percorrido. Cada elemento da teoria de investimento, da política de investimento e da análise deve ser entendido em conjunto, em harmonia, para fazer com que o patrimônio familiar e seu proprietário cumpram com o seu propósito.
>
> – Capítulo 7

Outro papel crucial cumprido pelo Diretor Executivo é ajudar a garantir que a carteira de investimentos tenha liquidez suficiente para satisfazer às obrigações por vencer, evitando descasamentos no fluxo de caixa familiar.

No mínimo, sugerimos que o Diretor Executivo prepare uma declaração de fluxo de caixa que exiba as contribuições e os desembolsos previstos para pelo menos os próximos cinco anos, podendo chegar a 20 anos em famílias multigeracionais. Tal análise de fluxo de caixa é essencial na determinação do *horizonte de tempo* de carteiras de investimento. A identificação do horizonte de tempo para cada um dos objetivos e metas do proprietário de riqueza muitas vezes é a variável-chave na determinação da alocação entre ações e renda fixa – entre ativos líquidos e sem liquidez, como *Private equity* ou *Venture Capital*. Como regra geral, horizontes de tempo inferiores a cinco anos devem ser implementados com ativos de alta liquidez e renda fixa, ao passo que horizontes de tempo superiores a cinco anos devem ser alocados em um amplo leque de classes de ativos. Mesmo que o proprietário do patrimônio tiver uma alta tolerância a risco, o Diretor Executivo não deve indicar um investimento em ações se o dinheiro for necessário ao proprietário de riqueza no próximo ano.

A identificação de horizontes de tempo terá o maior impacto sobre a hierarquia das decisões de investimento geridas pelo Diretor Executivo:

A HIERARQUIA DE DECISÕES

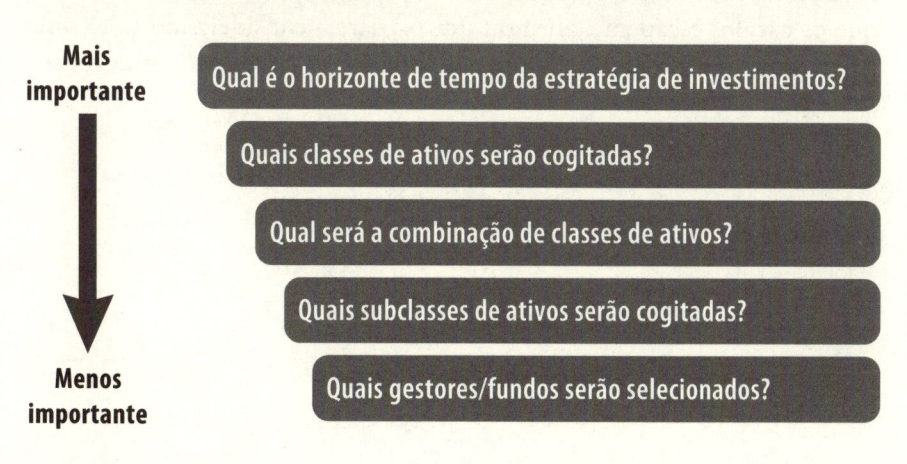

Mais importante

- Qual é o horizonte de tempo da estratégia de investimentos?
- Quais classes de ativos serão cogitadas?
- Qual será a combinação de classes de ativos?
- Quais subclasses de ativos serão cogitadas?
- Quais gestores/fundos serão selecionados?

Menos importante

Há uma hierarquia nas questões que o Diretor Executivo tem de responder, sendo que a mais importante é: qual o horizonte de tempo dos diversos objetivos e metas do proprietário do patrimônio? Com base no horizonte de tempo, o Diretor Executivo pode trabalhar para determinar, pela ordem:

- Quais classes de ativos podem ser apropriadamente cogitadas?
- Qual deve ser a alocação entre as classes de ativos selecionadas (isto é, ações de *large caps versus small caps*)?
- Quais gestores financeiros ou fundos devem ser implementados para cada classe de ativo?

Observe que, quando proprietários de patrimônio familiar pouco sofisticados são deixados à própria sorte, muitas vezes eles invertem a hierarquia das decisões, indo atrás do último gestor "da moda" e, em essência, terceirizando as decisões de alocação de seus ativos a um completo desconhecido. Este foi o equívoco mais comum cometido pelos proprietários de riqueza que investiram com Bernie Madoff.

Os Princípios estabelecidos pertinentes a horizontes de tempo e à praticabilidade da estratégia de investimentos devem ser aplicados a todas as outras estratégias. Ao projetar, por exemplo, programas educacionais ou estruturas de governança, quais são os horizontes de tempo e o que precisa ser cumprido dentro de qual prazo? "Mesmo que Roma não tenha sido construída em um único dia, a porta do estábulo precisa ser fechada antes que os cavalos escapem", afirmou um patriarca, considerando se e como devia projetar uma sociedade fiduciária de longo prazo para proteger sua prole perdulária.

COMPORTAMENTO ESSENCIAL DE LIDERANÇA: PACIENTE

Definido como: capacidade de priorizar; lida com a incerteza (riscos) com firmeza e com calma; otimista.

Um Diretor Executivo que possui fortes habilidades "pacientes" tem uma tendência a:

- priorizar e avaliar situações ou tarefas com a intenção de investir tempo para os objetivos mais cruciais ou fundamentais, independentemente de preferências pessoais;
- concentrar-se em cumprir metas positivas e em manter-se atento aos obstáculos em perspectiva;
- estipular metas e prazos realistas, antecipando barreiras e dificuldades.

Um Diretor Executivo que possui fracas habilidades "pacientes" tem uma tendência a:

- estabelecer prioridades com informações superficiais ou com uma compreensão limitada de metas e objetivos;
- tentar fazer demais em um determinado cronograma e não contar com atrasos;
- vitimizar-se por contratempos e concentrar-se no problema em vez de em desenvolver uma solução;
- reagir exageradamente a estresse e responder de uma maneira improdutiva.

Escala 2.4: Identificar resultados esperados (desempenho)

2 MONTAR ESTRATÉGIA

INOVADOR

Comportamento de Liderança: Resoluto

Padrão

O Diretor Executivo prepara, monitora e mantém objetivos de desempenho em termos de:

a. desempenho em longo e curto prazos;
b. retornos e resultados absolutos;
c. retornos e resultados relativos.

> Quando consideramos a mensuração do desempenho, geralmente pensamos em retorno, ou seja, qual aumento ou diminuição percentual ocorreu ao longo de um período relevante. Quanto maior o crescimento patrimonial maior o retorno. Isso é fácil de medir matematicamente. Contudo, o retorno é apenas parte de qualquer desempenho a ser considerado; há também a sua *adequação*. No caso de fundos de pensão ou fundos privados de aposentadoria (*annuity funds*) e fundos filantrópicos (*endowment*), a adequação leva em consideração os elementos de risco e as exigências de retorno. Para o proprietário do patrimônio familiar, a adequação determina se os investimentos são apropriados ou não em termos de "para que serve tal patrimônio".
>
> – Capítulo 7

Os resultados esperados diferem das metas e objetivos do proprietário do patrimônio identificados na 1ª Etapa, Escala 1.1, já que representam resultados quantificáveis que esperamos alcançar dentro de um horizonte de tempo especificado e mais curto. Um resultado esperado pode envolver, por exemplo, uma estratégia de investimento para produzir uma taxa de retorno total que exceda a taxa de inflação de um certo montante ou para dispor de liquidez suficiente para pagar tributos patrimoniais por vencer.

A identificação de resultados esperados atende a três propósitos:

- São dados necessários para a estratégia de gestão do patrimônio (Escala 3.1).
- São componentes importantes para a Declaração de Políticas do Patrimônio Familiar (Escala 3.3).
- Facilitam o estabelecimento de *benchmarks* para a fase de monitoramento (Escala 5.1).

Não se espera que o Diretor Executivo seja capaz de prever o desempenho futuro de estratégias, seja com relação a diferentes classes de ativos ou a outros aspectos, mas se espera dele que demonstre que a estratégia está baseada em expectativas de desempenho refletidas e realistas.

Expectativas de desempenho precisam ser articuladas para cada estratégia em termos de "o que é razoável". A criação de uma sociedade fiduciária não transforma, do dia para a noite, um agente fiduciário inexperiente em um agente fiduciário sábio, não importa o quanto seja sofisticado o instrumento fiduciário. Em vez disso, o Diretor Executivo deve projetar (ou delegar para que seja projetada) uma série de etapas, afazeres ou desafios, cada qual para criar uma experiência realista sobre a qual o agente fiduciário possa desenvolver sabedoria. Não se pode esperar que uma criança de dez anos de idade gerencie investimentos; tampouco se pode esperar que uma de 15 anos realize a devida diligência em estratégias de *hedge funds*; um artista não necessariamente é propenso a se tornar um empreendedor.

Na preparação das expectativas de desempenho, seja envolvendo investimentos ou negócios, um bom processo de uso geral a ser empregado é o SMART. (A origem ou fonte do SMART é desconhecida; no entanto, Peter Drucker recebe o crédito por ter sido o primeiro a usar a sigla em um artigo publicado.) O Quadro 17.3 delineia quais devem ser as expectativas de desempenho.

Quadro 17.3	**Expectativas de desempenho**	
S	Específico (*Specific*)	Comunica precisamente o que, quando e como
M	Mensurável (*Measurable*)	Declarável em termos de quantidade, qualidade, pontualidade ou custo
A	Alcançável (*Attainable*)	Oferece um objetivo que pode ser agressivamente obtido
R	Voltado a Resultados (*Results-oriented*)	Relevante e adaptado às metas e aos objetivos do proprietário de riqueza
T	Temporalmente Restrito (*Time-bound*)	Marcos de início, fim e intermediários são definidos

COMPORTAMENTO ESSENCIAL DE LIDERANÇA: RESOLUTO

Definido como: determinado; direcionado rumo a um resultado específico; centrado na carteira de investimentos.

Um Diretor Executivo que possui fortes habilidades "resolutas" tem uma tendência a:

- desenvolver um sólido relacionamento com o proprietário do patrimônio, fazendo de suas metas e objetivos uma prioridade;
- desenvolver um conhecimento rigoroso sobre o proprietário do patrimônio;
- reconhecer que as metas e os objetivos do proprietário do patrimônio podem mudar e manter-se disposto a ajustar planos de negócios para encarar as alterações nas exigências.

Um Diretor Executivo que possui fracas habilidades "resolutas" tem uma tendência a:

- tratar o relacionamento com o proprietário do patrimônio de uma maneira funcional, em vez de desenvolver um conhecimento íntimo de suas metas e objetivos;
- concentrar-se mais nos aspectos administrativos do trabalho, em vez de na adaptação das estratégias de negócios para acomodar as necessidades do proprietário do patrimônio;
- desenvolver relacionamentos com outros proprietários de patrimônio que ficam facilmente satisfeitos.

18

3ª Etapa: Formalizar

> Depois que o proprietário do patrimônio ou a família desenvolver os princípios, sua implementação pode ser conquistada mediante padrões e um plano de negócios que permitam que todos esses envolvidos conheçam as regras, definidas de modo claro e único para sustentarem os princípios. Os padrões precisam ser desenvolvidos por profissionais independentes e objetivos que tenham a capacidade e o treinamento para instaurar a gestão de cada princípio. Ferramentas e recursos podem então ser alocados para garantir que prestadores de serviço selecionados possam cumprir suas tarefas de modo eficaz e efetivo. Assim que o plano de negócios tiver sido criado, ele pode ser monitorado, aferido e modificado com o passar do tempo, e os profissionais na condução do patrimônio familiar podem ser avaliados objetivamente pelo proprietário do patrimônio e por outros.
>
> – **Capítulo 13**

Na 1ª Etapa, definimos as metas e os objetivos no longo prazo do proprietário do patrimônio. Identificamos os profissionais que estariam envolvidos no processo do patrimônio familiar e asseguramos que os tomadores de decisões estivessem cientes de suas funções e responsabilidades, bem como de padrões, regulamentações e políticas que acabariam por afetar o processo de investimento.

Na 2ª Etapa, reunimos as informações que seriam cruciais para o desenvolvimento da estratégia de gestão patrimonial:

R **Riscos**; tolerância a riscos
A **Ativos**, preferências de classes de ativos, atividades e atributos do capital
T Horizontes de **Tempo** associados a metas e objetivos do proprietário do patrimônio
E Resultados **Esperados**; objetivos quantificáveis no curto prazo

Na 3ª Etapa, vamos desenvolver a estratégia de gestão patrimonial que:

- representa a maior probabilidade de alcançar os objetivos e as metas do proprietário de riqueza;
- é consistente com o perfil de risco/retorno específico do proprietário do patrimônio;
- é consistente com as restrições de implementação e monitoramento do Diretor Executivo.

3ª Etapa: FORMALIZAR	DECISIVO
Escalas de tomada de decisão	Comportamentos de liderança
3.1: Definir a estratégia que é consistente com **RATE**.	*Estratégico*
3.2: Garantir que a estratégia seja consistente com restrições de implementação e monitoramento.	*Pragmático*
3.3: Formalizar a estratégia em detalhes e comunicá-los.	*Comunicativo*

COMPORTAMENTO ESSENCIAL DE LIDERANÇA: DECISIVO

Definido como: decidido; determinado; assertivo; competitivo.

Um Diretor de Executivo que possui fortes habilidades "decisivas" tem uma tendência a:

- mesclar lógica com fatores humanos, comportamentais, ao negociar desacordos;
- ser capaz de discordar sem intimidação e de forma justificada;
- ser consistente e previsível ao se afirmar, em vez de agir agressiva ou apaixonadamente sem aviso prévio.

Um Diretor Executivo que possui fracas habilidades "decisivas" tem uma tendência a:

- relutar em discordar por medo de ser visto como desagradável;
- evitar debates emocionais;
- permitir que a frustração cresça ao desistir de questões negativas repetitivas.

Uma vez que essas exigências forem satisfeitas, o Diretor Executivo terá os dados para preparar a Declaração de Políticas do Patrimônio Familiar (DPPF) do proprietário do patrimônio.

Escala 3.1: Definir a estratégia que é consistente com RATE

3 FORMALIZAR / DECISIVO

Comportamento de Liderança: Estratégico

Padrão

O Diretor Executivo define por escrito a estratégia de gestão do patrimônio que é consistente com:

a. tolerâncias a risco;
b. preferências de classes de ativos (levando em consideração os outros ativos do proprietário do patrimônio);
c. objetivos baseados em missão ou filantrópicos (caso tenham sido definidos na Escala 1.1);
d. horizontes de tempo;
e. objetivos de desempenho;
f. diretrizes de rebalanceamento de carteira.

> O projeto estratégico de uma carteira, portanto, começa muito antes da alocação de ativos.... Isso significa que, em um dado momento, uma carteira composta 90% por ações pode fazer sentido para uma determinada pessoa, enquanto uma carteira composta 10% por ações pode fazer sentido para outra. Nenhum dos percentuais advém de alguma regra simples e rápida que deva ser aplicada a todos os investidores. Cada um deles reflete uma noção de adequação voltada ao investidor específico.
>
> – Capítulo 7

Uma vez que o Diretor Executivo conheça as metas e os objetivos do proprietário do patrimônio e tiver determinado os dados para o RATE (Escalas 2.1-2.4), o Diretor estará pronto para definir as estratégias que produzem a maior probabilidade de alcançar tais metas e objetivos. É importante frizar: *maior probabilidade*, já que essa é uma questão estatística. Pesquisas e experiência consideráveis mostram que a seleção de recursos (pessoal, prestadores de serviço e gestores financeiros) e classes de ativos, e a subsequente alocação de cada uma das classes, acaba tendo maior impacto sobre o desempenho no longo prazo da estratégia de gestão patrimonial do que qualquer outro fator.

A estratégia de mobilização de ativos entre vários objetivos concorrentes requer um conhecimento rigoroso envolvendo os seguintes tópicos:

- os ativos, sua disponibilidade e utilidade;
- outras escolhas e opções disponíveis;
- a razão entre risco/retorno da utilização (ou não utilização) de diferentes ativos;
- a reutilização ou rebalanceamento de acordo com mudanças conjunturais na situação do mercado ou da carteira.

A esta altura, pode valer a pena comentar a respeito do uso de *software* de otimização (isto é, alocação de ativos) ao se desenvolver uma estratégia de investimentos. Sim, o Diretor Executivo precisa ter acesso a boas ferramentas de alocação de ativos – sobretudo ao determinar a alocação entre ações, renda fixa e ativos de alta liquidez. Porém, devido à grande disparidade entre diferentes pacotes de *software* e serviços fornecidos por consultores de investimento, alertaríamos os Diretores a pesquisarem cuidadosamente o conhecimento especializado do desenvolvedor de *software* ou do consultor de investimento. Não existe mágica: se os dados alimentados não forem os ideais, nenhum *software* gerará bons resultados.

A maioria das estratégias de alocação de ativos é alimentada por três tipos de dados:

- o risco calculado ou esperado (desvio-padrão dos retornos) de cada classe de ativo;
- o retorno calculado ou esperado de cada classe de ativo;
- as correlações calculadas ou esperadas entre o retorno de cada classe de ativo com aquele das outras classes de ativos.

A responsabilidade do Diretor Executivo é assegurar que esses dados calculados ou esperados sejam razoáveis, o que não é tarefa fácil. A experiência sugere que dados históricos sobre diferentes classes de ativos parecem ser bastante úteis no que diz respeito ao desenvolvimento de estimativas de desvio-padrão, "razoavelmente úteis para correlações, e praticamente inúteis para retornos esperados" (William Sharpe, economista vencedor do Prêmio Nobel). Simples extrapolações dos dados históricos não apenas tendem a ser más estimativas do desempenho futuro como também podem levar ao desenvolvimento de expectativas que não podem ser alcançadas.

Ao longo dos anos, vimos pessoas responsáveis por decisões de investimento cometerem um ou mais dos seguintes equívocos ao desenvolverem uma estratégia de alocação de ativos:

- Acreditar que a alocação de ativos é uma ciência e aceitar um nível de precisão ou de confiança que é simplesmente injustificado. Ainda há um componente de arte e incerteza envolvido no desenvolvimento de uma estratégia de ativos apropriada. Uma vez que as alocações cruciais tenham sido feitas entre ações, renda fixa e ativos de alta liquidez, a alocação para classes adicionais de ativos pode ser determinada com bom senso por meio de um processo intuitivo.* Apesar do avanço no desenvolvimento de modelos de carteiras, nem todas as decisões de alocação foram reduzidas a uma solução computadorizada.
- Não informar o proprietário do patrimônio sobre como a alocação de ativos ajuda a cumprir com o propósito do patrimônio familiar. Se o proprietário do patrimônio não entender por completo a estratégia, é provável que tentará dar para trás ao primeiro sinal de volatilidade no mercado.
- Subalocação. Fazer uma alocação inferior a 5% raramente faz sentido por dois motivos: (1) provavelmente não conseguirá alterar de forma material o perfil de risco/retorno da carteira do proprietário de riqueza e (2) sairá caro, tanto em termos de implementação quanto de monitoramento.
- Fazer uma alocação em um ativo que o Diretor Executivo é incapaz de implementar ou monitorar de modo apropriado (analisado em mais profundidade na Escala 3.2). O exemplo clássico é uma alocação em fundos de *hedge, hedge funds*. Devido à falta de transparência e à complexidade dos instrumentos financeiros empregados, o Diretor pode ser incapaz de empregar o mesmo nível da devida diligência que poderia ser aplicado junto a um gestor financeiro tradicional. *Se o Diretor Executivo carecer de tempo, inclinação ou conhecimento para conduzir apropriadamente a devida diligência – seja junto a uma classe de ativo ou a um gestor de investimento –, ele deve manter-se longe da estratégia ou do gestor.*

---

* O mesmo vale para classes de ativos novas, cujo histórico ainda não é suficientemente grande para serem tratadas com as mesmas soluções computadorizadas. Neste caso, aproximações com base na experiência do gestor serão necessárias.

COMPORTAMENTO ESSENCIAL DE LIDERANÇA: ESTRATÉGICO

Definido como: capacidade de fazer múltiplas tarefas durante longo período; preciso; focado; possui consciência situacional.

Um Diretor Executivo que possui fortes habilidades "estratégicas" tem uma tendência a:

- coletar e organizar dados de forma rápida e intuitiva e então analisar e priorizar metas conflitantes;
- atuar em vários projetos de modo simultâneo e eficiente, não obstante restrições de tempo e de recursos;
- iniciar ações prontamente, mesmo diante de incerteza quanto ao resultado; tomar a melhor decisão possível a qualquer instante;
- formular planos de contingência para cobrir quaisquer ramificações inesperadas.

Um Diretor Executivo que possui fracas habilidades "estratégicas" tem uma tendência a:

- preferir encarar as prioridades uma de cada vez, completando cada uma para só então começar a próxima;
- protelar uma decisão até que todas as opções sejam completamente avaliadas;
- procurar seletivamente por dados que apoiem uma opinião predeterminada ou uma suposição;
- dar-se por satisfeito com planejamento superficial em vez de buscar por alternativas.

Escala 3.2: Garantir que a estratégia seja consistente
com restrições de implementação e monitoramento

FORMALIZAR

3

DECISIVO

Comportamento de Liderança: Pragmático

Padrão

O Diretor Executivo garante que a alocação de ativos e a estratégia de investimentos sejam consistentes com as restrições de implementação e monitoramento enfrentadas.

> Se o propósito do patrimônio [familiar] for a liberdade, estratégias mirabolantes de investimento raramente são de fato estratégicas. Não haverá processo algum, muito menos delegável, e chance alguma de que o proprietário do patrimônio venha a entender por completo no que está investindo. Por si só, a complexidade é capaz de privar os membros da família da sensação de liberdade, aprisionando-os. Em vez de encontrá-la, perderão tempo tentando compreender aquilo que não conseguem e ficarão inseguros quanto a se devem confiar naqueles que estão conduzindo os investimentos. Como uma pessoa pode perseguir paixões de autorrealização se estiver atarefada em um labirinto de derivativos e jargões?
>
> – **Capítulo 7**

Aquilo que começa como estratégia deve ser traduzido em realidade por meio da implementação, e o que é implementado precisa ser monitorado. A essa altura, a estratégia de gestão patrimonial proposta (Escala 3.1) precisa ser cuidadosamente avaliada a fim de determinar se a estratégia sugerida pode ser implementada prudentemente (discutido em mais detalhes na Escala 4.1) para então ser eficiente e efetivamente monitorada (discutido em mais detalhes na Escala 5.1) de forma duradoura.

A prudência é demonstrada por meio do processo adotado para gerir as decisões de gestão do patrimônio. À primeira vista, nenhuma estratégia é imprudente. É a maneira de usá-la, e o modo como as decisões pertinentes são tomadas, que será examinada para determinar se o teste de prudência deu ou não positivo. Mesmo a estratégia mais agressiva e menos convencional pode alcançar o padrão se tiver sido desenvolvida por um processo sensato, enquanto aquela mais conservadora e tradicional pode não estar à altura se carecer de um processo sensato.

O maior risco no desenvolvimento de qualquer estratégia é a omissão – deixar de fora algo vital. É por isso que os padrões e um processo decisório bem definido, como aquele oferecido neste livro, são cruciais.

A esta altura, o Diretor Executivo deve ser capaz de demostrar que documentou os seguintes dados a serem usados para desenvolver a estratégia de gestão patrimonial:

- Os recursos e as obrigações atuais e projetados do proprietário do patrimônio.
- A lógica para escolher as metas de desempenho, os horizontes de tempo e as classes de ativos permitidas e a sensibilidade a variações em cada um.
- A base para a validação dos dados do mercado de capitais utilizados na determinação da alocação de ativos.

Em seu livro sobre Winston Churchill, *Churchill on Leardership*, Steven Hayward resume diversas regras a que Churchill obedecia para tomar decisões:

> Mantenha sempre em mente o aspecto central e mais importante do problema atual, saiba como equilibrar as chances [risco] em ambos os lados de uma decisão e mantenha esses fatores em proporção; e continue aberto a mudar de opinião na presença de novos fatos.
>
> Não tente vislumbrar muito adiante no futuro, não busque a perfeição excessiva nem tome decisões apenas por tomá-las, caso seja melhor adiá-las ou simplesmente não tomá-las.
>
> A filosofia de Churchill para gerir decisões importantes também se aplica à gestão de patrimônio. Cada decisão traz consigo uma certa quantidade de risco, e nem todas as decisões gerarão um resultado perfeito. O sucesso é alcançado quando se busca um equilíbrio realista entre risco e recompensa.

COMPORTAMENTO ESSENCIAL DE LIDERANÇA: PRAGMÁTICO

Definido como: realista; sensível; politicamente astuto; voltado para trabalho em equipe.

Um Diretor Executivo que possui fortes habilidades "pragmáticas" tem uma tendência a:

- reconhecer que o proprietário do patrimônio pode ver o mesmo objetivo ou prioridade de forma diferente e ser cuidadoso em não impor as próprias opiniões;
- construir relacionamentos cooperativos e apoiadores com outros tomadores de decisões;
- compreender e alinhar ações e estratégias com regulamentações e quesitos obrigatórios.

Um Diretor Executivo que possui fracas habilidades "pragmáticas" tem uma tendência a:

- subestimar a necessidade de ser politicamente esperto em engajar seus objetivos àqueles do proprietário do patrimônio;
- atuar mais como um individualista do que como alguém que joga em equipe;
- preferir exercer controle pessoal sobre resultados e efeitos;
- encarar a cooperação para encontrar meios-termos como uma ameaça em potencial à qualidade de um projeto, e não como um acordo entre partes.

Escala 3.3: Formalizar a estratégia em detalhes e comunicá-los

3 FORMALIZAR / DECISIVO

Comportamento de Liderança: Comunicativo

Padrão

O Diretor Executivo assegura que, para cada entidade e indivíduo, haja uma Declaração de Políticas do Patrimônio Familiar (DPPF) definida por escrito.

> A família proprietária deve projetar e planejar suas políticas de investimento, processos e disciplinas estrategicamente para atender aos objetivos e às metas do patrimônio familiar. Novamente, o desafio é alcançar as perspectivas necessárias para chegar lá, analisando cuidadosamente o caminho a ser percorrido. Cada elemento da teoria de investimento, da política de investimento e da análise deve ser entendido em conjunto, em harmonia, para fazer com que o patrimônio familiar e seu proprietário cumpram com o seu propósito.
>
> **– Capítulo 7**

Em nossa opinião, a preparação e a manutenção duradoura da Declaração de Políticas do Patrimônio Familiar (DPPF) do proprietário do patrimônio são as funções mais importantes desempenhadas pelo Diretor Executivo. Essas funções são tão cruciais que preparamos um modelo de DPPF de amostra (confira o Apêndice) baseado no marco decisório Ethos.

A DPPF deve ser encarada como o plano de negócios e a ferramenta gerencial essencial para dirigir e comunicar as atividades da estratégia de gestão do patrimônio. Deve ser um plano estratégico formal e de grande abrangência, capaz de permitir ao Diretor Executivo coordenar a gestão da estratégia dentro de uma estrutura lógica e consistente. Todos os fatos materiais, as pressuposições e opiniões devem ser incluídos. Embora pareça que nos concentramos na estratégia de investimento, o Diretor Executivo pode usar a orientação aqui envolvendo a estratégia de investimento como um guia para o exame de cada estratégia a ser usada. Um tratamento similar deve ser implementado como planejamento de negócios para programas filantrópicos, para diretrizes de capitalização, para governança, para valores familiares e comunicação de legado e para educação. Todos esses aspectos do programa de gestão do patrimônio familiar devem ser levados em consideração na DPPF.

O Diretor Executivo precisa desenvolver a DPPF ciente de que ela será implementada em um ambiente complexo e dinâmico. A DPPF produzirá os melhores benefícios durante períodos de condições adversas, servindo como um fator estabilizador aos tomadores de decisão que, na sua ausência, ficariam tentados a alterar a estratégia sensata devido a temores irracionais. Sua mera existência fará com que os tomadores de decisão parem para pensar sobre as circunstâncias internas e externas que levaram ao desenvolvimento da DPPF em primeiro lugar. A verdadeira substância do desenvolvimento de boas políticas se resume a isto: a estrutura e o processo capazes de esfriar as cabeças dos envolvidos e fazer prevalecer uma visão de longo prazo. É uma excelente ferramenta contra os noticiários diários e suas catástrofes econômicas de curto prazo.

Em períodos de prosperidade no mercado financeiro, praticamente todos os programas de investimento, por mais *ad hoc* que seja sua estratégia, acabarão gerando resultados impressionantes. Nessas circunstâncias, as vantagens de uma DPPF abrangente e o tempo dedicado ao seu desenvolvimento podem parecer secundários. No entanto, mesmo sob condições favoráveis ao mercado, a DPPF é capaz de amainar a tentação de aumentar a agressividade de um programa de investimento à medida que outros tomadores de decisões buscam extrapolar para o futuro as atuais tendências positivas no mercado (exuberância irracional).

Há inúmeros motivos para a DPPF ser tão crucial:

- A DPPF proporciona orientação lógica durante períodos de incerteza.
- A DPPF proporciona um arquivo documental de políticas, práticas e procedimentos que pode servir como evidências críticas usadas em defesas contra acusações de imprudência ou má gestão.
- A DPPF proporciona uma base de referência para monitorar o desempenho de estratégias em geral, bem como o desempenho do Diretor Executivo.
- Para fins de planejamento de espólios, a DPPF deve ser incluída e coordenada com outros documentos de planejamento de espólios, oferecendo a herdeiros e testamenteiros menos sofisticados uma orientação apropriada para dar continuidade à gestão prudente da estratégia de gestão do patrimônio familiar.

A DPPF deve combinar elementos de planejamento e filosofia (conceituais) e deve abordar todas as cinco etapas do processo Ethos. A amostra de DPPF incluída no Apêndice tem as seguintes seções e subtítulos principais (observe que a DPPF obedece à mesma estrutura que o marco decisório Ethos):

Seção I: Definições
Seção II: Propósito
Seção III: Declaração de Princípios

Seção IV: Deveres e Responsabilidades
Seção V: Declaração de Ética
Seção VI: Pessoas Atuando com Responsabilidade Fiduciária
Seção VII: Dados Usados para Desenvolver a Estratégia de Gestão Patrimonial
Seção VIII: Gestor Financeiro e Agente de Custódia
Seção IX: Procedimentos de Monitoramento
Seção X: Revisão da DPPF

Outros podem ser exigidos dependendo do proprietário do patrimônio ou da família. Utilize esse modelo como um ponto de partida.

COMPORTAMENTO ESSENCIAL DE LIDERANÇA: COMUNICATIVO

Definido como: articulado e persuasivo na palavra falada e escrita; comunica no sentido mais amplo: o que é comum a ambos, comunicador e interlocutor. Efetivo tanto na comunicação formal quanto na informal; cordial e bem-humorado. Acolhedor.

Um Diretor Executivo que possui fortes habilidades "comunicativas" tem uma tendência a:

- adaptar a comunicação ao nível de compreensão do proprietário do patrimônio;
- ser sensível a contribuições do proprietário do patrimônio e ajustar as comunicações de modo a manter seu interesse e engajamento;
- investir tempo para preparar uma apresentação, injetando conteúdos com os quais o proprietário do patrimônio possa se envolver e se identificar;
- reconhecer a necessidade de rigor e precisão ao comunicar e documentar informações em formato escrito.

Um Diretor Executivo que possui fracas habilidades "comunicativas" tem uma tendência a:

- não incorporar opiniões-chave do proprietário do patrimônio nas apresentações nem responder efetivamente às suas reações;
- buscar um estilo de comunicação estanque e uniforme que não leva em conta as diferentes necessidades dos proprietários do patrimônio;
- manter o proprietário do patrimônio sempre a uma certa distância, fazendo com que as apresentações pareçam menos pessoais;
- não organizar as comunicações por escrito de modo efetivo.

19

4ª Etapa: Implementar

> Todo e qualquer programa de investimento requer a devida diligência para assegurar que as políticas possam ser implementadas com disciplina. Porém, o trabalho pela frente sempre parece desalentador. A volatilidade, as tramoias e a incerteza de 2008 e 2009 fizeram a tarefa parecer quase impossível. Na verdade, pode-se afirmar que atualmente a devida diligência é o padrão-ouro da gestão de investimentos. Ela se tornou a função mais importante a ser bem executada a fim de assegurar a gestão apropriada de uma fortuna considerável. Praticar a devida diligência não se restringe a investigar e monitorar gestores de investimento. Em sua definição mais abrangente, diz respeito a assegurar que todas as pressuposições estão corretas, que todos os ativos considerados adquiridos foram mesmo adquiridos, que todos os riscos foram levados em consideração e que todos os fatos estão bem representados. A pergunta a ser feita a si mesmo é: "Levei em consideração todo e cada risco e disponho das informações de que preciso para avaliar cada um deles?".
>
> – **Capítulo 7**

Na etapa anterior, vimos como desenvolver uma estratégia de gestão patrimonial baseada nos dados RATE do proprietário do patrimônio; como assegurar que a estratégia seja consistente com as restrições de implementação e monitoramento do Diretor Executivo; e como preparar o plano de negócios para gerir a estratégia – a DPPF.

Aquilo que começa como estratégia deve ser traduzido em realidade por meio da implementação. A 4ª Etapa inclui um resumo de um processo de devida diligência que pode ser usado para selecionar gestores financeiros e prestadores de serviços, sejam eles advogados, contadores, consultores fi-

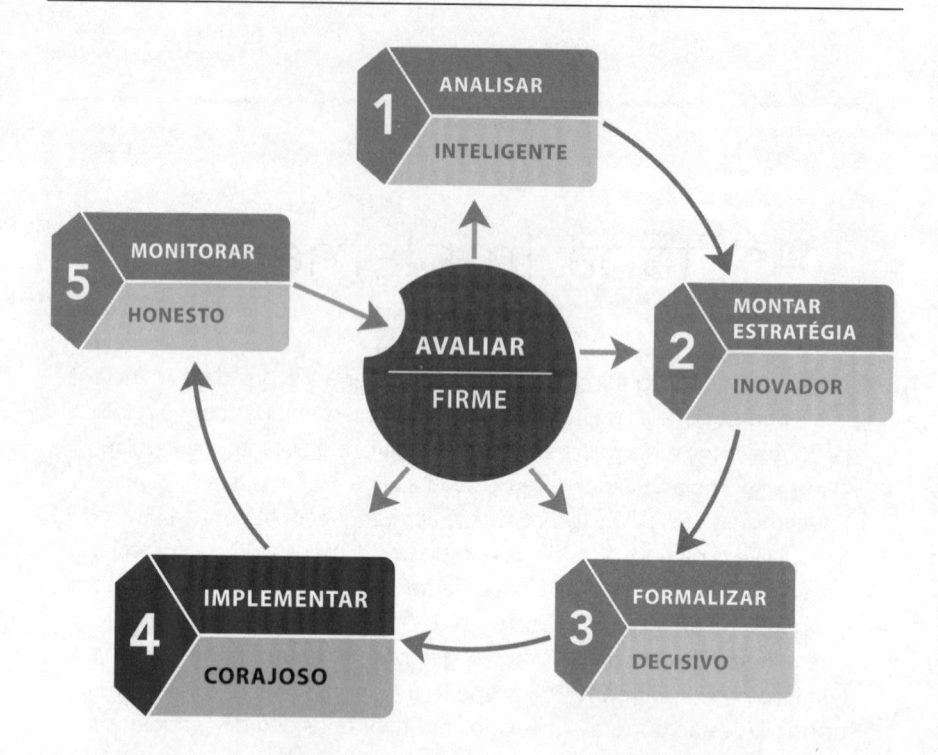

```
        ┌─────────────────┐
        │   1  ANALISAR   │
        │    INTELIGENTE  │
        └─────────────────┘

  ┌──────────────┐                      ┌──────────────────┐
  │ 5 MONITORAR  │      AVALIAR         │ 2 MONTAR         │
  │   HONESTO    │       FIRME          │   ESTRATÉGIA     │
  └──────────────┘                      │   INOVADOR       │
                                        └──────────────────┘

        ┌──────────────────┐        ┌──────────────────┐
        │ 4 IMPLEMENTAR    │        │ 3 FORMALIZAR     │
        │   CORAJOSO       │        │   DECISIVO       │
        └──────────────────┘        └──────────────────┘
```

nanceiros, funcionários ou outros; procedimentos sobre como selecionar o veículo correto de investimento [gestor de carteira administrada, fundos mútuos, fundos multimercado (*hedge fund*), fundos exclusivos, *holdings*] para implementar a estratégia de investimento; procedimentos para garantir que os acordos de serviço e contratos com funcionários e prestadores de serviços não contenham cláusulas conflitantes com a estratégia de gestão patrimonial; procedimentos para alinhar lealdade e impedir ações em benefício próprio; procedimentos para governar programas filantrópicos; e procedimentos envolvendo a análise ampla de governança, processos de capitalização (alavancagem), valores e legado e a educação da próxima geração.

4ª Etapa: IMPLEMENTAR	CORAJOSO
Escalas de tomada de decisão	Comportamentos de liderança
4.1: Definir o processo de seleção de funcionários-chave para implementar a estratégia.	*Exemplar*
4.2: Definir o processo de seleção de ferramentas, metodologias e orçamentos para implementar a estratégia.	*Disciplinado*
4.3: Assegurar que acordos e contratos de serviço não contenham cláusulas conflitantes com os objetivos.	*Justo*

COMPORTAMENTO ESSENCIAL DE LIDERANÇA: CORAJOSO

Definido como: disposto a enfrentar riscos e incertezas; lida bem com estresse.

Um Diretor Executivo que possui fortes habilidades "corajosas" tem uma tendência a:

- permanecer calmo e focado nas metas e objetivos do proprietário do patrimônio;
- ser resiliente e não encarar problemas como afrontas pessoais;
- manter uma noção de perspectiva frente à adversidade.

Um Diretor Executivo que possui fracas habilidades "corajosas" tem uma tendência a:

- sentir certa falta de controle e de previsibilidade em relação a possíveis barreiras a resultados desejados;
- ficar frustrado facilmente pelo inesperado;
- reagir exageradamente a estresse e responder de maneira improdutiva.

Escala 4.1: Definir o processo de seleção de funcionários-chave para implementar a estratégia

IMPLEMENTAR
4
CORAJOSO

Comportamento de Liderança: Exemplar

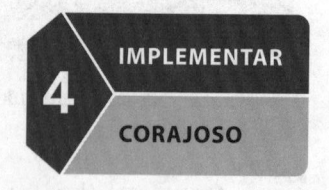

Padrão

O Diretor Executivo define um processo para selecionar gestores financeiros, o qual inclui, no mínimo, as seguintes triagens de devida diligência:

a. O gestor financeiro possui uma estratégia definida de investimento que é consistente com as metas e os objetivos do proprietário do patrimônio e que poder ser entendida e monitorada por outros.
b. O gestor financeiro oferece transparência quando aos investimentos adquiridos.
c. A mesma equipe de gestão de investimentos vem trabalhando em conjunto por um período compatível com o período de avaliação de desempenho.
d. Os títulos financeiros na carteira são consistentes com a estratégia de investimento declarada e são suficientemente líquidos.
e. O desempenho dos investimentos foi verificado por terceiros independentes (auditores) e comparado àquele apresentado por seus pares da indústria financeira.
f. O desempenho dos investimentos ajustado ao risco foi comparado àquele apresentado por seus pares da indústria financeira.
g. As tarifas e despesas do gestor financeiro foram comparadas às dos seus pares da indústria financeira.
h. A estrutura de investimentos (conta administrada, fundo mútuo, fundo fiduciário globais ou fundos de *hedge*) é apropriada para a estratégia vigente e para a capacidade do Diretor Executivo de monitorar a estratégia.
i. Há razão para crer que a estratégia de investimentos do gestor financeiro é sustentável e escalável no longo prazo.

O Diretor Executivo também define um processo para avaliar agentes de custódia e corretores, o qual inclui, no mínimo, os seguintes itens:

a. As melhores práticas sugerem que os agentes de custódia sejam independentes dos gestores financeiros, exceto se previsto em contrário por legislação de fundo fiduciário ou por necessidade de empregar um veículo de investimento híbrido.
b. O agente de custódia é capaz de fornecer segurança apropriada para os ativos, com apólice de seguro ou similar.
c. As declarações de custódia oferecem detalhes suficientes para que o Diretor Executivo possa monitorar cada uma das transações executadas pelo gestor financeiro (taxas de transação).
d. Os custos gerais do agente de custódia e do seu fundo de liquidez imediata são comparáveis aos dos seus pares.

e. O agente de custódia é capaz de fornecer relatórios de desempenho dos investimentos e respectivas declarações fiscais de forma satisfatória.

Se e como um grande investidor diversifica seus gestores deve sempre representar uma questão estratégica. Não é fácil diversificar gestores sem um sólido processo de diligência prévia para analisar cada um deles individualmente e em comparação uns com os outros. As seguintes perguntas devem ser levadas em consideração:

- A filosofia do gestor parece sensata, faz sentido e é compreendida pelo investidor?
- A operação e o histórico do gestor são consistentes com essa filosofia ou estilo?
- O gestor realmente cumpre com aquilo que promete?
- Os *benchmarks* do gestor são razoáveis e coerentes?
- O gestor compreenderá o cliente e seu propósito bem o bastante para customizar sua carteira a fim de satisfazer a suas necessidades?
- Como as carteiras do gestor se relacionam umas com as outras?

– **Capítulo 7**

Esta escala prossegue com o processo de tomada de decisão envolvido na implementação da estratégia de gestão patrimonial, especificamente o desenvolvimento de critérios de devida diligência para selecionar gestores financeiros.

Habilidades eficientes de gestão são as mais cruciais nesta etapa, não porque o Diretor Executivo precisa se tornar o gestor financeiro – mas exatamente o oposto. Encorajamos fortemente os Diretores a obedecerem àquela velha máxima comprovada pela experiência: atenha-se àquilo que você sabe fazer melhor e delegue o resto a outros profissionais qualificados. A função primordial do Diretor é estabelecer uma estratégia geral, e a função primordial do gestor financeiro é maximizar os retornos dentro dos parâmetros definidos pela estratégia.

A capacidade de desenvolver critérios uniformes de busca que possam ser aplicados a toda e qualquer classe de ativos é difícil, e acaba ficando ainda mais desafiadora quando se está cogitando gestores de diferentes países sujeitos a diferentes regras e regulamentações. Ainda assim, é fortemente recomendado que o Diretor Executivo desenvolva um processo que (1) possa ser aplicado de modo consistente em qualquer busca por gestor, (2) possa ser facilmente comunicado ao proprietário do patrimônio e (3) possa ser usado tanto na busca quanto nas etapas de monitoramento do processo de tomada de decisões.

O Diretor Executivo deve ter em mente diversos aspectos ao desenvolver critérios de devida diligência:

- Simplicidade é preferível ante complexidade quando se está operando em um ambiente dinâmico e complexo (mesma filosofia usada para desenvolver a estrutura para tomada de decisão descrita neste livro).
- Conhecer os pontos fortes e fracos das diferentes bases de dados. Se os retornos financeiros de um determinado gestor estiverem sendo divulgados por um fornecedor de banco de dados, é preciso se perguntar se os retornos foram verificados de forma independente, auditados ou se foram simplesmente divulgados pelo gestor.
- Saber como as outras equipes de gestão foram construídas, sobretudo ao comparar informações sobre dois gestores que estão fornecendo comparações de desempenho provenientes de dois fornecedores diferentes de bancos de dados. Será que as informações sobre determinada equipe de gestão se basearam em correlações com outras equipes ou se basearam nos investimentos isolados de tal equipe?
- Ao comparar gestores, é preciso se certificar de que as estatísticas são comparadas com as mesmas datas de encerramento (períodos de tempo) e *benchmarks* (p. ex., ambas comparadas ao S&P 500, em vez de uma ao S&P 500 e a outra ao Russell 1000).

Processo sugerido de devida diligência

Os quadros a seguir (Quadros 19.1 a 19.4) referem-se a um processo abrangente de devida diligência. Ele visa a oferecer ao Diretor Executivo tanto a amplitude quanto a profundidade de uma abordagem institucional. Como o Diretor provavelmente precisará consultar mais de uma base de dados para conduzir esse processo rigoroso de devida diligência, o melhor conselho é começar com um punhado de critérios (como, por exemplo, desempenho ajustado ao risco e consistência em relação a outras equipes) para elaborar uma pequena lista (de seis a dez candidatos) e então aplicar o processo mais abrangente para identificar os finalistas.

Quadro 19.1	Processo de devida diligência: organização
Profissionais	A mesma equipe de gestão de carteira vem trabalhando em conjunto por um período compatível com o período de avaliação de desempenho. Lógica: não faz muito sentido analisar os retornos de investimento de uma equipe de gestão de carteira que deixou de existir ou que alterou fortemente sua composição.
Profundidade	Há duas partes: (1) a capacidade de lidar com o tipo de estratégia de investimento proposta (como uma estratégia sensível a impostos); e (2) a capacidade de lidar com crescimento em ativos sob gestão. Lógica: certas estratégias de investimento exigem mais supervisão pessoal sobre gestores financeiros. Aqui a função do Diretor Executivo é assegurar que os gestores financeiros estejam dispostos a trabalhar com a estratégia proposta de gestão patrimonial. (2) Alguns gestores podem ser incapazes de absorver crescimento – tanto em termos de atendimento de carteira quanto de estratégia de investimento. Gestores de *small caps*, por exemplo, podem enfrentar dificuldades ao alcançarem $1 bilhão sob sua gestão.
Estrutura tarifária	Tarifas e despesas se comparam favoravelmente àquelas de concorrentes, e o gestor conta com uma política declarada para gerir as taxas de comissionamento automáticas, bem como de custos de corretagem. Lógica: as tarifas têm lá sua importância – para nós, grande importância –, e um programa que cobra tarifas pesadas e apresenta desempenho marginal deveria ser inaceitável. Quanto às taxas de comissionamento automáticas e aos custos de corretagem, como ambos estão sujeitos a abusos, certifique-se de que o gestor conte com uma política claramente declarada indicando que ambos são monitorados de perto.
Reputação	A firma não tem nenhum processo legal pendente nem sentenças passadas que possam se refletir negativamente sobre sua atuação. Lógica: o setor de investimentos se baseia em confiança; depois que é perdida, pode levar anos para que uma firma recupere sua reputação. Durante a fase de recuperação, a firma pode encontrar dificuldade em reter e recrutar funcionários destacados.

Quadro 19.2 Processo de devida diligência: filosofia/estratégia

Comporta-mentos	O gestor precisa ser capaz de demonstrar que a mesma estratégia ou estilo já foram consistentemente aplicados e que as alocações da carteira são consistentes com a estratégia ou o estilo declarado. Lógica: o gestor financeiro deve ser contratado para cumprir um papel específico dentro da estratégia geral de investimentos e deve preencher uma vaga definida por um perfil específico de risco/recompensa. Caso o gestor varie entre diferentes estilos, será difícil saber ao certo se a estratégia geral de gestão está ou não alinhada para cumprir com as metas e os objetivos do proprietário do patrimônio. Além do mais, a avaliação e o monitoramento do desempenho serão complicados pelo fato de que o gestor pode ser comparado a pares e índices inapropriados.
Disciplina de compra	O gestor precisa ser capaz de articular claramente a disciplina de compra a ser obedecida e demonstrar que a estratégia vem sendo seguida de perto com o passar do tempo. Lógica: o Diretor Executivo é o gestor do processo em geral; é sua responsabilidade se familiarizar intimamente com cada processo de investimento. Caso o Diretor Executivo não entenda a estratégia do gestor, o Diretor deve buscar um novo gestor financeiro que lhe proporcione maior conforto.
Disciplina de venda	O gestor deve ser capaz de articular claramente a disciplina de venda que será obedecida e demonstrar que a estratégia vem sendo seguida de perto com o passar do tempo. Lógica: a partir de nossa experiência, os gestores têm mais facilidade com o processo de compra. A tarefa mais difícil é saber quando vender.
Uso de dinheiro	O gestor precisa ser capaz de demonstrar que não se comporta como um apostador. Lógica: gestores que rotineiramente mantêm mais de 20% em ativos de alta liquidez precisam demonstrar que o dinheiro está sendo mantido em reserva para oportunidades de compra, e não para fazer apostas na bolsa.
Giro de alocações	O giro de alocações é comparado ao dos concorrentes, é apropriado para carteiras tributáveis e não gera custos excessivos de transação. Lógica: o giro de alocações é uma questão importante para carteiras tributáveis, mas mesmo para carteiras isentas de impostos um giro incomum de alocações acaba levando a aumento de custos de gestão de carteira. Além disso, um alto giro de transações deve ser analisado para determinar se é consistente com a estratégia declarada do gestor, já que também pode ser um indicador de turbulência e divergências dentro da equipe de gestão de carteira.

Quadro 19.3	Processo de devida diligência: desempenho dos retornos
Consistência	Os retornos são avaliados a cada trimestre, ano, triênio e quinquênio, e são favoráveis tanto quando o mercado está em alta como quando está em baixa. Lógica: revisões isoladas de desempenho a cada três e cinco anos podem esconder volatilidade de curto prazo. Por outro lado, o desempenho de curto prazo raramente é um indicador confiável de desempenho de longo prazo. Os desempenhos de curto e de longo prazos precisam ser analisados buscando-se consistência. Segundo a experiência, um gestor que se mantém consistentemente pouco acima da média costuma acabar produzindo um melhor desempenho de longo prazo do que colegas que ficam no topo do *ranking* por dois anos consecutivos e depois despencam para os últimos lugares no terceiro ano.
Relatividade	Os retornos são avaliados a cada trimestre, ano, triênio e quinquênio, e são favoráveis quando comparados a índices e concorrentes apropriados. Lógica: o truque é assegurar que o gestor seja avaliado em relação ao índice e aos concorrentes certos. Aqui, o foco recai sobre a dispersão – retornos incomuns muito acima ou abaixo dos concorrentes podem ser um indicativo de que o gestor está sendo comparado ao grupo errado. Precisa-se inclusive reavaliar o *benchmark*.
Resultados	O desempenho foi calculado por entidade independente e objetiva. Lógica: (1) a entidade independente deve ser capaz de fornecer um pano de fundo mais robusto para comparar o gestor aos seus pares; e (2) uma auditoria independente é quase sempre preferível a uma auditoria interna. O mesmo vale para avaliações de desempenho.

Quadro 19.4 Processo de devida diligência: desempenho de risco

Controle	O gestor deve ser capaz de articular claramente a estratégia de risco que será obedecida e demonstrar que a estratégia vem sendo seguida de perto com o passar do tempo. Lógica: quer o Diretor Executivo questione o gestor a respeito das disciplinas de compra ou de venda ou a respeito de sua estratégia de risco, o gestor deve ser capaz de articular um processo que o Diretor possa entender e ser capaz de demonstrar que a estratégia vem sendo aplicada com consistência.
Retornos ajustados a risco	Retornos ajustados a risco, quer sejam mensurados por índices Alpha, Sharpe ou Sortino, são superiores aos dos concorrentes. Lógica: embora pareça de baixa prioridade na lista de devida diligência, este é talvez um dos componentes mais cruciais. O desempenho ajustado ao risco que o gestor assumiu, e então comparado ao dos concorrentes, diz muito sobre a capacidade do gestor.
Resultados	O desempenho ajustado ao risco foi calculado por entidade independente e objetiva. Lógica: assim como as cifras de desempenho, uma das práticas mais recomendáveis envolve analisar as cifras de desempenho ajustado ao risco que foram preparadas por entidade independente e objetiva.

Outro prestador de serviço que precisa ser selecionado com prudência é o agente de custódia para a carteira de investimento – um participante-chave pouquíssimo apreciado –, pois a escolha de tal agente de custódia terá um impacto enorme sobre a qualidade do monitoramento da estratégia de gestão patrimonial (5ª Etapa).

Ao avaliar as instituições de custódia, os bancos, um proprietário do patrimônio precisa tomar o devido cuidado para determinar as distinções entre instituições em termos de organização empresarial, modelo de negócios e jurisdição de incorporação. A velha crença de que bancos são mais seguros do que corretoras pode ser anacrônica em um mundo no qual bancos são corretoras e corretoras são bancos; diferenças de estrutura e auditoria podem existir entre duas empresas no mesmo ramo, de tal modo que a Schwab pode ser bem diferente da Fidelity com relação à proteção dos ativos mantidos. Mesmo depois de tomados os devidos cuidados, as conclusões não serão claras. Torna-se, então, razoável dispor de diversas instituições de custódia para se proteger contra a eventual falência de uma delas.

– Capítulo 7

O papel do agente de custódia envolve:

- manter contas separadas por registro legal;
- estimar o valor dos montantes investidos;
- coletar todos os rendimentos e dividendos;
- liquidar todas as transações (ordens de compra e venda) iniciadas por gestores financeiros;
- fornecer relatórios mensais detalhando transações, fluxos de caixa, títulos mantidos e seu valor corrente e a evolução de valor de cada título e da carteira em geral desde o último relatório.

Ao se conduzir a devida diligência junto ao agente de custódia, recomenda-se considerar o seguinte:

- Qual é a qualidade do protocolo eletrônico do agente de custódia (conexão entre o Diretor Executivo, gestores financeiros e o agente de custódia), como a facilidade de uso e a frequência de suas atualizações?
- Qual é a taxa de administração do fundo líquido vinculado à conta da carteira? (Se isso não for questionado, o mais provável é que a porção líquida da carteira seja investida em um veículo de liquidez de varejo; quando há o questionamento, o dinheiro muitas vezes pode ser investido em um fundo institucional que apresenta um custo consideravelmente menor.)
- O agente de custódia fornecerá relatórios e serviços de mensuração de desempenho? (Assim como no caso das contas correntes e veículos de liquidez, muitas vezes é preciso haver o questionamento e, se negociado no início do acordo, os serviços podem ser fornecidos sem custo extra).
- O agente de custódia fornecerá uma declaração mensal incluindo os detalhes de transações que tenha sido conduzida pelos gestores financeiros? (Os detalhes são necessários para que o Diretor Executivo monitore apropriadamente se o gestor está de fato buscando o melhor preço e execução nas transações que envolvem a conta administrada [Escala 5.2].)

COMPORTAMENTO ESSENCIAL DE LIDERANÇA: EXEMPLAR

Definido como: iniciativa própria; proatividade; leal e apoiador; possui capacidade e conduta para dar o exemplo de excelência.

Um Diretor Executivo que possui fortes habilidades "exemplares" tem uma tendência a:

- concentrar esforço e recursos em iniciativas ou soluções capazes de contribuir positivamente com as metas e os objetivos do proprietário do patrimônio;
- capitanear novas iniciativas e identificar oportunidades ou problemas que requerem mudanças sem precisar solicitar explicitamente;
- introduzir e implementar soluções por meio de suas influências.

Um Diretor Executivo que possui fracas habilidades "exemplares" tem uma tendência a:

- contentar-se com o que está "bom o bastante" e se conformar com regras e princípios já estabelecidos;
- esperar que situações negativas se resolvam com o tempo ou se corrijam por conta própria;
- ser conservador e tradicional e não capitanear novos projetos;
- não se sentir confortável instigando mudanças ou tentando novas abordagens inovadoras sem ordens de uma autoridade superior.

Escala 4.2: Definir o processo de seleção de ferramentas, metodologias e orçamentos para implementar a estratégia

4 IMPLEMENTAR CORAJOSO

Comportamento de Liderança: Disciplinado

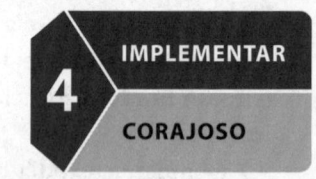

Padrão

O Diretor Executivo define um processo para avaliar periodicamente a seleção de ferramentas, metodologias e orçamentos para implementar estratégias.

> A efetiva diversificação de gestores exige trabalho duro, transparência e uma compreensão completa de um gestor após o outro. Uma infraestrutura substancial de diligência deve ser instaurada para que se possa colher o benefício estratégico advindo da diversificação de gestores. Será que o proprietário do patrimônio está disposto a investir tempo e esforço para desenvolver ou sustentar tal infraestrutura? Será que ele tem a capacidade de insistir em transparência integral? E se a estratégia for a de terceirizar a infraestrutura, será que o cliente estará disposto a investir tempo e esforço na avaliação de gestores de gestores ou consultores, e haverá realmente consultores bons o suficiente, à altura, disponíveis?
>
> – Capítulo 7

Agora que o Diretor Executivo já definiu a estratégia de gestão patrimonial (Escala 3.1) e identificou os gestores financeiros para implementar a estratégia (Escala 4.1), as duas próximas decisões que precisam ser administradas com prudência são:

- Implementar uma classe de ativos com uma estratégia passiva ou ativa?
- Envolver um gestor em uma conta administrada ou por meio de um fundo mútuo ou *trust* híbrido, com todas estas posições (*commingled trust fund*)?

Estratégias de investimento ativas *versus* passivas

Muito já foi escrito a respeito das virtudes do investimento passivo, e não cabe aqui contribuir com os argumentos apresentados por acadêmicos de maior autoridade. Eis, contudo, os argumentos que consideramos os mais relevantes:

- Não se trata de uma decisão "ou isso ou aquilo". Investidores prudentes utilizam tanto estratégias passivas quanto ativas em uma mesma carteira.
- Se o proprietário do patrimônio for indiferente ao uso de estratégias passivas ou ativas, opte pela passividade ao implementar as porções principais e de menor complexidade, envolvendo *large caps*, na estratégia de investimento. Utilize gestores ativos em alocações envolvendo maior complexidade, como *small caps* ou mercados emergentes, nos quais os gestores têm uma probabilidade maior de encontrarem oportunidades que não foram descobertas por todos os analistas financeiros que estão concentrados nas ações de *large caps*.

Gestores em contas administradas *versus* fundos mútuos ou *trusts* híbridos

O tamanho da conta da carteira pode limitar as opções do proprietário do patrimônio a um fundo mútuo ou um *trust* híbrido (*commingled trust fund*). Porém, protocolos eletrônicos aprimorados entre gestores, agentes de custódia e intermediários tornaram mais fácil para os gestores rebaixarem seus mínimos para contas administradas, o que consequentemente facilitou o acesso de um Diretor Executivo a bons gestores operando neste segmento.

No entanto, só porque uma carteira cumpre a exigência de aporte mínimo de conta estipulada por um gestor financeiro, isso não significa que uma conta administrada seja o melhor veículo para a carteira. Por esse motivo, fornecemos um esboço de alguns prós e contras para cada um dos diferentes tipos de veículos de investimento, para que a opção apropriada possa ser escolhida.

- **Custos:** fundos mútuos diluem seus custos entre todos os cotistas – algo favorável se o proprietário do patrimônio tiver um investimento pequeno; algo potencialmente desfavorável se o proprietário do patrimônio tiver um investimento grande. Além disso, o Diretor Executivo pode ser capaz de negociar tarifas mais baixas com um gestor de conta administrada; em algumas jurisdições, regulamentações proíbem fundos mútuos de estabelecerem tais negociações.
- **Auditorias:** em algumas jurisdições, existe a exigência de que fundos mútuos sejam auditados por firmas independentes de contabilidade. Na maioria das jurisdições, gestores de contas administradas são encorajados apenas a terem seus desempenhos auditados. Processos auditados sempre são melhores.
- **Informações sobre desempenho:** apesar de vantagens na tecnologia, as bases de dados de fundos mútuos ainda são um pouco mais confiáveis; além disso, informações de desempenho são divulgadas antes de dados de contas administradas, e provavelmente sempre o serão. O fundo mútuo precisa apenas calcular o desempenho de uma única carteira, ao passo que o gestor de conta administrada precisa calcular o desempenho de um amplo leque de carteiras.
- **Gestão tributária:** a carteira tributável, especialmente uma com pequena base de ações, provavelmente se sairá melhor com um gestor de conta administrada que esteja disposto e tenha a capacidade de oferecer uma estratégia de investimento sensível a impostos.

- **Liquidações e aquisições em fundos:** o gestor de fundo mútuo tem a desvantagem de precisar lidar com aquisições e liquidações dentro do fundo. Isso pode ser um grande problema quando o mercado está em baixa e um grande número de investidores tenta pular fora do fundo, forçando o gestor a vender títulos que não gostaria de vender em outra situação.
- **Diversificação:** em termos gerais, fundos mútuos tendem a ser mais diversificados do que carteiras de gestores de carteiras administradas. Por isso, se o proprietário do patrimônio estiver disposto a aceitar mais volatilidade, ele pode preferir uma carteira administrada concentrada e exclusiva.
- **Identificação específica de títulos:** alguns proprietários de patrimônio preferem enxergar a "sua própria" carteira, em vez de investir junto a outros cotistas em um veículo exclusivo.

COMPORTAMENTO ESSENCIAL DE LIDERANÇA: DISCIPLINADO

Definido como: comedido; regrado; motivado; resistente; comprometido; estabelece o ritmo apropriado para si mesmo e para o pessoal.

Um Diretor Executivo que possui fortes habilidades "disciplinadas" tem uma tendência a:

- exibir a capacidade de trabalhar com rapidez e eficiência;
- delegar aos subordinados a autoridade de decidirem e atuarem dentro de áreas de tarefas atribuídas;
- esclarecer ao pessoal a prioridade de uma atribuição com relação a outras atribuições.

Um Diretor Executivo que possui fracas habilidades "disciplinadas" tem uma tendência a:

- dar informações ou explicações insuficientes ao delegar tarefas;
- considerar que falta competência aos funcionários e acreditar que ninguém além de si pode ser tão efetivo e eficiente no cumprimento de uma tarefa;
- temer perder o controle e preferir uma abordagem de pulso firme e impositiva;
- isentar-se da responsabilidade por um resultado final e atribui-lo aos outros, acreditando que eles acompanharão por meio de um sistema desorganizado para conferir o progresso e os resultados.

Escala 4.3: Assegurar que acordos e contratos de serviço não contenham cláusulas conflitantes com os objetivos

4 > IMPLEMENTAR / CORAJOSO

Comportamento de Liderança: Justo

Padrão

O Diretor Executivo assegura que acordos e contratos de serviço com gestores financeiros e prestadores de serviço não contenham cláusulas conflitantes com os objetivos e as metas do proprietário do patrimônio.

> Por si só, a confiança cega não deve proporcionar conforto no caso da gestão patrimonial, da mesma forma como não o proporciona no caso das viagens aéreas. No entanto, a indústria da gestão de patrimônio familiar exalta a confiança; ela não exige processo e disciplina de seus clientes, pois processo e disciplina acabariam removendo a sensação de complexidade e falta de poder que leva os clientes a pagarem tanto por tão pouco. As pessoas confiavam em Madoff, Lehman, Weavering, AIG e assim por diante. A confiabilidade é o traje do salafrário que consegue vender sua fraude, contanto que esteja vestindo confiança.
>
> – Capítulo 4

O propósito desta escala é assegurar que os gestores financeiros e outros prestadores de serviço compreendam o papel que se espera que cumpram e os objetivos ou as condições de desempenho que precisam ser alcançados para a realização desse propósito. A implementação bem-sucedida de uma estratégia de gestão patrimonial é uma combinação de um processo e uma execução rigorosos, e como qualquer outro empreendimento digno de esforço, nenhuma tarefa é cumprida até que a papelada seja concluída!

A revisão de contratos e acordos é uma etapa adicional importante para garantir que não haja mal-entendidos entre as funções e responsabilidades de todas as partes envolvidas na estratégia de gestão do patrimônio. Nossas sugestões quanto à revisão de contratos e acordos são de natureza bastante genérica, e mais uma vez precisamos advertir o Diretor Executivo para que discuta questões legais com um advogado competente.

- Defina o escopo do relacionamento.
- Consulte regulamentações ou documentos de sociedades fiduciárias que estabelecem o caráter legal de uma carteira de investimentos e que talvez definam ou limitem certas práticas de investimento.
- Consulte documentos que governam a estratégia de investimento (como uma DPPF), sobretudo documentos que definem critérios de desempenho.

Uma boa prática é revisar periodicamente contratos e acordos de serviço a fim de garantir que a estratégia de gestão patrimonial ainda requer os serviços contratados e que os preços praticados pelo gestor financeiro ou por prestadores de serviço ainda são competitivos; ou para descobrir novos serviços que o prestador pode ser capaz de oferecer ao programa de gestão do patrimônio.

COMPORTAMENTO ESSENCIAL DE LIDERANÇA: JUSTO

Definido como: sensível e imparcial; diversidade de valores; empatia; fortes habilidades interpessoais (alta inteligência emocional); persuasivo.

Um Diretor Executivo que possui fortes habilidades "justas" tem uma tendência a:

- aceitar as pessoas pelo que elas são, sem filtrar suas palavras ou ações através de preconceitos pessoais;
- acolher valores sem impô-los aos outros;
- aceitar diferentes pontos de vista sem julgamento de valor;
- tentar encontrar pontos de convergência com os outros, ao invés de se concentrar nas disparidades mútuas.

Um Diretor Executivo que possui fracas habilidades "justas" tem uma tendência a:

- reagir mais favoravelmente àqueles indivíduos que compartilham suas mesmas opiniões, formação ou valores;
- ficar estanque em seu próprio ponto de vista e mostrar-se resistente a mudanças;
- não perceber como as pessoas diferem entre si e perceber apenas como elas diferem do Diretor.

20

5ª Etapa: Monitorar

> Construir estratégias e obedecer a processos, executar a visão de para que serve o patrimônio familiar, requer um conhecimento especializado que muitos proprietários e fundadores não possuem, bem como tempo e atenção consideráveis que muitos deles não desejam dedicar. A gestão de uma fortuna familiar significativa, como qualquer outro empreendimento gerido de forma profissional, exige a adoção de padrões que governem as operações, mensurem o desempenho, assegurem o processo apropriado e definitivamente evitem desastres como Madoff, Stanford e outros. O mais aconselhável é que um indivíduo abastado desejoso de levar a vida livre dos fardos do patrimônio delegue a gestão de sua fortuna a profissionais devidamente capacitados, mas impondo responsabilização e ferramentas de acompanhamento para assegurar que seu capital financeiro esteja sendo gerido de modo apropriado.
>
> **– Capítulo 12**

Depois que a estratégia ideal de gestão patrimonial já está projetada, a DPPF preparada e a estratégia implementada, a próxima etapa crucial é o monitoramento e a avaliação duradouros do programa de gestão do patrimônio. O monitoramento do desempenho resultante de prestadores de serviço selecionados e a avaliação contínua da viabilidade das metas e objetivos do proprietário do patrimônio constituem a penúltima etapa do processo de gestão patrimonial.

```
                    ┌─ 1 ANALISAR ─┐
                    │   INTELIGENTE │
    ┌─ 5 MONITORAR ─┤               ├─ 2 MONTAR ESTRATÉGIA ─┐
    │    HONESTO    │    AVALIAR    │       INOVADOR        │
    │               │     FIRME     │                       │
    └─ 4 IMPLEMENTAR┤               ├─ 3 FORMALIZAR ────────┘
         CORAJOSO                        DECISIVO
```

A função de monitoramento vai além do exame estrito do desempenho: por definição, o monitoramento ocorre junto a todas as questões de política e procedimentos. O monitoramento inclui não apenas uma análise do que ocorreu, mas também dos motivos para ter ocorrido assim.

5ª Etapa: MONITORAR		HONESTO
Escalas de tomada de decisão		Comportamentos de liderança
5.1:	Preparar relatórios periódicos que comparem o desempenho aos objetivos.	*Diligente*
5.2:	Preparar relatórios periódicos que analisem custos ou ROI, com desempenho e objetivos.	*Responsável*
5.3:	Conduzir exames periódicos envolvendo conflitos de interesse, ações em benefício próprio e violações do código de conduta.	*Genuíno*
5.4:	Preparar revisões qualitativas periódicas ou revisões de desempenho dos tomadores de decisão.	*Motivacional*

COMPORTAMENTO ESSENCIAL DE LIDERANÇA: HONESTO

Definido como: marcado pela integridade; reputado; moral.

A medição da honestidade é algo que desafia as ciências sociais. Sociólogos afirmam que uma pessoa pode ser honesta durante toda sua vida e então enfrentar uma situação em que lhe falta a coragem para fazer a coisa certa (daí o elo com o comportamento de liderança anterior: coragem).

Escala 5.1: Preparar relatórios periódicos que comparem o desempenho aos objetivos

5 MONITORAR HONESTO

Comportamento de Liderança: Diligente

Padrão

O Diretor Executivo define um processo para monitorar periodicamente a estratégia de gestão patrimonial a fim de garantir que esteja cumprindo com objetivos e metas definidos.

O conselho de uma empresa bem administrada sempre tem suas expectativas de desempenho no trabalho bem explicitadas e seus processos de revisão bem desenvolvidos, planejados e monitorados. No mundo inteiro, executivos de *family offices* lamentam o fato de que seus "contratantes" não apreciam a dedicação deles ao trabalho. Obviamente, certos "contratantes" percebem, de fato, os esforços e as habilidades necessárias para a função, mas nem todos. E mais de um executivo de *family office* já tirou proveito de sua posição para passar a família para trás.

– Capítulo 12

O planejamento e a manutenção da DPPF é a função mais importante desempenhada pelo Diretor Executivo. A segunda função mais importante é o monitoramento. É nesta etapa que o Diretor Executivo está mais propenso a cometer equívocos, e, mesmo quando executado de modo apropriado, este será o componente mais dispendioso do programa de gestão do patrimônio – em termos de tempo, de pessoal necessário e da tecnologia a ser empregada.

Quando conduzido da forma adequada, o monitoramento desencadeia várias revisões periódicas:

- **Mensal:** pelo menos mensalmente, o Diretor Executivo deve analisar as declarações de custódia. Deve prestar atenção especial nas transações iniciadas por gestores de carteira administrada: (1) será que as transações estão condizentes com a estratégia proposta pelo gestor e (2) há evidências de que o gestor está buscando o melhor preço e execução (Escala 5.2)?
- **Trimestral:** pelo menos trimestralmente, o Diretor Executivo deve comparar:
  - A alocação de ativos real do proprietário do patrimônio com a alocação de ativos estratégica definida na DPPF a fim de determinar se a carteira deve ser reequilibrada para corresponder melhor à estratégia original (Escala 3.1). A disciplina do rebalanceamento, em essência, controla o risco e força a estratégia de gestão do capital financeiro a avançar por uma trajetória predeterminada. Limites de rebalanceamento devem ser estabelecidos, definir-se uma banda, um *range*, para que gatilhos não sejam disparados promovendo

reajustes contínuos da carteira – descobrimos que uma margem de 5% para mais ou para menos em torno da alocação estratégica de ativos funciona bem.
- O desempenho do gestor financeiro frente aos *benchmarks* estabelecidos na DPPF, incluindo uma comparação entre o desempenho de cada gestor com relação ao índice apropriado e aos concorrentes.
- **Anual:** pelo menos anualmente, deve haver uma revisão formal da DPPF para determinar se as metas e os objetivos do proprietário do patrimônio familiar se alteraram e se a estratégia de gestão patrimonial ainda apresenta a maior probabilidade de cumprir com tais metas e objetivos.

É essencial para a função de monitoramento a *análise de atribuição de desempenho*, que consiste em dois procedimentos sobrepostos e sequenciais: (1) mensuração do desempenho, a ciência; (2) avaliação do desempenho, a arte.

A mensuração do desempenho consiste em calcular as estatísticas da carteira de investimento (desvio-padrão; índices Alpha, Sharpe e Sortino) e as taxas de retorno. Embora a mensuração do desempenho seja chamada de "ciência", ela está longe de ser exata, apesar de ser quantitativa.

A forma e o modo de utilizar os dados usados para mensurar o desempenho podem ter um impacto sobre os cálculos. Por isso, o Diretor Executivo deve solicitar informações de desempenho junto a diferentes fontes para tentar identificar erros em potencial. A taxa de retorno calculada pelo agente de custódia, por exemplo, pode diferir da taxa de retorno divulgada por um gestor financeiro, e ambos esses retornos podem ser diferentes da taxa de retorno que o Diretor calcula utilizando seu próprio *software* de mensuração de desempenho. Ao navegar seu navio, um marinheiro prudente aproveita o maior número possível de informações para tentar triangular uma ancoragem exata.

A avaliação de desempenho é o ponto no qual as habilidades do Diretor Executivo entram em jogo: outros tomadores de decisão estarão com as atenções voltadas para o Diretor a fim de identificar a chamada à ação apropriada. É nessa fase da análise que o Diretor compara os resultados da mensuração de desempenho com a DPPF da carteira de investimento e, se necessário, sugere ações apropriadas para colocar a estratégia de gestão patrimonial de volta em sintonia.

- Qual é a atual alocação de ativos da carteira em geral?

- Ela precisa ser rebalanceada? Caso afirmativo, quais são os fluxos de caixa para os próximos meses, e tais fluxos de caixa (entradas ou saídas) podem ser usados para rebalancear a carteira?
- Como cada gestor financeiro se saiu com relação aos índices relevantes e a seus concorrentes? Há evidências de que um gestor financeiro pode estar se desviando da estratégia inicialmente proposta?
- Existem gestores que devem ser observados mais de perto ou mesmo desligados (cartão amarelo)?

A decisão de desligar um gestor (cartão vermelho) deve ser vista com muita seriedade, já que há vários custos associados à substituição de gestores. Quando o mau desempenho se torna um problema, é importante que o Diretor Executivo aborde o processo de avaliação com o mesmo rigor aplicado ao conduzir a devida diligência ao contratar o gestor financeiro. Na verdade, sugerimos que é prudente aplicar os mesmos critérios de devida diligência que o Diretor utilizou na fase de busca (4ª Etapa):

- Houve alguma mudança na equipe de gestão da carteira de investimentos?
- O gestor financeiro encontrou problemas legais ou regulatórios?
- Houve alguma alteração na estratégia do gestor financeiro?
- Houve alguma alteração na estrutura de alocação de ativos da carteira do gestor financeiro (por exemplo, o gestor financeiro está começando a deter mais ativos de alta liquidez)?
- Houve algum crescimento acentuado no giro de alocações da carteira?
- O gestor financeiro vem apresentando um desempenho regular inferior ao retorno do índice relevante ou abaixo dos seus concorrentes?
- O retorno ajustado ao risco (índices Alpha, Sharpe e Sortino) caiu abaixo do desempenho de um índice apropriado ou abaixo dos concorrentes do gestor financeiro?

Ao longo dos anos, já vimos muitos gestores de patrimônio tentarem quantificar quando um gestor financeiro deve ser desligado – tal como um certo número de trimestres abaixo de um *benchmark*. Acreditamos que uma metodologia disciplinada é essencial; porém, a melhor abordagem é surpreendentemente simples: *despeça o gestor quando você tiver perdido a confiança em sua capacidade de cumprir com seu trabalho.*

O que dizemos aqui para gestores financeiros vale para outros consultores e funcionários. Se as expectativas forem claramente articuladas pelo Diretor Executivo, o desempenho de cada contador, cada advogado, cada consultor e cada funcionário deve ser avaliado regularmente em termos dessas expectativas. Qualquer um deles deve ser demitido quando você perder a confiança em sua capacidade de cumprir esse trabalho.

COMPORTAMENTO ESSENCIAL DE LIDERANÇA: DILIGENTE

Definido como: comedido; regrado; motivado; resistente; comprometido; estabelece o ritmo apropriado para si mesmo e para o pessoal.

Um Diretor Executivo que possui fortes habilidades "diligentes" tem uma tendência a:

- avaliar a produtividade por padrões internos e não simplesmente os níveis de desempenho dos outros;
- sustentar um esforço metódico e consistente, mantendo sempre em vista os objetivos e as metas do proprietário do patrimônio;
- não permitir esforços débeis ou descuidados qualquer que seja o nível de importância de uma tarefa;
- concentrar-se na mensuração quantitativa dos resultados produzidos, quer na prática de uma atividade repetitiva e singular ou de tarefas diversas e em constante mudança.

Um Diretor Executivo que possui fracas habilidades "diligentes" tem uma tendência a:

- encontrar dificuldade em abstrair-se ou protelar distrações que tomam tempo e atenção da tarefa a ser realizada;
- ser seletivo com sua atenção a detalhes, desconsiderando ou delegando tudo aquilo que o gestor do patrimônio não considera crucial para a realização de tarefas;
- perder facilmente o interesse em atividades voltadas a resultados (monitoramento) em favor de oportunidades mais satisfatórias oferecidas nas arenas das relações pessoais;
- ser casual ou informal ao fazer o acompanhamento do progresso de metas e objetivos.

Escala 5.2: Preparar relatórios periódicos que analisem custos ou o retorno sobre os investimentos, com desempenho e objetivos

Comportamento de Liderança: Responsável

5 MONITORAR HONESTO

Padrão

O Diretor Executivo analisa periodicamente todas as tarifas e despesas associadas à estratégia de gestão do patrimônio, incluindo:

a. tarifas pagas a gestores financeiros, agentes de custódia e consultores de investimento;
b. custos de corretagem e outros benefícios (*soft dollar*);
c. tarifas e despesas de prestadores de serviços.

O cálculo de custos exige a identificação daquilo que é pago ao prestador de serviço, mas também daquilo que é pago ou perdido por maus conselhos. A tarifa paga ao mais caro planejador de espólios pela mais sofisticada estrutura societária familiar não se compara à perda em valor e em liberdade sofrida quando tal parceria é imposta à família disfuncional e se torna munição para suas batalhas campais.

Qualquer que seja o empreendimento, tomadores de decisões têm uma responsabilidade de controlar e responder pelas despesas. A função do Diretor Executivo não é exceção.

Custos e despesas de gestão patrimonial podem ser divididos em quatro amplas categorias. Como certas despesas podem ser obscurecidas ou transferidas de uma categoria para outra para criarem economias aparentes, é preciso que os Diretores Executivo considerem custos em todas as quatro categorias.

- **Taxas de consultores, salários de funcionários e taxas de administração do gestor financeiro:** essas comparações devem ser feitas entre grupos de profissionais ou estratégias de investimento. O Diretor Executivo não deve comparar, por exemplo, as tarifas de um gestor de *large caps* com aquelas de um gestor de *small caps*. O Diretor também deve observar as tarifas sendo pagas por estratégias de investimento alternativas: ainda que as diferenças entre gestão financeira tradicional e estratégias de fundos de *hedge* estejam ficando mais tênues, os custos associados aos fundos de *hedge* continuam sendo consideravelmente mais elevados. Por que pagar muitas vezes mais caro por uma estratégia de investimento que em grande parte pode ser cumprida por um gestor de investimentos tradicional com tarifas e despesas mais baixas?

- **Custos de transações para carteiras administradas, incluindo pequenas comissões (*soft dollar*) e despesas de execução (melhor execução):** este componente grande e importante do controle de custos muitas vezes passa despercebido e pode estar sujeito a abusos caso não seja monitorado com cuidado. Um método de conferência simples que pode ser empregado pelo Diretor Executivo é analisar a declaração de custódia e ver quais firmas de corretagem estão sendo usadas pelo gestor da carteira administrada para as transações envolvendo a conta da carteira de investimento. (Se este nível de detalhe não estiver sendo fornecido pelo agente de custódia, o Diretor talvez deva cogitar a troca de custódia ou solicitar as informações sobre transações diretamente junto ao gestor financeiro). Idealmente, o que o Diretor deseja ver é que o gestor financeiro está usando diversas firmas de corretagem para executar transações e que as taxas de comissão se encontram dentro da faixa institucional (nos Estados Unidos, de 4 a 8 centavos por ação para grandes volumes). Se isso não estiver evidente, o recomendável é que o gestor financeiro seja chamado a dar explicações.
- **Cobranças de custódia, incluindo taxas de custódia, taxas de transação e taxas de administração dos ativos líquidos:** conforme observado na Escala 4.1, o Diretor Executivo deve conferir o índice de despesas com a gestão dos ativos líquidos sendo praticado pelo agente de custódia, a fim de garantir que as contas em ativos de alta liquidez estejam investidas em investimentos e fundos institucionais.
- **Custos e taxas de consultoria, contabilidade ou administrativos:** deve ser dada atenção especial em determinar se há comissionamentos ou taxas de indicação de investimentos (*referral fees*) entre os prestadores de serviço. Se tais comissionamentos existirem, devem ser revertidos em benefício do proprietário do patrimônio.

Ao Diretor Executivo cabe a responsabilidade de identificar cada parte que foi compensada pela carteira de investimentos do proprietário do patrimônio e demonstrar que a compensação recebida por cada gestor financeiro e prestador de serviço foi justa e condizente com o nível de serviços sendo prestados.

O Diretor Executivo também é responsável por garantir que cada prestador de serviço disponha de tudo de que precisa para praticar seus serviços de forma adequada e eficiente.

> **COMPORTAMENTO ESSENCIAL DE LIDERANÇA: RESPONSÁVEL**
>
> Definido como: assume a responsabilidade; confiável; ciente de orçamento-custo-ROI.
>
> Um Diretor Executivo que possui fortes habilidades "responsáveis" tem uma tendência a:
>
> - otimizar a utilização de recursos e pessoal disponíveis;
> - ser disciplinado na coleta e análise de parâmetros básicos de desempenho;
> - ter um entendimento realista de finanças, exibir adaptabilidade às necessidades de economia e controle de custos e ser capaz de tirar conclusões produtivas de dados financeiros;
> - concentrar-se em abordagens e técnicas voltadas a aumentar a produção ou diminuir custos, elevando a lucratividade geral.
> - Assumir tempestiva e integralmente as consequências de seus atos e de suas omissões.
>
> Um Diretor Executivo que possui fracas habilidades "responsáveis" tem uma tendência a:
>
> - dar desculpas por mau desempenho ou culpar os outros publicamente;
> - não encontrar tempo ou não fazer jus ao esforço de estabelecer e revisar controles financeiros;
> - deixar de implementar etapas de monitoramento de dados financeiros básicos do proprietário do patrimônio que tenham o potencial de afetar a margem de lucro;
> - distrair-se da meta de lucratividade por tarefas apenas superficialmente importantes.

Escala 5.3: Conduzir exames periódicos envolvendo conflitos de interesse, ações em benefício próprio e violações do código de conduta

5 MONITORAR — HONESTO

Comportamento de Liderança: Genuíno

Padrão

O Diretor Executivo periodicamente revisa adendos aos acordos com os prestadores de serviço para garantir que não contenham cláusulas que:

a. estejam em conflito com metas e objetivos do proprietário familiar;
b. baseiem-se em desempenho, usando resultados de investimento de curto a médio prazos (menos de cinco anos).

O Diretor Executivo também define por escrito uma declaração de ética e confere periodicamente a existência de qualquer conflito de interesse. A declaração de ética exige que todas as pessoas envolvidas com a gestão do patrimônio:

a. reconheçam anualmente a declaração de ética;
b. divulguem todos os conflitos de interesse assim que estes vierem à tona.

> Desconfiança e medo são impedimentos ao conforto. Falta de controle ou de entendimento pode criar ansiedade e desconforto. Aquilo que você não sabe ou não compreende lhe deixa desconfortável, pois é difícil relaxar na presença de incertezas e ameaças à espreita.
>
> **– Capítulo 4**

O erro mais comum cometido por prestadores de serviço é a omissão de uma ou mais práticas prudentes, e não o cometimento de um ato proibido ou o envolvimento em um conflito de interesse. No entanto, ocorrências desses últimos são comuns o suficiente para que o Diretor Executivo deva monitorar o programa de gestão patrimonial atrás de possíveis problemas. Qualquer atividade que não seja do melhor interesse do proprietário do patrimônio causará problemas, e é crucial que o Diretor assegure que nenhuma parte envolvida tenha se enriquecido indevidamente pelos bens do proprietário do patrimônio familiar.

Parafraseando Stephen M. R. Covey em seu *best-seller The Speed of Trust*, "confiança" se transformou em um tema "caro" do setor de gestão de fortunas. A confiança tem de ser a base para todo e cada relacionamento que o proprietário do patrimônio estabelece com prestadores de serviço, sobretudo o relacionamento com o Diretor Executivo. É o Diretor Executivo o responsável por *dar o tom para sua equipe (setting tone at the top)*; os padrões de ética definidos e exibidos pelo Diretor não podem ser subestimados. O comportamento da equipe de gestão patrimonial deve espelhar os padrões de integridade e negócios às claras (isto é, prevenção de conflitos de interesse e atividades em benefício próprio) exibidos pelo Diretor Executivo, como as melhores práticas de governança.

Com a confiança vem o dever de lealdade; ninguém envolvido na gestão dos ativos do proprietário do patrimônio deve investir ou gerir ativos da carteira de um modo que sugira sequer um pingo de conflito de interesse. Os tomadores de decisão têm um dever de empregar um processo objetivo e independente de devida diligência a todo momento e dispor de políticas e procedimentos definidos para administrar conflitos de interesse em potencial.

A diferença entre um código de conduta e um código de ética

Um código de conduta, por definição, baseia-se em regras. Em contraste, um código de ética se baseia em princípios, ou, pelo menos, deveria se basear. Lamentavelmente, a maior parte dos códigos de ética que encontramos no setor de gestão do patrimônio se baseia em regras e no cumprimento estrito delas; portanto, deveriam ser rotulados como códigos de conduta. Códigos de ética vão mais além.

A distinção é importante porque condutas baseadas em regras raramente encontram êxito no longo prazo. Regras raramente suscitam um nível tão alto de comportamento quanto princípios: regras exigem pouco discernimento, enquanto princípios exigem um engajamento completo da mente e do coração.

Ao esboçar ou revisar códigos de conduta ou códigos de ética, o Diretor Executivo deve lembrar que regras muitas vezes enfraquecem a intenção original. Já os princípios exigem mais trabalho – tanto para serem redigidos quanto para serem explicados aos afetados –, mas, no longo prazo, princípios acabam tendo um impacto mais positivo sobre o programa de gestão patrimonial.

Taxas baseadas em desempenho

Alguns gestores financeiros e profissionais de *family office* preferem trabalhar com contratos baseados em taxas de *performance*. Sob esses termos, o gestor financeiro ou funcionário recebe uma compensação mais elevada se for capaz de superar um *benchmark* predeterminado de desempenho ao longo de um determinado período. O argumento para esses contratos é que eles colocam o gestor financeiro e outros profissionais do mesmo lado da mesa que o proprietário do patrimônio; existe um alinhamento de interesses: *se eu ganhar mais dinheiro para o proprietário do patrimônio, aumentarei meus próprios ganhos financeiros.*

Infelizmente, já ficou demonstrado repetidas vezes que tais arranjos podem não ser os mais favoráveis ao proprietário do patrimônio. Quando o desempenho encontra-se abaixo do *benchmark* predeterminado, há uma tendência de tais profissionais "dobrarem as apostas", ou aumentarem o nível de risco da carteira de investimento, na tentativa de compensarem o desempenho defasado. Muitas vezes, a carteira acaba ficando altamente concentrada em "apostas supostamente certeiras", deixando o proprietário do patrimônio pouco diversificado. Para que as taxas baseadas em desempenho sejam permitidas, os riscos associados a elas devem ser mitigados estendendo-se o período específico de desempenho para cinco anos ou mais. Desse modo, os profissionais responsáveis pelos investimentos ainda ficarão incentivados a gerir os ativos com uma perspectiva de longo prazo. Neste caso, o alinhamento se dá de fato.

Honorários devem ser cogitadas com cuidado, já que podem incentivar a ineficiência ao recompensar o prestador de serviço se o trabalho demorar muito tempo e envolver várias pessoas. O que vale mais: trabalho bem feito e ágil ou trabalho bem feito mas com lentidão e ineficiência?

COMPORTAMENTO ESSENCIAL DE LIDERANÇA: GENUÍNO

Definido como: sincero e honesto; não pretensioso; apoiador.

Um Diretor Executivo que possui fortes habilidades "genuínas" tem uma tendência a:

- apresentar informações factuais sem maquiá-las ou distorcê-las;
- construir uma reputação como um recurso crível;
- orgulhar-se de ser um modelo a ser seguido.

Um Diretor Executivo que possui fracas habilidades "genuínas" tem uma tendência a:

- maquiar informações filtrando-as conforme suas próprias parcialidades;
- perder a paciência com indivíduos que não têm sua mesma motivação ou entusiasmo;
- reter conselhos ou apoio até que sejam expressamente solicitados pelos outros;
- resistir a atuar como um conselheiro.

Escala 5.4: Preparar revisões qualitativas periódicas ou revisões de desempenho dos tomadores de decisão

5 MONITORAR HONESTO

Comportamento de Liderança: Motivacional

Padrão

O Diretor Executivo prepara revisões qualitativas periódicas junto a gestores financeiros e prestadores de serviços.

> Para que serve o patrimônio familiar? Encontramos concordância universal e global de que ele não deve servir para causar infelicidade. Não serve para criar fardos fiduciários. Não serve para escravizar pessoas por meio de estruturas de governança. Não serve para esmagar alguém com responsabilidades. Libertar-se do patrimônio familiar, seguir tocando a vida, alcançar autorrealização – tudo isso precisa ser possível em qualquer que seja o projeto criado para fazer o patrimônio cumprir seu propósito. Para libertar-se dos fardos impostos pelo patrimônio é preciso ter sabedoria e adotar um processo – sabedoria para ganhar perspectiva e um processo para permitir a delegação das minúcias, do dia a dia das execuções operacionais. Juntos, eles podem proporcionar conforto para que se leve a vida livre dos fardos da riqueza.
>
> – **Capítulo 2**

A revisão de um prestador de serviço por parte de um Diretor Executivo precisa ir além de uma análise de seu desempenho passado.

Prestadores de serviço a proprietários de patrimônio familiar são orgânicos, evoluem constantemente e estão sujeitos aos mesmos desafios enfrentados por qualquer outra organização – gerir pessoas. Perturbações no local de trabalho cedo ou tarde acabam se refletindo no desempenho. Por outro lado, conforme testemunhamos com certas empresas apanhadas nos escândalos de fundos mútuos nos Estados Unidos em 2003, uma queda no desempenho dos investimentos pode seduzir profissionais experientes no ramo de investimento a deixarem de lado os princípios e se entregarem a práticas conflitantes com os melhores interesses de suas carteiras.

Mesmo aquelas firmas de gestão financeira que dizem adotar um modelo quantitativo (caixa-preta) ainda precisam de profissionais para interpretar e implementar os dados produzidos. Por esse motivo, o Diretor Executivo precisa avaliar periodicamente os fatores qualitativos de gestores financeiros contratados. Ainda que não valham para todos os casos, nem para todas as localizações geográficas, há algumas observações gerais que podemos fazer sobre os fatores qualitativos que afetam o setor da gestão de fortunas:

- **Propriedade:** tomadores de decisões que são donos de suas firmas tendem a apresentar desempenho superior àqueles que são funcionários.

- **Tamanho da firma:** organizações de menor porte tendem a se concentrar em um único estilo. Como resultado, seu desempenho tende a ser mais volátil – elas oscilam entre o topo do universo de desempenho e, às vezes, a base.
- **Ativos sob gestão:** este é um corolário aproximado do tamanho da firma. O Diretor Executivo deve garantir que a firma seja capaz de investir apropriadamente os fundos recebidos, o que varia dependendo da classe de ativo. O gestor que cumpre a tarefa de preencher uma alocação em *large caps* pode gerir efetivamente quantias maiores do que um gestor de *small caps*.
- **Mudança de pessoal:** quando ocorrem substituições de funcionários, ou quando um tomador de decisões deixa uma firma para se juntar a outra, a prudência impõe que a firma aguarde tempo suficiente (dois anos, por exemplo) para determinar o impacto que a mudança pode ter exercido sobre o desempenho.
- **Capacidade transacional:** custos de execução exercem um grande impacto sobre o desempenho (Escala 5.2). O Diretor Executivo deve inquirir a respeito da capacidade transacional oferecida pela firma, bem como das garantias de que a carteira está recebendo custos de execuções favoráveis ou de suas transações.
- **Pesquisa:** os analistas financeiros são muitas vezes os heróis desconhecidos: são eles que leem as letras miúdas de relatórios anuais e financeiros na busca por pepitas de ouro para os gestores financeiros. O modo como uma firma trata, e valoriza, seus analistas diz muito sobre ela. Basta que o Diretor Executivo faça a simples pergunta "qual percentual de suas pesquisas vem de terceiros?" para obter uma boa noção do processo de tomada de decisões qualitativas dentro da firma. Uma firma que depende fortemente de pesquisas compradas "de fora" (ou seja, de fornecedores terceirizados) terá dificuldade em bater o desempenho de outros gestores que estão analisando esses mesmos dados.
- **Custos de comissionamento (*soft dollar*):** gestores que compram pesquisas "de terceiros" geralmente pagam pelas informações por meio

de comissões geradas a partir de transações envolvendo a carteira. Sob tal cenário, o Diretor Executivo deve entender que essa parte dos custos do gestor para administrar a organização é paga pelas transações geradas a partir da carteira dos proprietários do patrimônio, podendo gerar conflitos de interesse.
- **Políticas de resolução de conflitos:** as políticas de resolução de conflitos entre advogados, contadores, consultores e gestores financeiros devem ser estudadas, e o Diretor Financeiro deve entender exatamente quais são elas e como se aplicam à situação do proprietário do patrimônio.

COMPORTAMENTO ESSENCIAL DE LIDERANÇA: MOTIVACIONAL

Definido como: capaz de persuadir os outros a tomarem medidas positivas; comprometido com o sucesso da organização e o bem-estar de funcionários e carteiras.

Um Diretor Executivo que possui fortes habilidades "motivacionais" tem uma tendência a:

- suscitar cooperação por meio de persuasão, e não de autoridade;
- conquistar respeito, em vez de exigi-lo;
- desenvolver líderes capazes de atuar de modo autossuficiente;
- interceder e lutar por recursos para seus funcionários;
- eliminar questões irrelevantes que acabam turvando os objetivos.

Um Diretor Executivo que possui fracas habilidades "motivacionais" tem uma tendência a:

- pressupor que todos os funcionários partilham das mesmas metas que o Diretor;
- não cumprir o papel de um agregador em potencial dos esforços em equipe;
- depender exclusivamente da autoridade imposta pelo cargo de Diretor Executivo para influenciar os outros;
- perder poder ao esperar que subordinados se comprometam com mais objetivos do que aqueles com os quais podem lidar.

21

Procedimentos de avaliação

> "Legado e valores familiares" soa eloquente, e a expressão se tornou o toque de clarim abrindo muitos diálogos envolvendo patrimônio familiar. O "legado" nos faz avançar juntos como família ao longo da história, e os "valores" nos unem para todo o sempre. Essas palavras conferem perpetuidade à família assim como as estruturas fiduciárias agora conferem perpetuidade ao patrimônio.
>
> Ainda que tais palavras emanem com grandiosidade, a pragmática envolvida em projetar o legado familiar e em acolher os valores familiares é intrincada. Na verdade, ao longo de todo o trajeto até a funcionalidade jazem as carcaças de legados e valores.
>
> **– Capítulo 10**

O elemento final de um programa de gestão patrimonial calcado em procedimentos prudentes é confirmar se o processo é efetivo ou não.

Uma estratégia de longo prazo de gestão patrimonial só requer alterações quando os fatores subjacentes a objetivos e metas do proprietário do patrimônio passam por mudanças. Essas mudanças tendem a ser infrequentes, senão raras, e revisões voltadas a reavaliar constantemente as estratégias e as políticas existentes tendem a ser contraproducentes. O Diretor Executivo deve ter cautela especial em fazer alterações durante períodos extremos nos mercados.

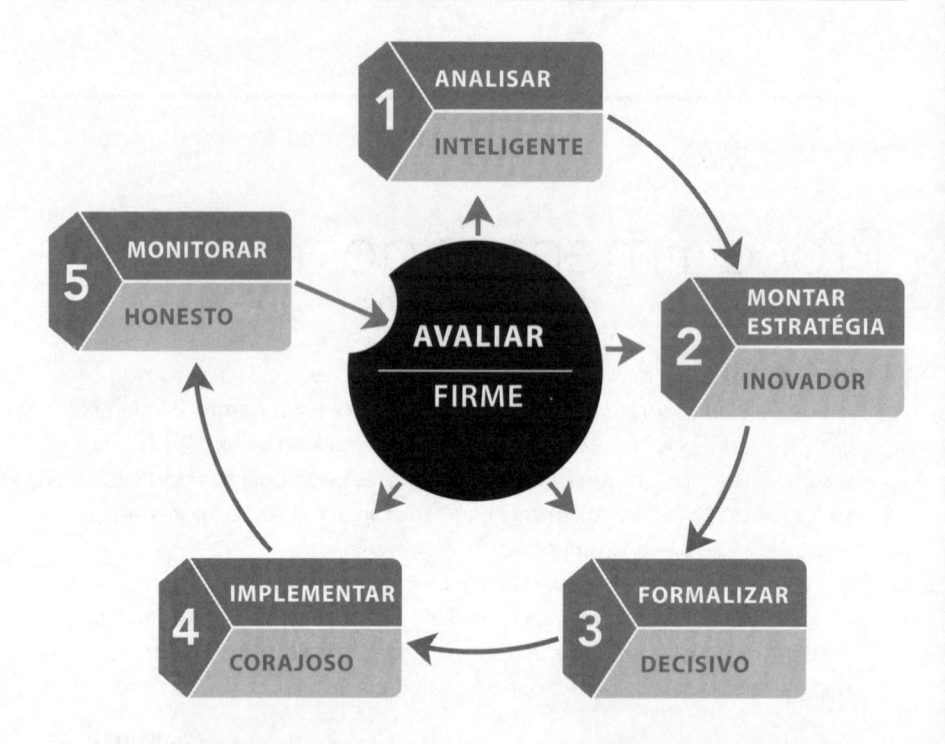

```
        ┌─ ANALISAR ─┐
        │ INTELIGENTE│
   ┌────┘            └────┐
MONITORAR              MONTAR
 HONESTO    AVALIAR   ESTRATÉGIA
            FIRME     INOVADOR
   └────┐            ┌────┘
        IMPLEMENTAR  FORMALIZAR
         CORAJOSO     DECISIVO
```

1. ANALISAR — INTELIGENTE
2. MONTAR ESTRATÉGIA — INOVADOR
3. FORMALIZAR — DECISIVO
4. IMPLEMENTAR — CORAJOSO
5. MONITORAR — HONESTO

AVALIAR — FIRME

Apesar da necessidade infrequente de modificar as políticas, revisões periódicas podem cumprir um propósito bastante produtivo. Quando voltadas a educarem outros tomadores de decisão ou membros da família, as revisões podem reforçar a lógica das políticas vigentes, reduzindo assim as chances de alterações desnecessárias. Além disso, sempre que ocorrem eventos significativos que demandem uma revisão, o Diretor Executivo deve assegurar que a estratégia de gestão do patrimônio seja examinada de uma forma metódica.

Esteja o Diretor Executivo ajudando o proprietário do patrimônio a definir metas e objetivos, a desenvolver a estratégia de investimento ou a implementar e monitorar a estratégia, o sucesso do programa de gestão patrimonial será determinado pela qualidade do processo decisório do Diretor Executivo. Em virtude disso, o Diretor deve desenvolver procedimentos efetivos para avaliar os pontos fracos e fortes de seu próprio processo decisório e também sua própria efetividade como líder desse processo.

Dispor de um processo bem definido de avaliação traz inúmeros benefícios:

- Demonstra ao proprietário do patrimônio, aos membros da família e a outros tomadores de decisão que o Diretor Executivo conta com um processo de gestão patrimonial calcado em procedimentos prudentes.
- O processo de avaliação também pode servir como um currículo de treinamento para educar outros tomadores de decisões e membros da família.
- Pode ajudar o Diretor Executivo e/ou o proprietário do patrimônio a identificar pontos cegos – insuficiências e omissões no processo de gestão patrimonial.
- Pode facilitar o compartilhamento de melhores práticas com outros Diretores Executivos.
- Pode ajudar a aprimorar os processos de gestão patrimonial – um objetivo digno de todos os nossos esforços.

Preparamos um instrumento avaliador para os Diretores Executivos que se baseia nas escalas de tomada de decisão e nos comportamentos de liderança abordados neste livro. O instrumento avaliador ajudará os Diretores a obterem uma compreensão melhor de seus próprios pontos fracos e fortes, servindo de base para que cogitem desenvolvimento profissional adicional.

Para encerrar, a administração inteligente e prudente da estratégia de gestão patrimonial requer que o Diretor Executivo mantenha um processo de investimento racional e consistente. O Diretor é capaz de cumprir com a maior parte dos objetivos e das metas do proprietário do patrimônio ao implementar um processo simplificado de tomada de decisões, como aquele definido neste livro.

> **COMPORTAMENTO ESSENCIAL DE LIDERANÇA: FIRME**
>
> Definido como: focado em cumprir metas e objetivos; eficiente; prático; capaz de equilibrar as necessidades da organização e da carteira de investimentos.
>
> Um Diretor Executivo que possui fortes habilidades "firmes" tem uma tendência a:
>
> - colocar os interesses do proprietário do patrimônio em primeiro lugar;
> - entregar os resultados prometidos ao proprietário do patrimônio sem fanfarras ou maquiagens desnecessárias;
> - procurar maneiras de se aprimorar.
>
> Um Diretor Executivo que possui fracas habilidades "firmes" tem uma tendência a:
>
> - concentrar-se mais em estilo e em dar uma boa impressão do que em conteúdo e relevância;
> - revisar compromissos ao se deparar com obstáculos imprevistos;
> - encarar o "não fracasso" como um parâmetro aceitável de realização.

Instrumento de autoavaliação para Diretores Executivos

Instruções: este instrumento de avaliação é projetado para ajudar você, o Diretor Executivo, a aferir o processo de gestão patrimonial frente a um padrão definido. Para cada declaração, indique se ela representa um ponto forte (1), um ponto fraco (4) ou uma área que requer algum aprimoramento (2 e 3). Assim como qualquer processo de autoavaliação, o propósito deste exercício é ajudá-lo a identificar os pontos fortes e fracos em seu programa de gestão patrimonial. A revisão de suas respostas o auxiliará tanto a identificar as áreas no processo que talvez tenham lhe passado despercebidas quanto a comunicar suas necessidades a outros profissionais e membros da família.

		Escala	Ponto forte – Ponto fraco			
1	Os objetivos e as metas do proprietário do patrimônio estão claramente declarados.	1.1	1	2	3	4
2	Você usa um processo deliberativo para ajudar a desenvolver os objetivos e as metas do proprietário do patrimônio.	1.1	1	2	3	4
3	Os objetivos e as metas do proprietário do patrimônio são consistentes com regulamentações, estatutos e políticas e procedimentos aplicáveis.	1.1	1	2	3	4
4	Documentos que fundamentam os objetivos e as metas do proprietário do patrimônio estão centralmente arquivados.	1.1	1	2	3	4
5	Você se certifica que outros tomadores de decisões compreendam suas funções e responsabilidades.	1.2	1	2	3	4
6	Você compreende bem padrões, procedimentos, políticas, regras e regulamentações que afetam a estratégia de gestão patrimonial.	1.3	1	2	3	4
7	Você assegura que o proprietário do patrimônio esteja em dia com seus impostos (cumpridor dos padrões apropriados).	1.3	1	2	3	4
8	Quando lhe falta conhecimento especializado, você delega tarefas a especialistas que foram selecionados com prudência.	1.3	1	2	3	4
9	Os especialistas que foram selecionados com prudência estão sendo monitorados.	1.3	1	2	3	4
10	Você está a par dos riscos associados à estratégia de gestão patrimonial.	2.1	1	2	3	4
11	Você é circunspecto ao planejar e agir para mitigar ou administrar riscos.	2.1	1	2	3	4
12	Você tem a capacidade de suportar incertezas (riscos) com determinação e calma.	2.1	1	2	3	4
13	Você identificou as classes apropriadas de ativos para a estratégia de gestão patrimonial.	2.2	1	2	3	4

		Escala	Ponto forte – Ponto fraco			
14	Você identificou o horizonte de tempo dos investimentos associado a objetivos e metas da estratégia de gestão patrimonial.	2.3	1	2	3	4
15	Você já definiu os objetivos táticos de desempenho de curto prazo para a estratégia de gestão patrimonial.	2.4	1	2	3	4
16	A estratégia de gestão patrimonial é consistente com tolerâncias a risco, preferências de classes de ativos, horizonte de tempo e resultados esperados do programa de investimento.	3.1	1	2	3	4
17	Você assegura que haja ativos líquidos apropriados para atender a obrigações de curto prazo.	3.2	1	2	3	4
18	A estratégia de gestão patrimonial é consistente com suas restrições de implementação e monitoramento.	3.2	1	2	3	4
19	Você já preparou a DPPF.	3.3	1	2	3	4
20	A DPPF tem detalhes suficientes para que um "desconhecido competente" consiga executá-la com confiança.	3.3	1	2	3	4
21	A DPPF foi revisada e aprovada pelo proprietário do patrimônio.	3.3	1	2	3	4
22	Você detalhou um processo diligente para selecionar gestores financeiros.	4.1	1	2	3	4
23	Você é capaz de demonstrar que o processo de devida diligência foi aplicado de modo consistente.	4.1	1	2	3	4
24	Você conta com um processo diligente para avaliar o agente de custódia.	4.1	1	2	3	4
25	Você levou em consideração os prós e contras de gestores ativos e passivos e implementou apropriadamente a estratégia de gestão patrimonial.	4.2	1	2	3	4
26	Você levou em consideração os prós e contras de gestores de carteiras administradas e de fundos mútuos e implementou apropriadamente a estratégia de gestão patrimonial.	4.2	1	2	3	4

		Escala	Ponto forte – Ponto fraco			
27	Acordos substanciais com prestadores de serviço estão registrados por escrito, definem o escopo e as expectativas e são consistentes com objetivos e metas do proprietário do patrimônio.	4.3	1	2	3	4
28	Você tem um sistema atualizado e eficiente para monitorar periodicamente e aferir se a estratégia de gestão patrimonial cumprirá objetivos e metas do proprietário do patrimônio.	5.1	1	2	3	4
29	Você não se atém apenas aos retornos dos investimentos ao analisar se os objetivos e as metas do proprietário do patrimônio estão sendo cumpridos.	5.1	1	2	3	4
30	Existe um processo definido para determinar quando um gestor financeiro deve ser desligado, e o processo é aplicado com consistência.	5.1	1	2	3	4
31	Você controla e responde pelas despesas de investimento.	5.2	1	2	3	4
32	Ao empregar gestores de carteiras administradas, você se certifica de que cada gestor está buscando a melhor execução e está aplicando apropriadamente as taxas de comissão.	5.2	1	2	3	4
33	Você evita conflitos de interesse.	5.3	1	2	3	4
34	Você realiza investigações periódicas atrás de possíveis conflitos de interesse de outros tomadores de decisão.	5.3	1	2	3	4
35	Você conduz revisões qualitativas periódicas junto a gestores financeiros.	5.4	1	2	3	4
36	Você tem um processo vigente para aferir periodicamente a efetividade geral da estratégia de gestão patrimonial.	5.4	1	2	3	4

APÊNDICE

Amostra de Declaração de Políticas do Patrimônio Familiar (DPPF)

Esta DPPF (Declaração de Políticas do Patrimônio Familiar) é voltada para servir como um esboço e uma estrutura referencial para um processo de gestão patrimonial com procedimentos prudentes. Cada seção deve ser customizada aos objetivos e às metas do proprietário do patrimônio, bem como a suas circunstâncias singulares.

Sumário
- Seção I: Definições
- Seção II: Propósito
- Seção III: Declaração de Princípios
- Seção IV: Deveres e Responsabilidades
- Seção V: Declaração de Ética
- Seção VI: Pessoas Atuando com Responsabilidade Fiduciária
- Seção VII: Dados Usados para Desenvolver as Estratégias de Gestão Patrimonial
- Seção VIII: Gestor Financeiro e Agente de Custódia
- Seção IX: Procedimentos de Monitoramento
- Seção X: Revisão da DPPF

Seção I: Definições

Sempre que usados na DPPF, os termos a seguir apresentam os respectivos significados:

Gestor financeiro inclui gestores de carteiras administradas e gestores de fundos mútuos, fundos híbridos e fundos de *hedge (hedge funds)*.

Prestador(es) de serviços inclui funcionários do *family office*, advogados, contadores, gestores financeiros, consultores de investimento, agentes de custódia e qualquer outro consultor relevante que preste serviços de gestão patrimonial.

Diretor Executivo é o representante indicado pelo proprietário do patrimônio para se responsabilizar pela gestão de seus objetivos e metas em conformidade com os Princípios e Padrões. Espera-se que o Diretor Executivo delegue prudentemente todas as tarefas em que careça de conhecimento especializado, ou capacidade, em um padrão específico.

Proprietário do patrimônio é um indivíduo abastado ou família abastada; agentes fiduciários de uma sociedade fiduciária; diretores ou agentes fiduciários de uma organização beneficente (fundação, instituição de caridade ou fundo com fins filantrópicos) ou corporação (*partnership*); ou qualquer pessoa detentora de fortuna substancial como proprietária legal sob as leis da jurisdição envolvida.

Seção II: Propósito

O propósito desta DPPF é orientar o Diretor Executivo no desenvolvimento, na implementação e no monitoramento da estratégia de gestão patrimonial ao:

1. Declarar atitudes, expectativas, objetivos e diretrizes do proprietário do patrimônio para a gestão patrimonial.
2. Apresentar uma estrutura de investimento para gerir o patrimônio que inclua várias classes de ativos e estilos de gestão financeira com a expectativa de, no total, produzir um nível apropriado de diversificação e um retorno suficiente dos investimentos.
3. Oferecer diretrizes capazes de controlar o nível de risco e liquidez, de modo consistente com os objetivos declarados.
4. Encorajar comunicações efetivas entre o proprietário do patrimônio, o Diretor Executivo e os prestadores de serviços.

5. Estabelecer critérios formais para monitorar, avaliar e aferir todas as seções desta DPPF.

Seção III: Declaração de Princípios

Esta DPPF foi desenvolvida analisando-se os seguintes Princípios, que foram adotados pelo proprietário do patrimônio:

1. O proprietário do patrimônio, os agentes fiduciários de uma sociedade fiduciária ou os diretores de uma fundação devem articular propósitos, metas, objetivos, expectativas e tolerância a risco com relação ao patrimônio e devem ser ulteriormente responsáveis por manter a validade dessa articulação.
2. Com relação a um *family office*, um agente fiduciário ou uma fundação, a estrutura de governança, por meio da aplicação das melhores práticas de governança, deve ser solidamente estabelecida, criando um fórum específico para comunicar papéis e responsabilidades e assegurar que sejam compreendidos e aceitos.
3. Qualquer sociedade fiduciária ou fundação e qualquer agente fiduciário ou diretor deve obedecer às melhores práticas fiduciárias, e deve ser estabelecido um processo para monitorar o desempenho de deveres fiduciários pela sociedade fiduciária, pela fundação, por agente fiduciário ou por um diretor.
4. A sucessão deve ser planejada e levada em consideração. Para o proprietário do patrimônio, é preciso haver instrumentos de sucessão vigentes para a disposição de ativos e gestão de interesses após sua morte ou em caso de incapacitação. Para o *family office*, sociedade fiduciária ou fundação, é preciso haver dispositivos vigentes para sucessão da equipe de gestão.
5. Cada carteira de investimentos deve ser diversificada até onde for possível na prática. Deve haver diversificação de classes de ativos, gestores de investimento, estilos de investimento, moedas, exposição bancária e de corretagem e riscos geopolíticos.
6. Cada carteira de investimentos deve contar com uma declaração de políticas de investimento, e cada gestor deve ter uma ingerência claramente articulada; a declaração de políticas de investimento e a ingerência devem ser monitoradas.

7. Qualquer carteira de investimento deve ser projetada levando-se em consideração ativos, objetivos, necessidades e características do proprietário e/ou beneficiário e deve ser monitorada com esses aspectos em mente. Uma fundação deve contar com um processo para determinar se o programa de investimento reflete os valores de sua missão e de seu programa de dotações filantrópicas.
8. Deve haver processos claros, disciplinados e objetivos para selecionar, monitorar, remover e substituir gestores de investimento, agentes de custódia, bancos e profissionais de execução de transações, contabilidade, entre outros.
9. Qualquer gestor de investimentos ou fundo específico a ser usado deve ter uma estratégia e um estilo que possam ser facilmente entendidos e explicados aos outros pelo proprietário do patrimônio ou por um dos agentes fiduciários, diretores ou profissionais da sociedade fiduciária, fundação ou *family office*. Se ninguém além do gestor de investimento ou representante do fundo for capaz de explicar a estratégia e o estilo, o gestor ou fundo não deverá ser usado.
10. Escrutínio e limitações especiais devem ser aplicados a qualquer gestor de investimento que não forneça transparência completa ou cuja carteira não tenha liquidez; tais investimentos não são proibidos, mas devem ser limitados em proporção ao total de investimentos da carteira.
11. A custódia de ativos, a responsabilização por ativos e os serviços de gestão de investimento devem ser conduzidos cada qual de modo independente e separado.
12. Deve haver um processo estabelecido para gerir e monitorar recursos internos e externos.
13. Deve haver transparência total quanto a taxas e despesas.
14. Compensações e taxas pagas a pessoal, diretores e comandantes de *family offices*, fundações ou conselhos não devem ser calculadas com base no retorno de investimentos com duração inferior a cinco anos. Quaisquer salários, bônus ou taxas devem ser divulgados integralmente no que se refere ao seu montante e ao seu modo de cálculo. Qualquer pagamento direto ou indireto para funcionários ou diretores que não seja na forma de um salário, bônus ou taxa designados (ou designação similar) fica proibido.
15. Atividades em benefício próprio por parte de funcionários, agentes fiduciários ou diretores de qualquer *family office*, sociedade fiduciária ou

fundação são estritamente proibidas. Carteiras de investimento pertencentes a tais indivíduos ficarão sujeitas a regras estritas de divulgação que assegurem a obediência à proibição contra atividades em benefício próprio. Qualquer dotação ou pagamento a qualquer agência ou empresa em que tal indivíduo tenha interesse de qualquer natureza deve refletir claramente esse interesse na deliberação relacionada a tal dotação ou pagamento.

Seção IV: Deveres e Responsabilidades

Para assegurar que todas as partes estejam alinhadas em sincronia no processo decisório, as funções e responsabilidades de cada parte devem ser comunicadas por escrito.

A função do proprietário do patrimônio

É responsabilidade do proprietário do patrimônio comunicar ao Diretor Executivo qualquer mudança em seus objetivos e metas que possa afetar decisivamente a gestão de sua DPPF. Ademais, é responsabilidade do proprietário do patrimônio comunicar objetivos e metas declarados a outros membros da família e a associados conforme apropriado.

A função do Diretor Executivo

O Diretor Executivo é o representante nomeado pelo proprietário do patrimônio para se responsabilizar pelo desenvolvimento, implementação e monitoramento da estratégia de gestão patrimonial. O Diretor Executivo fica autorizado, ou mesmo altamente encorajado, a delegar seções de sua DPPF a especialistas prudentes quando ele mesmo carecer de tal especialização ou capacidade.

Gestores financeiros

Os deveres e as responsabilidades específicos de cada gestor financeiro são:

1. Gerir os ativos sob sua supervisão de acordo com diretrizes e objetivos delineados nos respectivos acordos de serviço, prospectos ou acordos fiduciários.
2. Exercer total discrição nos investimentos com relação a compras, gestão e vendas de ativos mantidos na carteira.

3. Caso esteja gerindo uma carteira administrada (em oposição a um fundo mútuo, fundo de *hedge* ou fundo híbrido), buscar aprovação junto ao Diretor Executivo antes de adquirir e/ou implementar os seguintes títulos financeiros e transações:

   a. Ações restritas e outros títulos não registrados; *commodities* ou outros contratos envolvendo *commodities*; e vendas a descoberto ou transações mediante contração de dívidas (*margin transactions*).
   b. Empréstimo de títulos; e penhora ou hipoteca de títulos.
   c. Investimentos com o propósito de exercer controle de gestão.
   d. Títulos sem liquidez.

4. Fornecer ao Diretor Executivo, mediante solicitação, uma listagem de todos os títulos financeiros (a menos que esteja gerindo um fundo mútuo ou um fundo fiduciário híbrido [*commingled*]).
5. Votar prontamente para cumprir todas as procurações e ações relacionadas de uma maneira consistente com os interesses e objetivos de longo prazo do proprietário do patrimônio, conforme descritos na DPPF; cada gestor financeiro deve manter registros detalhados de votações por procuração e ações relacionadas e obedecer a todas as obrigações regulatórias aplicáveis.
6. Comunicar ao Diretor Executivo todas as alterações significativas referentes à carteira sob sua gestão ou à firma em si; alterações de posse e propriedade, de estrutura organizacional, de condição financeira e de pessoal são exemplos de mudanças na firma que devem ser do interesse do Diretor Executivo.
7. Efetuar todas as transações da carteira de investimentos pelo melhor preço e execução; caso o gestor financeiro utilize os próprios ativos da conta para cobrir as taxas de corretagem, registros detalhados deverão ser mantidos e comunicados ao Diretor Executivo.
8. Aplicar o mesmo cuidado, habilidade, prudência e devida diligência sob as circunstâncias então predominantes que profissionais experientes em investimentos aplicariam, e em conformidade com todas as leis, regras e regulamentações aplicáveis.

Agente de custódia

Os agentes de custódia são responsáveis pela salvaguarda da riqueza. Os deveres e responsabilidades específicos do agente de custódia são:

1. Manter contas separadas por registro legal.
2. Estimar o valor das posições.
3. Recolher todos os impostos e dividendos devidos.
4. Executar todas as transações (ordens de compra e venda) iniciadas pelos gestores financeiros.
5. Fornecer relatórios mensais detalhando transações, fluxos de caixa, títulos financeiros mantidos e seus valores correntes e a mudança em valor de cada título e da carteira em geral desde o relatório anterior.

Seção V: Declaração de Ética

Esta declaração de ética deve se aplicar ao Diretor Executivo, aos prestadores de serviço e a quaisquer outros envolvidos com a preparação, implementação e manutenção desta DPPF.

Tais indivíduos **devem**:

- Atuar nos melhores interesses do proprietário do patrimônio e segundo os mais elevados padrões de profissionalismo.
- Manter independência e objetividade na administração da estratégia de gestão do patrimônio.
- Evitar todos os conflitos de interesse, quer sejam reais ou percebidos.
- Manter a confidencialidade de todas as informações a respeito do proprietário do patrimônio.
- Revisitar e revalidar esta declaração de ética anualmente.

Tais indivíduos **não devem**:

- Participar de qualquer forma em condutas fraudulentas ou enganosas nem cometer qualquer ato que se reflita negativamente sobre sua honestidade, credibilidade ou competência profissional.
- Tomar qualquer medida que seja contrária aos interesses do proprietário do patrimônio.

- Contrair qualquer interesse financeiro (afora pequenas quantidades de ações ou obrigações de empresas de capital aberto) em uma empresa controlada por um prestador de serviço.
- Estabelecer qualquer relacionamento de consultoria, contratação ou emprego com um prestador de serviço (fora do escopo desta DPPF).
- Receber presentes, gratificações ou entretenimento excessivo por parte de um prestador de serviço.

O Diretor Executivo irá revisar periodicamente acordos de compensação, acordos de serviço e contratos com prestadores de serviço a fim de assegurar que não contenham cláusulas que:

1. Conflitem com os objetivos e as metas do proprietário do patrimônio.
2. Incluam fórmulas de compensação baseadas em resultados de investimento de curto a médio prazo (menos de cinco anos)

Seção VI: Pessoas Atuando com Responsabilidade Fiduciária

As pessoas que atuam com responsabilidade fiduciária (agente fiduciário, membro de comitê de investimento, consultor de investimento ou gestor financeiro) obedecerão a um padrão de cuidado fiduciário definido, observando, no mínimo, as seguintes etapas e escalas:

1ª Etapa: Analisar
1.1: Declarar metas e objetivos
1.2: Definir funções e responsabilidades dos tomadores de decisão
1.3: Informar os tomadores de decisão quanto a objetivos, padrões, políticas e regulamentações

2ª Etapa: Montar estratégia (RATE)
2.1: Identificar fontes e níveis de Risco
2.2: Identificar Ativos
2.3: Identificar horizontes de Tempo
2.4: Identificar resultados Esperados (desempenho)

3ª Etapa: Formalizar
3.1: Definir a estratégia que é consistente com RATE
3.2: Garantir que a estratégia seja consistente com restrições de implementação e monitoramento

3.3: Formalizar a estratégia em detalhes e comunicá-los

4ª Etapa: Implementar
4.1: Definir o processo de seleção de funcionários-chave para implementar a estratégia
4.2: Definir o processo de seleção de ferramentas, metodologias e orçamentos para implementar a estratégia
4.3: Assegurar que acordos e contratos de serviço não contenham cláusulas conflitantes com os objetivos

5ª Etapa: Monitorar
5.1: Preparar relatórios periódicos que comparem o desempenho aos objetivos
5.2: Preparar relatórios periódicos que analisem custos ou o retorno sobre os investimentos, com desempenho e objetivos
5.3: Conduzir exames periódicos envolvendo conflitos de interesse, ações em benefício próprio e violações do código de conduta
5.4: Preparar revisões qualitativas periódicas ou revisões de desempenho dos tomadores de decisão

Seção VII: Dados Usados para Desenvolver as Estratégias de Gestão Patrimonial

O Diretor Executivo deve garantir que a estratégia de gestão patrimonial incorpore e reflita os seguintes dados fundamentais:

Horizonte de tempo

A estratégia de gestão patrimonial se baseia em um horizonte de investimento superior a cinco anos. Flutuações no ínterim deste período devem ser encaradas através da perspectiva apropriada. De modo similar, a alocação estratégica de ativos da DPPF baseia-se nessa perspectiva de longo prazo. Segundo as previsões, os requisitos de liquidez de curto prazo deverão ser satisfeitos com uma alocação de _____% em caixa.

Fontes e níveis de risco

O Diretor Executivo reconhece a dificuldade de alcançar os objetivos de investimento da DPPF à luz das incertezas e complexidades de mercados contemporâneos de investimento. O Diretor Executivo também reconhece que algum risco deve ser assumido para cumprir com os objetivos de longo prazo da DPPF.

Expectativas de desempenho

O objetivo desejado de investimento é uma taxa de retorno de longo prazo sobre os ativos de pelo menos _____%, que é _____% maior do que a inflação prevista para o período. A taxa-alvo de retorno para a DPPF baseou-se no pressuposto de que os retornos futuros reais se aproximarão das taxas de retorno de longo prazo apresentadas por cada classe de ativo.

O Diretor Executivo reconhece que o desempenho do mercado varia e que uma taxa de retorno de _____% pode não ser significativa durante certos períodos. Sendo assim, *benchmarks* de desempenho relativo para gestores financeiros são estipulados na seção Procedimentos de Controle. Durante um ciclo completo de negócios, o retorno total anualizado, já deduzido de taxas de consultoria, gestão de investimento e custódia, deve apresentar um desempenho favorável frente a um índice customizado formado por índices de mercado ponderados pela alocação estratégica de ativos da DPPF.

Diretrizes de classes de ativos

O Diretor Executivo acredita que o desempenho dos investimentos no longo prazo depende em grande parte da combinação ponderada escolhida de classes de ativos. O Diretor Executivo já revisou as características de desempenho de longo prazo das classes amplas de ativos, concentrando-se em equilibrar riscos e retornos. As classes de ativos a seguir foram selecionadas e listadas em ordem crescente de risco (de menor a maior). Essa lista é fornecida apenas como um exemplo.

Mercado de liquidez monetário (*Money Market*)
Título Intermediário (TI)
Large Caps de Valor (LCV)
Large Caps Mescladas (LCM)
Large Caps de Crescimento (LCC)
Mescla de *Mid Caps* (MMC)
Mescla de *Small Caps* (MSC)
Ações Internacionais (AI)

O Diretor Executivo cogitou a inclusão das seguintes classes no leque de ativos, mas decidiu por excluir tais classes de ativos por ora. A lista a seguir é fornecida apenas como um exemplo.

Renda Fixa Global
Mercado Imobiliário

Reequilíbrio da alocação estratégica

A alocação percentual em cada classe de ativo pode variar em _____ % para mais ou para menos (sugere-se 5%), dependendo das condições de mercado. Quando necessário e/ou disponível, entradas e saídas de caixa serão utilizadas de maneira consistente com a alocação estratégica de ativos da DPPF. Caso o Diretor Executivo venha a considerar os fluxos de caixa insuficientes para situar a DPPF dentro das faixas estipuladas de alocação estratégica, o Diretor Executivo decidirá se deve fazer ou não transações para levar a alocação estratégica para dentro das faixas inicialmente estipuladas.

Seção VIII: Gestor Financeiro e Agente de Custódia

No mínimo, o processo de devida diligência do gestor financeiro deve incluir o seguinte: [O processo de devida diligência real acabará variando de um país para outro, dependendo da disponibilidade de produtos de investimento e da estrutura regulatória.]

1. O gestor financeiro deve contar com uma estratégia de investimento definida que seja consistente com os objetivos e as metas do proprietário do patrimônio e que possa ser entendida e explicada a outros pelo proprietário do patrimônio ou pelo Diretor Executivo.
2. O gestor financeiro conta com uma estratégia de investimento definida que pode ser monitorada pelo Diretor Executivo.
3. A mesma equipe de gestão de investimentos deve atuar em conjunto por um período compatível com o horizonte de avaliação de desempenho.
4. Os títulos na carteira do gestor financeiro são consistentes com a estratégia de investimento declarada.
5. O desempenho dos investimentos foi verificado por um terceiro independente (auditoria independente) e comparado com o dos concorrentes do gestor financeiro.

6. O desempenho dos investimentos ajustado ao risco foi comparado com o dos concorrentes do gestor financeiro.
7. As taxas e despesas do gestor financeiro foram comparadas às de seus concorrentes.
8. A estrutura de investimento (carteira administrada, fundo mútuo, fundo fiduciário híbrido [*commingled*], fundo de *hedge*) é apropriada para a estratégia definida e para a capacidade do Diretor Financeiro de monitorar a estratégia.

No mínimo, o processo de devida diligência do agente de custódia deve incluir o seguinte: [O processo de devida diligência real acabará variando de um país para outro, dependendo das disponibilidade de produtos de investimento e estrutura regulatória.]

1. Como melhor prática, os agentes de custódia são independentes dos gestores financeiros, exceto quando exigido em contrário por lei fiduciária ou pela necessidade de empregar um veículo de investimento específico.
2. O agente de custódia é capaz de fornecer segurança apropriada aos ativos, mediante o uso de seguro ou outro recurso.
3. As declarações de custódia fornecem detalhes suficientes para que o Diretor Executivo possa monitorar a melhor execução de transações pelo gestor financeiro (geração de taxas de comissão).
4. O índice de despesas com pequenos custos e fundo de liquidez do agente de custódia é comparado ao dos concorrentes.
5. O agente de custódia é capaz de fornecer relatórios de desempenho de investimentos e relatórios fiscais.

Seção IX: Procedimentos de Monitoramento

O Diretor Executivo deve assegurar que relatórios de desempenho sejam produzidos periodicamente para demonstrar a efetividade contínua da estratégia de gestão patrimonial.

Objetivos de desempenho

O Diretor Executivo reconhece que taxas flutuantes de retorno caracterizam os mercados de títulos financeiros, sobretudo em períodos de curto prazo. Reconhecendo que flutuações de curto prazo podem causar variações no desempenho, o Diretor Executivo busca avaliar o desempenho do gestor financeiro a partir de uma perspectiva de longo prazo.

O Diretor Executivo está ciente de que a revisão e análise duradouras de gestores financeiros é tão importante quanto a devida diligência implementada durante o processo de seleção de gestores. O desempenho de gestores financeiros será monitorado de modo duradouro, e é do arbítrio do Diretor Executivo tomar medidas corretivas, inclusive substituindo o gestor financeiro a qualquer momento caso considere isso apropriado.

Com certa regularidade, mas não menos que trimestralmente, o Diretor Executivo revisará se cada gestor financeiro continua cumprindo os critérios de busca estipulados na seção anterior, especificamente:

1. A obediência do gestor às diretrizes de investimento da DPPF.
2. Mudanças substanciais na organização, na filosofia de investimento ou na equipe do gestor financeiro.
3. Quaisquer procedimentos de instância legislativa ou regulatória que afetem o gestor financeiro.

O Diretor Executivo já determinou os objetivos de desempenho para cada gestor financeiro. O desempenho será avaliado em comparação ao índice de mercado apropriado e ao grupo de concorrentes relevante.

Procedimentos de lista de revisão

Um gestor financeiro pode ser incluído em uma Lista de Revisão, e uma vigilância e análise rigorosa do gestor financeiro pode ser conduzida quando:

1. Um gestor financeiro apresenta um desempenho abaixo da mediana de seu grupo de concorrentes durante um período cumulativo de um, três e/ou cinco anos.
2. O retorno de três anos ajustado ao risco de um gestor financeiro (índice Alpha e/ou Sharpe) encontra-se abaixo da mediada de retorno ajustado ao risco do grupo de concorrentes.
3. Há uma mudança na equipe de gestão da conta administrada.
4. Há uma queda significativa nos ativos.
5. Existe uma indicação de que o gestor financeiro está se desviando da estratégia declarada.
6. Há um aumento nas taxas e despesas do produto.

7. Ocorre qualquer evento extraordinário que possa interferir na capacidade do gestor financeiro de cumprir com sua função no futuro.

A avaliação de um gestor financeiro pode incluir as seguintes etapas:

- Uma carta ao gestor financeiro solicitando uma análise de seu desempenho abaixo do esperado.
- Uma análise de recentes transações, posições e características da conta para determinar a causa do desempenho abaixo do esperado ou para conferir se ocorreu uma mudança de estilo.
- Uma reunião com o gestor financeiro, que pode ser conduzida em sua própria sede, a fim de entender mudanças organizacionais e quaisquer alterações em estratégia ou disciplina.

A decisão de manter ou desligar um gestor financeiro não pode ser tomada usando-se uma fórmula. Ulteriormente, é a confiança do Diretor Executivo na capacidade do gestor financeiro de apresentar um bom desempenho no futuro que determina a sua retenção ou não.

Avaliação de custos

O Diretor Executivo irá revisar, pelo menos anualmente, todos os custos associados com a gestão do programa de investimento, incluindo:

1. Taxas ou índices de cobrança de cada opção de investimento em comparação com o grupo apropriado de concorrentes.
2. Taxas de custódia: a posição dos ativos, o recolhimento de impostos e o desembolso de pagamentos.
3. Se gestores de carteiras administradas estão se esforçando para realizar a melhor execução ao transacionarem títulos financeiros.

Seção X: Revisão da DPPF

O Diretor Executivo revisará esta DPPF junto ao proprietário do patrimônio pelo menos anualmente a fim de determinar se os objetivos declarados de investimento ainda são relevantes, e a viabilidade de se manter no futuro. Não se espera que a DPPF seja alterada com frequência. Em especial, mudanças de curto prazo nos mercados financeiros não devem exigir ajustes na DPPF.

Preparado por:
Diretor Executivo

Aprovado por:
Proprietário do patrimônio familiar

Índice

Adequação, 47, 74–78
Agentes de custódia, diversificação e, 57-58
Agentes fiduciários (*trustees*)
    em jurisdição de leis consuetudinárias, 17-18
    seleção de, 88-89
AIG, x, 31, 50-51, 57-58, 61-62, 112, 114
Alocação de ativos, 23-24, 45, 46, 51-53, 73, 155, 173, 204
Amgen, 63-64
Análise de atribuição de desempenho, 205
Análise de balanço contábil, 73, 77-78
Análise de desempenho, horizontes de tempo em, 46
Análise de endividamento, 75
Análise estratégica, 68-69
Análise no marco decisório Ethos, 129-137, 139–149
Análise quantitativa pura, 71-72
Ativos centrais, diversificação além de, 53-55
Ativos de alta liquidez, diversificação de, 56-58
Autorrealização, 5-7, 11, 15

Bear Stearns, x, 112
Berkshire Hathaway, 53-54, 71-72
Biofilia, 27–28, 31-33

Campden, 27-28
Capital institucional, gestão de, ix
Capital institucional, metas de, 45–46
Capitalização, 73–78
Cargill, 55-56
Carnegie, 39
Carteiras de investimento, projeto estratégico de, 52-53
Centralização de serviços, 24-25
China, patrimônio familiar e, 17-19
Classes de ativos, 56-57, 160
Código de conduta, diferença entre código de ética, 212
Compensação, 97-98
Conferência do patrimônio familiar, 29
Conferências sobre patrimônio familiar, 4
Confiabilidade, 30
Conforto, 27–35, 151
Conselho Global da Lowenhaupt Global Advisors, xi, xiii, 112-114
Consumidores abastados, criando filhos como, 13–15
Controle como o propósito do patrimônio familiar, 5-7, 11
Corporações, 87-88
Criação do patrimônio, 6-8, 45

Criadores de patrimônio, 17-18, 20-22
Criatividade na gestão do patrimônio, vii, 6-8
Crise bancária de 2008, 57-58
Custos de transação, 209-210

Decisões, hierarquia de, 163-164
Declaração de Políticas do Patrimônio Familiar, 123, 170, 179-181, 227–240
Derivativos, 49-50, 71-72
Desconfiança, conforto e, 29
Desembolso da riqueza por núcleos familiares (*per stirpes*), 24-25
Desmembramento de serviços, 22-23
Devida diligência, 25-26, 45, 57-58, 60-62, 66-70, 159-160, 183–184, 188–193
Diretor Executivo, xi, 123–126
    conhecimentos especializados de, 159-160
    habilidades analíticas de, 161
    habilidades competentes de, 146
    habilidades comunicativas de, 181
    habilidades corajosas de, 185
    habilidades decisivas de, 171
    habilidades deliberativas de, 144
    habilidades diligentes de, 207
    habilidades disciplinadas, 197
    habilidades estratégicas de, 175
    habilidades exemplares de, 194
    habilidades firmes de, 222
    habilidades genuínas de, 214
    habilidades inovadoras de, 153
    habilidades inteligentes de, 141
    habilidades justas de, 199
    habilidades motivacionais, 217
    habilidades pacientes de, 164-165
    habilidades pragmáticas, 178
    habilidades processuais de, 149
    habilidades prudentes de, 157
    habilidades resolutas de, 168
    habilidades responsáveis de, 210
    instrumento de autoavaliação para, 222–225
    papel de liderança de, 123–126
Distribuição ponderada de investimentos por indústria, 47
Diversificação, 45, 52-63
Dívida, definição, 74
Doações para caridade, 37
Dono acidental de fortuna, patrimônio para, 4-6

Educação, investimento em, 45, 69-72
Educação da próxima geração, 105-108

Eficiência nos negócios, 23-25
Empreendedorismo, 70-71
Empreendedorismo social, 39
Empresas de responsabilidade limitada, 87-88
Enron, 61-62
Equivalentes a dinheiro, 4
Escolas de patrimônio familiar, mandando os filhos para, 105
Espírito da gestão patrimonial, marco associado ao, 118–120
Estilo de vida, diversificação e, 62-63
Estratégia, importância da, 35–37
   capitalização, 73–78
   educação da próxima geração, 105–108
   filantropia, 37–43
   governança, 79–99
   legado e valores familiares, 101–103
   políticas de investimento, 45–72
Estratégias ativas de investimento, 195
Ethos
   contexto de, 127–128
   definição, 127, 135
   processo decisório como base de, 13–14
Ética, 127
Expectativas de desempenho, 166-167

Família, composição de, 17–18
Family Office Exchange, 27–28
Family offices, 17, 21-26, 95-99, 109–111
FedEx, 111
Fidelidade, 57-58
Filantropia, 7-9, 37–43, 91, 97-98, 105–106
Filantropia estratégica, 38–39
Ford Motor Company, 55-56, 111
Formalização no marco decisório, 129, 132, 134-136, 169–181
Funcionalidade, 5-7, 29, 40-43, 105–106
Fundações, 37, 87-88
Fundações de caridade, 41-43
Fundos de *hedge*, 13-14
Fundos de mercado monetário, 56-57
Fundos filantrópicos (*endowments*), investimento de, 46
Fundos mútuos, 196–197

GE, 81
Gestão de carteira de investimentos, 30
Gestão do patrimônio, 12
   biofilia e, 27-28
   confiabilidade e, 30
   criatividade em, ix
   efetiva, 36-37
   estratégia em, 35–37

fatores qualitativos que afetam a, 215-216
   institucional, ix
   multigerações, 21-22
   pensando estrategicamente em, ix
   princípios da, ix–xv
   privado, ix, x
   sabedoria em, ix
Gestão do patrimônio familiar, 17, 23-26
Gestores, diversificação e, 60-63
Goldman Sachs, 25-26
Governança, 79–99
   estruturação tributária e, 84-87
   family office e, 95-99
   planejamento de espólio e, 91–96
   sociedades fiduciárias e, 86–91
   sucessão e, 80–85

Habilidades analíticas, 161
Habilidades competentes, 146
Habilidades comunicativas, 181
Habilidades corajosas, 185
Habilidades de responsabilização, 210
Habilidades decisivas, 171
Habilidades deliberativas, 144
Habilidades diligentes, 207
Habilidades disciplinadas, 197
Habilidades estratégicas, 175
Habilidades exemplares, 194
Habilidades firmes, 222
Habilidades genuínas, 214
Habilidades inovadoras, 153
Habilidades inteligentes, 141
Habilidades justas, 199
Habilidades motivacionais, 217
Habilidades pacientes, 164-165
Habilidades pragmáticas, 178
Habilidades processuais, 149
Habilidades prudentes, 157
Habilidades resolutas, 168
Herdeiro do patrimônio, patrimônio e, 7-9, 12–14
Home Depot, 63-64
Hong Kong, filantropia em, 38
Horizontes de tempo
   de carteiras de investimento, 163
   em análise de desempenho, 46

IBM, 71-72
Igualdade, definição, 94-96
Implementação no marco decisório, 129, 130, 132, 134-137, 183–199
Impostos
   governança e, 84-87
   riqueza e, 4
Incapacidade, 89-90

Índia, riqueza na, 19–21
Índice S&P 500, 48
Individualidade, patrimônio e, 17–26
Indústria de serviços financeiros, 29–30, 111–112
Indústria do patrimônio, gestão do patrimônio familiar e, 17
Insolvência, 76-77
Institute for Private Investors, 27-28
Institute for Wealth Management Standards, xi, 114
Integridade, 113
Inteligência emocional, 126
Intestado, leis de, 93-94
Investidor voltado ao crescimento, 63-64
Investidor voltado ao valor, 63-64
Investidores, 63-64, 71-72
Investimento, políticas de, 45–72
    alocação de ativos em, 45, 51-53
    avaliação de desempenho em, 45, 47–48
    diversificação em, 45, 52-63
    educação em investimentos em, 45, 69-72
    estilos de investimento em, 45, 62-67
    transparência em, 45, 49-51
    volatilidade em, 45, 49-51
Investimentos "sem sal", 69-70
Investimentos de ponta, 64-65
Investimentos passivos, 63-65, 71-72, 195
Investimentos socialmente responsáveis, 65-67
Investimentos, educação em, 45, 69-72

Johnson Wax, 55-56
Jurisdição, diversificação de, 59
Jurisdições cambiais, 56-57

Legado da riqueza, horizontes de tempo para, 46
Legado e valores familiares, 101–103, 219
Lehman, x, 15, 31, 50-51, 57-58, 60-62, 112, 114
Liberdade
    como propósito do patrimônio, 5-7
    do patrimônio, 11–15
Liderança, 123–126
Liderança servil, 124-125
Liderança situacional, 126
Liderança transacional, 126
Liderança transformacional, 126
Liquidez, diversificação e, 60-61

Madoff, Bernie, x, 15, 31, 50-51, 64-65, 67-68, 96-97, 109, 112-115, 139, 201
Mão fantasma, 87-88
Marco decisório Ethos, 127–138
    escalas de tomada de decisão em, 130
    explicação do, 138
    1ª Etapa: análise em, 129-137, 139-149

2ª Etapa: estratégia em, 129, 130, 132, 134-136, 151–168
3ª Etapa: formalizar em, 129, 132, 134-136, 169–181
4ª Etapa: implementar em, 129, 130, 132, 134, 135, 137, 183–199
5ª Etapa: monitorar em, 129, 130, 132, 134, 135, 137, 201–217
Marco regulatório dos transportes, 30
Matriz de riscos, 155–53
Medo, conforto e, 29
Mensuração de desempenho, 45, 47–48, 205
Mentalidade de refugiado, 62-63
Microgestão, 96-97
Microsoft, 19
Minnesota Mining, 63-64, 71-72
Monitoramento no marco decisório, 129, 130, 132, 134, 135, 137, 201–217
Monólito familiar, 17-18
Montar estratégia no marco decisório, 129, 130, 132, 134-136, 151–168
Morgan, J. P., 87-88, 115
Morte, disposição quando da, 93-96

Nikkei 231, 48

Obrigações de curto prazo, 56-57
Obrigações financeiras, 48
Obscuridade, 50-51
Ouro, 60-61

Padrões de gestão do patrimônio, papel dos, 109–115
Parcerias, 87-88
Parcerias limitadas familiares, 86-87
Passivos, 73
Patrimônio
    autorrealização e, 5-7
    desembolso por núcleo familiar (*per stirpes*) de, 24-25
    impostos e, 4
    individualidade e, 17–26
    libertando-se do, 11–15
    multigerações, 39, 71–72
    na Índia, 19–21
    para o herdeiro do, 12–14
    preservação do, 6-8
    propósito do, 3–9, 11
    uso do, para extras, 7-8
Patrimônio familiar, 19–22
    disposições quando da morte e, 93-96
    filantropia em, 39
Patrimônio familiar, ix–x
    gestão de, ix, x

metas de, 45–46
na China, 17-19
Pensamento estratégico, vii
Perpetuidade, 87-88
Planejamento de espólios, 4, 91–96
Preservação, 6-8, 53-54
Preservação do patrimônio, 45
Primogenitura, 19–22
Princípios da gestão patrimonial para proprietários do patrimônio familiar e partes relacionadas, xi, 112–115
Procedimentos de avaliação, 219–225
Processo, como fundamento da gestão sensata do patrimônio, 109
Programas de gestão do patrimônio
  desenvolvimento, 8-9
  filantropia em, 37–43
  utilização de elementos de, para educação, 108
Propriedade, 17–19, 71-72
Proprietários do patrimônio
  acidentais, 4-6
  conhecimento especializado de, 159-160
  decisões tomadas por, 31-33
  delegação da gestão patrimonial por, 15
  necessidade de estratégia, 35
  propósito do patrimônio familiar para, 3–9
Proprietários do patrimônio familiar
  adequação para, 47
  impostos para, 46
  princípios da gestão patrimonial para, xiii–xv
Proteção, 5-7

Regra de Ouro, 103
Responsabilidade fiduciária, 13-14
Retorno monetário, 47
Returno, desempenho dos investimentos e, 47
Revisão de contrato, 198–199
Riqueza multigeracional, 21-22, 39, 71-72
Risco
  análise de, 154
  conotações de, 154
  correspondente, 67-68
  definição, 155
  tipos de, 155, 156
Risco cambial, valor estratégico de gerir, 48
Risco de governança, 156
Risco de liquidez, 155
Risco de oportunidade perdida, 155
Risco de poder aquisitivo, 155
Risco de sala de reunião, 155
Riscos de casualidade, 156
Riscos financeiros, 156
Riscos operacionais, 156
Rockefeller, 39

Rothschild, 55-56

Sabedoria
  como fundamento da gestão sensata do patrimônio, 109
  obtenção de, 6-7
Salários de funcionários, 208–210
Schwab, 57-58
Sêneca, 3
Serviços de *concierge*, 22-23, 97-98
Sharpe, William, 173
Simulação de Monte Carlo, 49-52, 62-63
Sistema de títulos financeiros, 30
SMART, 166-167
Sobrenome da família, 39–42
Social, relacionamento ou riscos de legitimidade, 156
Sociedade fiduciária de cunho beneficente (*charitable lead trusts*), 47–48, 52-53, 89-91
Sociedade fiduciária de incentivo, 88-89
Sociedades fiduciárias, 86–91, 113
Stanford Financial, x, 109, 114, 139, 201
Sucessão, 80–85
Supervisão, 20-21
Supervisor (*steward*) do patrimônio familiar, 6-7, 13-14

Tarifas baseadas em desempenho, 213
Tarifas de consultoria, 209-210
Tarifas de custódia, 209-210
Tarifas de gestores financeiros, 208–210
Tarifas, sensibilidade a, 159-160
Taxas de consultoria, 208–210
Terceirização, 61-62, 68-69
Tolerância a risco, 49-50, 62-63
Trabalho de consultoria de investimento, elementos em, 68-69
Transparência, 45, 50-52

Violações antitruste, 40-41
Volatilidade, 45, 49-51

Weavering, 31

Xerox, 71-72

IMPRESSÃO:

PALLOTTI
GRÁFICA

Santa Maria - RS | Fone: (55) 3220.4500
www.graficapallotti.com.br